一問一答シリーズ

一問一答
平成27年改正
個人情報保護法

前内閣官房情報通信技術(IT)総合戦略室参事官
瓜生和久
編著

商事法務

●はじめに

　本書は、去る9月9日に公布された、「個人情報の保護に関する法律」（個人情報保護法）改正法の主なポイントを一問一答形式で解説したものである。

　今回の個人情報保護法の改正は、安倍政権の重要政策の1つである「ビッグデータ利活用」の根幹をなす「パーソナルデータ（個人の行動・状態等に関する情報）の利活用」の推進を主たる目的として行われた制度改正である。よって、当初は、「個人情報の定義の見直し」や「個人の特定性を低減したデータ（改正法では匿名加工情報）という新たな情報カテゴリーの導入」、「個人情報を保護しつつも利活用を促進するような個人情報保護委員会のあり方」という点が話題の中心であったが、検討過程において、米国、EU等と制度面で整合性を図るべきとの意見や、ある企業からの個人情報の大量流出問題と当該流出した個人情報を本人が知らないところで売買するいわゆる名簿業者の存在がクローズアップされた結果、それらに対する対策も盛り込まれることとなり、結果的に、経済・社会情勢の変化や情報通信技術の進展を踏まえた「個人情報の利活用と保護」に関する諸課題全般に対応する改正内容となっている。

　また、個人情報保護法の改正法の検討過程では、今回の改正について、個人情報の「利活用の促進」に重きを置くべきとする産業界と、「保護の充実」に重きを置くべきとする消費者保護関係者とが、時に厳しく議論を戦わせることもあったが、最終的には、国会という場で議論・修正の上で承認いただいたことにより、現時点において適度に双方のバランスがとれたものになったと筆者としては考えている。

　なお、今回の改正法では、定義や匿名加工情報の取扱い等の重要な部分を政令や委員会規則に委ねるという形をとっており、来年（平成28年）1月の個人情報保護委員会の立ち上げをはさんで、公布から2年以内の全面施行までの間、政令、委員会規則、及びそれらの運用上の基本となるガイドラインの策定作業が進められることとなるため、改正法の全体像の確定はそこまで待たねばならないが、まずは本書が、今般の法改正の内容の理解に役立てば幸いである。

　この機会に、関係各位、執筆者各位のご協力と株式会社商事法務の尽力に

対し深甚な謝意を表する。

平成 27 年 10 月
　　　　　　　　前内閣官房情報通信技術（IT）総合戦略室参事官　瓜生 和久

一問一答　平成27年改正個人情報保護法

もくじ

第1章　総論

- Q1　個人情報保護法の改正の概要は、どのようなものですか。　1
- Q2　今回、個人情報保護法を改正することになった背景は、どのようなものですか。　3
- Q3　個人情報保護法を改正する立法の経緯は、どのようなものでしたか。　5
- Q4　個人情報保護法を改正する立法の国会における審議の状況は、どのようなものでしたか。　7

第2章　各論

第1節　目的（第1条関係）

- Q5　目的規定の改正の趣旨はどのようなものですか。　9

第2節　個人情報（第2条第1項・同条第2項関係）

- Q6　今回の改正で個人情報の定義はどのように変わりますか。　10
- Q7　「特定の個人を識別することができる」の要件は、今回の改正によって変更されますか。　12
- Q8　「他の情報と容易に照合することができ、それにより特定の個人を識別することができることとなるもの」という「容易照合性」の要件は、今回の改正によって変更されますか。　13
- Q9　「個人識別符号」とは、例えばどのようなものですか。　14
- Q10　「個人識別符号」に当たらない情報は、個人情報保護法では保護されないのですか。　15
- Q11　諸外国では個人情報の定義はどのようになっていますか。　16

第3節　要配慮個人情報（第2条第3項・第17条第2項・第23条第2項関係）

- Q12　要配慮個人情報とは何ですか。要配慮個人情報に関する規定を設けたのは、どのような理由によるものですか。　19
- Q13　第2条第3項に例示されている「人種」、「信条」、「社会的身分」、「病

歴」、「犯罪の経歴」、「犯罪により害を被った事実」は、それぞれ具体的にどのようなものを意味しますか。また、これらに当たらないものは要配慮個人情報にはならないのですか。　21

Q14　要配慮個人情報について、どのような取扱いが必要になりますか。　23

Q15　どのような場合に、本人の同意なく要配慮個人情報を取得することができますか。例えば、インターネット上で公開されている情報の取得についてはどうでしょうか。　25

第 4 節　個人情報データベース等の適用除外（第 2 条第 4 項関係）

Q16　「個人情報データベース等」の定義から、「利用方法からみて個人の権利利益を害するおそれが少ないものとして政令で定めるもの」を除外することとしたのはどのような理由によるものですか。　28

Q17　「個人情報データベース等」から一部の情報を除外すると、どのようになるのですか。　30

Q18　個人情報保護法ができたことにより、クラス名簿や自治会名簿が作れなくなったとの過剰反応があったと聞きますが、それと今回の改正は関係がありますか。　31

第 5 節　小規模取扱事業者の適用除外の廃止（第 2 条第 5 項関係）

Q19　「個人情報取扱事業者」の定義から、5 千人分以下の個人情報を取り扱う事業者について法の適用を除外する規定を廃止したのは、どのような理由によるものですか。　33

Q20　5 千人分以下の個人情報を取り扱う事業者についての適用除外規定が廃止されることにより、新たに法の適用を受けることとなる事業者は、どのようなことを守らなければなりませんか。　35

Q21　「個人情報取扱事業者」には、自治会等の営利を目的としない活動を行う団体等も含まれますか。　37

Q22　事業規模の小さな事業者も、事業規模の大きな事業者と同程度の安全管理措置等を行わなければなりませんか。　38

第 6 節　匿名加工情報（第 2 条第 9 項・同条第 10 項・第 36 条－第 39 条関係）

Q23　匿名加工情報に関する規定を設けたのは、どのような理由によるものです

か。また、匿名加工情報は個人情報とは違うものですか。　39

Q24　匿名加工情報の要件である「特定の個人を識別することができない」、「復元することができない」とは、どのようなことですか。　41

Q25　匿名加工情報の加工方法とはどのようなものですか。　42

Q26　匿名加工情報を作成する場合には、どのような取扱いが必要ですか。　44

Q27　匿名加工情報は、どのような利用が想定されていますか。また、作成した匿名加工情報は、自社内で利用することはできますか。　47

Q28　匿名加工情報を第三者に提供する場合には、どのような取扱いが必要ですか。　49

Q29　匿名加工情報を作成の元となった個人情報に戻すことは認められていますか。　51

Q30　匿名加工情報の作成や第三者への提供に際して、本人が関与することはできますか。　52

Q31　事業者が匿名加工情報を取り扱うに当たって規律に違反した場合、個人情報保護委員会はどのようにして個人の権利利益の侵害を防止しますか。　53

第7節　国際的な整合性（第6条関係）

Q32　個人情報に係る制度の国際的な整合性に関する規定を設けたのは、どのような理由によるものですか。　54

Q33　今回の改正で、EUの十分性の認定を得ることはできますか。　57

第8節　基本方針（第7条関係）

Q34　基本方針に関する規定の改正の趣旨はどのようなものですか。　58

第9節　利用目的の変更（第15条第2項関係）

Q35　利用目的の変更が許される範囲について「相当の」を削ったのは、どのような理由によるものですか。　59

Q36　具体的にどのような事例で利用目的の変更が可能となりますか。　60

Q37　利用目的の変更が可能か否かはどのように判断すればよいですか。今回の改正により、変更可能な範囲が無制限に広がってしまうことになりませんか。　61

Q38 今回の改正により、諸外国との関係で日本のみが緩やかな制度になりませんか。 62

Q39 利用目的が変更されたことを本人は十分に認識できますか。 64

Q40 事業者が不適切に利用目的を変更した場合、個人情報保護委員会はどのようにして個人の権利利益の侵害を防止しますか。 65

第10節 不要となった個人データの消去（第19条関係）

Q41 不要となった個人データの消去義務（努力義務）を設けたのは、どのような理由によるものですか。 66

Q42 「利用する必要がなくなったとき」とはどのような場合ですか。 68

第11節 安全管理措置等、従業者及び委託先の監督（第20条－第22条関係）

Q43 個人情報を取り扱うに当たって、情報漏えいを防止するために、事業者はどのような措置をとればよいですか。 69

第12節 個人データの第三者提供（第23条第1項・同条第5項・同条第6項関係）

Q44 個人データを第三者に提供する場合、どのような手続が必要ですか。 71

Q45 「共同利用」とは何ですか。今回の改正によって変更はありますか。 72

第13節 オプトアウト手続による第三者提供（第23条第2項－同条第4項関係）

Q46 オプトアウト手続とはどのようなものですか。 73

Q47 いわゆるオプトアウト手続による第三者への提供について、改正前の手続に加えて届出義務を課すこととしたのは、どのような理由によるものですか。 75

Q48 第23条第2項各号における「個人データの項目」、「提供の方法」、「本人の求めを受け付ける方法」とは、それぞれどのようなものですか。 77

Q49 現在オプトアウト手続を用いている場合は、改正後、どのように対応すればよいですか。 78

Q50 本人は、自らの個人情報がオプトアウト手続により第三者に提供されることをどのようにして知ることができますか。 79

Q51 届出を怠る等事業者が不適切にオプトアウトを行った場合、個人情報保護

委員会はどのような措置をとることとなりますか。　80

第14節　外国にある第三者への提供（第24条関係）

Q52　外国にある第三者への提供に関する規定を設けたのは、どのような理由によるものですか。　81

Q53　「外国にある第三者」とはどのような者をいいますか。　83

Q54　外国に設置されているサーバで個人情報を管理する場合、第24条は適用されますか。　84

Q55　委託や共同利用、事業承継によって個人データを外国にある事業者へ提供する場合にも、本条は適用されますか。　85

Q56　「外国にある第三者への提供を認める旨の本人の同意」をオプトアウト手続で代替することは可能ですか。　86

第15節　第三者提供に係る確認・記録義務（第25条・第26条関係）

Q57　第三者提供に係る確認や記録の作成・保存に関する義務とは何ですか。このような義務を設けたのは、どのような理由によるものですか。　87

Q58　どのような場合に確認や記録の作成・保存をする必要がありますか。　89

Q59　この規律によって、どのようにしてトレーサビリティが確保されるのですか。　91

Q60　事業者に当たらない個人が個人データを提供したり、受け取ったりする場合にも、確認や記録の作成・保存をする必要はありますか。　93

Q61　第26条第1項の「取得の経緯」の確認としては、具体的にどこまで遡って確認する必要がありますか。　95

Q62　事業者が確認や記録の作成・保存義務に違反した場合、個人情報保護委員会はどのような措置をとることとなりますか。　96

第16節　開示等請求権（第28条－第34条関係）

Q63　開示、訂正及び利用停止等の求めについて、請求権であることを明記する改正を行ったのは、どのような理由によるものですか。　98

Q64　第三者提供に係る記録の内容は、開示請求の対象になりますか（どのような情報が開示請求の対象になりますか。）。　100

Q65　開示等の求めについて、請求権であることを明記する改正を行うに当た

り、事前の請求に関する規定が設けられたのは、どのような理由によるものですか。　101

Q66　開示の請求について訴訟を提起する場合、原告及び被告はどのような事実について立証する必要がありますか。また、裁判所における手続はどのようなものになりますか。　103

Q67　訂正等の請求について訴訟を提起する場合、原告及び被告はどのような事実について立証する必要がありますか。また、裁判所における手続はどのようなものになりますか。　106

Q68　利用停止等の請求について訴訟を提起する場合、原告及び被告はどのような事実について立証する必要がありますか。また、裁判所における手続はどのようなものになりますか。　108

Q69　第三者提供の停止の請求について訴訟を提起する場合、原告及び被告はどのような事実について立証する必要がありますか。また、裁判所における手続はどのようなものになりますか。　111

Q70　開示、訂正及び利用停止等について事業者に違反があった場合、個人情報保護委員会はどのような措置をとることとなりますか。　113

第17節　個人情報保護委員会の設置及び組織並びに権限及び権限の委任
（第40条－第46条、第59条－第74条、第79条関係）

Q71　今回の改正で、本法の所管や監督の体制はどのように変わりますか。　114

Q72　個人情報保護委員会を設置し、監督権限をこれに一元化したのは、どのような理由によるものですか。　115

Q73　個人情報保護委員会を高い独立性を有する三条委員会としたのは、どのような理由によるものですか。　116

Q74　個人情報保護委員会はいつ設置され、主務大臣の権限はいつ個人情報保護委員会に一元化されますか。　117

Q75　個人情報保護委員会は、個人情報の保護のみに取り組む組織ですか。　118

Q76　個人情報保護委員会の所掌事務や権限はどのようなものですか。　119

Q77　国民からの苦情や相談の受付は、どのような体制で行われますか。　120

Q78　個人情報保護委員会は、報道機関等に対しても監督権限を有しますか。　122

Q79　個人情報保護委員会は、行政機関や独立行政法人、地方公共団体等に対しても監督権限を有しますか。　123

Q80　今まで主務大臣に認められていなかった立入検査権限を個人情報保護委員

会に付与したのは、どのような理由によるものですか。　124

Q81　事業所管大臣への委任規定を設けたのは、どのような理由によるものですか。　125

Q82　勧告や命令権限は委任の対象とされず、報告徴収と立入検査権限だけが委任の対象とされたのは、どのような理由によるものですか。　126

Q83　事業所管大臣からの個人情報保護委員会に対する措置請求の規定を設けたのは、どのような理由によるものですか。　127

Q84　事業所管大臣はどのようにして定まるのですか。　128

Q85　個人情報保護委員会は独立した第三者機関とのことですが、その独立性はどのようになっていますか。　129

Q86　個人情報保護委員会の委員には、どのような方がどのような手続で選ばれるのですか。　130

Q87　専門委員を設置したのはどのような理由によるものですか。　131

Q88　個人情報保護委員会の事務局はどのような体制になるのですか。　132

Q89　「国会に対する報告」ではどのような事項を報告するのですか。　133

第18節　認定個人情報保護団体（第47条‐第58条関係）

Q90　今回の改正で、認定個人情報保護団体に関する制度はどのように変わりますか。　134

Q91　既存の認定個人情報保護団体は、改正後に認定を再度受ける必要がありますか。　136

Q92　既存の認定個人情報保護団体は、必ず匿名加工情報についても業務を行わなければなりませんか。　137

Q93　個人情報保護指針とは何ですか。今回の改正で、消費者の意見を代表する者等からの意見の聴取や個人情報保護委員会への届出制を導入するとともに、認定個人情報保護団体が対象事業者に対して同指針を遵守させるため指導、勧告等を行うことを義務化したのは、どのような理由によるものですか。　138

Q94　改正法の施行前に既に作成していた個人情報保護指針も、消費者の意見を代表する者等から意見を聴取したり、個人情報保護委員会に届け出たりする必要はありますか。　140

Q95　消費者の意見を代表する者等からの意見を聴く場は、各認定個人情報保護団体が設定するのですか。その際、個人情報保護委員会の援助を受けること

はできますか。　141

第19節　域外適用（第75条関係）

Q96　今回の改正により、外国にある事業者に対しても個人情報保護法を適用できるようにしたのは、どのような理由によるものですか。　142

Q97　域外適用の対象を国内にある者に対する物品又は役務の提供に関連してその者を本人とする個人情報を取得した場合に限っているのは、どのような理由によるものですか。　144

Q98　域外適用を受けた外国の事業者は、どのようなことを守らなければなりませんか。また、個人情報保護委員会は監督のためにどのような措置をとることとなりますか。　146

第20節　外国執行当局への情報提供（第78条関係）

Q99　外国執行当局への情報提供の規定を設けたのは、どのような理由によるものですか。　148

Q100　個人情報保護委員会が外国執行当局に提供する情報とは、具体的にどのようなものですか。　149

第21節　個人情報データベース等不正提供罪（第83条関係）

Q101　個人情報データベース等不正提供罪を設けたのは、どのような理由によるものですか。　150

Q102　どのような者が本罪の対象になりますか。　152

Q103　法定刑を「1年以下の懲役又は50万円以下の罰金」としたのは、どのような理由によるものですか。　154

第22節　名簿業者規制

Q104　不正な名簿の販売等を行う悪質な「いわゆる名簿業者」は、今回の改正で規制されますか。　155

Q105　情報漏えいや悪質な「いわゆる名簿業者」により不正に流通した個人情報について、本人が消去を求めることはできますか。　157

第23節　附則・経過措置（附則第1条－附則第12条関係）

Q106　改正法の施行日はどのようになっていますか。　158

Q107 改正法の施行前に取得している個人情報の取扱いに関する経過措置の概要は、どのようなものですか。　159

Q108 改正法の施行前に主務大臣が行った処分や主務大臣に対してした行為の効力はどのようになりますか。また、罰則の適用に関する経過措置の概要は、どのようなものですか。　161

Q109 行政機関や独立行政法人等が保有している個人情報の取扱いも、この改正に合わせて今後改正されますか。　163

資料1　個人情報の保護に関する法律（平成15年法律第57号）
　　　【平成28年1月1日時点】　165

資料2　個人情報の保護に関する法律（平成15年法律第57号）
　　　【公布の日から起算して2年を超えない範囲内において政令で定める日時点】　183

資料3　個人情報の保護に関する法律　新旧対照表　209

資料4　個人情報の保護に関する法律及び行政手続における特定の個人を識別するための番号の利用等に関する法律の一部を改正する法律　附則（抜粋）　251

資料5　個人情報の保護に関する法律及び行政手続における特定の個人を識別するための番号の利用等に関する法律の一部を改正する法律案に対する附帯決議　258

資料6　パーソナルデータの利活用に関する制度改正大綱　262

資料7　認定個人情報保護団体の一覧表（平成27年8月1日現在）　279

事項索引　281

●凡　例

1　法令の略称は、以下のとおりです。

本法	個人情報の保護に関する法律（平成15年5月30日法律第57号）
施行令	改正前の個人情報の保護に関する法律施行令（平成15年12月10日政令第507号）
規則	個人情報保護委員会規則
改正法	個人情報の保護に関する法律及び行政手続における特定の個人を識別するための番号の利用等に関する法律の一部を改正する法律（平成27年9月9日法律第65号）
番号利用法	行政手続における特定の個人を識別するための番号の利用等に関する法律（平成25年5月31日法律第27号）
行政機関個人情報保護法	行政機関の保有する個人情報の保護に関する法律（平成15年5月30日法律第58号）
独立行政法人等個人情報保護法	独立行政法人等の保有する個人情報の保護に関する法律（平成15年5月30日法律第59号）

2　本書中、「改正前の第○条」とあるときは、改正前の条文を、「一段階目の改正後の第○条」とあるときは、改正後（平成28年1月1日施行後）の条文を、単に「第○条」又は「二段階目の改正後の第○条」とあるときは、改正後（全面施行後）の条文を表しています。

●執筆者一覧

[編著者]
瓜生 和久　　内閣官房情報通信技術（IT）総合戦略室参事官

[著　者]
犬童 周作　　内閣官房情報通信技術（IT）総合戦略室参事官
瓜生 和久　　内閣官房情報通信技術（IT）総合戦略室参事官
岡本 剛和　　内閣官房情報通信技術（IT）総合戦略室企画官
森田 哲也　　内閣官房情報通信技術（IT）総合戦略室参事官補佐
石井 和志　　内閣官房情報通信技術（IT）総合戦略室参事官補佐
生駒 隆康　　内閣官房情報通信技術（IT）総合戦略室参事官補佐
佐藤 彩香　　内閣官房情報通信技術（IT）総合戦略室参事官補佐
日置 巴美　　内閣官房情報通信技術（IT）総合戦略室参事官補佐
横澤田 悠　　内閣官房情報通信技術（IT）総合戦略室参事官補佐
大石 真梨子　内閣官房情報通信技術（IT）総合戦略室主査
高木 聡　　　内閣官房情報通信技術（IT）総合戦略室主査
関沢 克実　　内閣官房情報通信技術（IT）総合戦略室主査

＊　肩書きは平成 27 年 7 月 1 日現在。

第1章 総論

Q1 個人情報保護法の改正の概要は、どのようなものですか。

A 1 今回の改正内容は、個人情報の保護を図りつつ、近年の飛躍的な情報通信技術の進展に対応したパーソナルデータ(注1)の利活用を促進することにより、国民の安全・安心の向上と新産業・新サービスの創出等による活力ある経済社会の実現等を目的に法律を改正するもので、主なポイントは以下のとおりです。

2 まず、個人情報の定義を明確化することにより、個人情報として取り扱うべきかが曖昧ないわゆるグレーゾーンの問題(注2)に対応しています。加えて、特定の個人を識別できないように加工された「匿名加工情報」を新たに定義し、本人の同意に代わる一定の条件の下、自由な利活用を認めることにより新産業・新サービスが創出できる環境を整えることとしています。

3 次に、いわゆる名簿業者に対する規制(注3)として、個人情報の漏えいが生じた場合に、漏えいした個人情報の流通経路をたどることができるようにするとともに、不正に個人情報を提供した場合の罰則を新たに設けることにより、不正な個人情報の流通を抑止するようにしています。

4 さらに、所管する事業分野ごとに個人情報取扱事業者(以下「事業者」といいます。)を監督する主務大臣制(注4)を廃止し、事業者に対して一元的な監督を行う個人情報保護委員会を新たに設置しています。

5 最後に、データ流通のグローバル化に対応するために、日本の本法について外国の事業者に対する適用関係を明確にするとともに、事業者が外国の第三者に対し個人情報を提供する場合のルールを明確化しています。

(注1) パーソナルデータとは
　　　本法における「個人情報」に限定しない、個人の行動・状態に関するデータの

ことをいいます。
(注2)　グレーゾーンの問題とは

情報通信技術の進展やスマートフォンの普及等を背景として、ビッグデータと呼称される膨大かつ様々な情報が流通するようになる一方、どの情報を「個人情報」として取り扱うべきかが曖昧なグレーゾーンが存在していることから、ビッグデータの利活用を躊躇する状況が頻発していました。

(注3)　いわゆる名簿業者に対する規制について

2014年7月に、大手通信教育会社の委託先従業員により、同会社の管理するデータベースから約2,895万件の個人情報が不正に持ち出され、いわゆる名簿業者に販売されていたことが発覚しました。この事案においては、不正競争防止法違反の容疑により立件されましたが、この事案をきっかけとして、個人情報をいわゆる名簿業者に不正に売却する行為が問題視されるようになりました。

(注4)　主務大臣制とは

改正前の本法では、事業者が行う事業等を所管する大臣が、本法の助言、勧告、命令等の監督を行っていました。

Q2 今回、個人情報保護法を改正することになった背景は、どのようなものですか。

A 1　改正前の本法は2003年に制定されたもので、10年余が経過しました。この間2009年の消費者庁設置に伴う法改正（注1）をした以外に、大幅な法改正は行われておらず、その結果、以下のような課題等が顕在化してきました。

2　情報通信技術の飛躍的な進展に伴い、制定当時には想定されなかった多種多様なパーソナルデータ（Q1（注1）参照）がインターネット等に流通し、ビッグデータとして活用され始めています。このようなパーソナルデータをめぐっては、消費者からはプライバシー保護の観点から慎重な取扱いを求められる一方、個人情報取扱事業者からは適正な利活用ができる環境が求められていました。

3　また、個人情報取扱事業者の監督は主務大臣制（Q1（注4）参照）の下、27分野38ガイドライン（2015年9月1日現在）が策定される等、事業分野ごとに運用されてきました。その結果、個人情報取扱事業者は、複数の事業分野にまたがる案件について、それぞれの主務大臣から重畳的に報告を求められたり、それぞれのガイドラインに対応しなければならなかったりする等、柔軟な対応ができませんでした。

4　一方、国外に目を向けると、企業活動はグローバル化し、国境を越えて多くのパーソナルデータが流通しています。欧米においても、2012年以降、EUではEUデータ保護指令（Q32（注2）参照）に代わるEUデータ保護規則案（Q32（注2）参照）の検討を始め、米国では消費者プライバシー権利章典の法制化（注2）等、環境の変化に対応した制度見直しが開始されています。

5　このような中、日本においてもこれらの課題等に適切に対応し、個人情報及びプライバシーの保護を図りつつ、パーソナルデータの円滑な利活用を促進させ、新産業・新サービスの創出を実現するための環境の整備を実現するために、本法を改正しました。

（注1）　2009年の消費者庁設置に伴う法改正とは

主として、国民生活審議会が廃止され、消費者委員会が設置されたことに伴い、基本方針の案の策定に当たり内閣総理大臣は同審議会ではなく同委員会の意見を聴かなければならないこととされたものです。
（注2）　米国「消費者プライバシー権利章典法案（CONSUMER PRIVACY BILL OF RIGHTS ACT）」とは
　　　米国のプライバシー保護の原則規定である「消費者プライバシー権利章典（2012年公表）」を法案化したもので、2015年2月に公表されました。

Q3 個人情報保護法を改正する立法の経緯は、どのようなものでしたか。

A 1 改正前の本法の課題等（Q2参照）に対応するために、政府内においては、総務省が2012年11月から「パーソナルデータの利用・流通に関する研究会」を開催（2013年6月に報告書とりまとめ）し、経済産業省が2012年11月からIT融合フォーラムにおいて、「パーソナルデータワーキンググループ」を開催（2013年5月に報告書とりまとめ）し、具体的な検討が開始されました。

2 総務省、経済産業省の検討を受ける形で、内閣総理大臣を本部長とした「高度情報通信ネットワーク社会推進戦略本部」（以下「IT総合戦略本部」といいます。）が政府全体を見渡して検討することとしました。具体的には、「世界最先端IT国家創造宣言（2013年6月14日閣議決定）」における、「オープンデータ・ビッグデータの活用の推進」の中で、パーソナルデータ利活用環境の整備を重点施策に位置付けるとともに、IT総合戦略本部の下に「パーソナルデータに関する検討会」（以下「検討会」といいます。）を設置し、2013年9月から会議を一般公開するオープンな形で検討を進めました。

3 その後、検討会が2013年12月に取りまとめた案を基に、同月20日にIT総合戦略本部が、制度見直しの方向性を政府として示した「パーソナルデータの利活用に関する制度見直し方針」を決定し、2014年6月には、検討会が、同制度見直し方針に基づいて検討を行った上取りまとめた案を基に、同月24日にIT総合戦略本部が、法改正を見据えた制度改正の方向性を政府として示した「パーソナルデータの利活用に関する制度改正大綱」を決定しました。

4 2014年6月から7月にかけて実施したパブリックコメント[注1]の結果も踏まえて、検討会の事務局を担っていた内閣官房情報通信技術（IT）総合戦略室パーソナルデータ関連制度担当室において、同年12月に「パーソナルデータの利活用に関する制度改正に係る法律案の骨子（案）」を取りまとめるとともに、これを基に立案作業を進めた結果、今回の改正法案[注2]が2015年3月10日に閣議決定され、同日に第189回国会に提出されました。

(注1) パブリックコメントとは

行政機関が命令等（政令、省令等）を制定するに当たって、事前に命令等の案を示し、その案について広く国民から意見や情報を募集するものです（行政手続法第38条から第45条まで参照）。「パーソナルデータの利活用に関する制度改正大綱」は命令等の案ではないため、パブリックコメントを実施することが法律上必要とはされていなかったものの、制度改正に広く国民の意見を反映するために任意に実施しました。募集期間は2014年6月25日から7月24日までで、213者（個人142名、法人・団体71者）から、計1,051件のご意見が寄せられました。

(注2) 今回の改正によって新たに設置する「個人情報保護委員会」は、番号利用法に規定する「特定個人情報保護委員会」を改組して設置します。そのため、本法と番号利用法は同時に改正が必要なことから、1つの改正法案として国会へ提出されました。

Q4 個人情報保護法を改正する立法の国会における審議の状況は、どのようなものでしたか。

A　1　本改正法案は、2015年3月10日に閣議決定され、同日、第189回国会に提出されました。同年4月23日、衆議院本会議において内閣府特命担当大臣（情報通信技術（IT）政策担当）から趣旨説明がされた後、それに対する質疑が行われ、同法案は同日、衆議院内閣委員会に付託されました。

　その後、同月24日に同委員会において同法案の提案理由の説明がなされ、5月8日、15日及び20日の3回にわたって政府に対する質疑(注1)が行われた後、同法案は賛成多数で原案のとおり可決（附帯決議あり(注2)）され、翌21日の本会議に上程され、賛成多数で可決されました。

　2　参議院においては、同年5月22日に本会議において内閣府特命担当大臣（情報通信技術（IT）政策担当）から趣旨説明がされた後、それに対する質疑が行われ、同法案は同日、参議院内閣委員会に付託されました。

　その後、同月26日に同委員会において同法案の提案理由の説明がなされ、同日、28日、6月2日(注3)、4日及び8月27日(注4)の4回にわたって政府に対する質疑(注1)が行われた後、同日、同法案に対する修正案が提出、同法案及び修正案は賛成多数で可決（附帯決議あり(注2)）され、翌28日の本会議に上程され、賛成多数で可決されました。

　3　先に衆議院で可決した法律案を参議院で修正議決したため、再度、衆議院に回付され、9月3日に衆議院本会議において賛成多数でその修正に同意がされたことにより、法律として成立し、同月9日「平成27年法律第65号」として公布されました。

（注1）　政府に対する質疑のほか、2015年5月13日に衆議院内閣委員会において、同年6月2日に参議院内閣委員会において、参考人に対する質疑がそれぞれ実施されました。
（注2）　附帯決議は258ページ参照。
（注3）　2015年6月2日には、参議院内閣委員会と参議院財政金融委員会との連合審査会が行われました。
（注4）　6月5日から8月26日までの間における同法案に対する国会審議は、日本年金

機構における不正アクセスによる情報流出事案が明らかになったことにより、一時中断されていました。

第2章 各論

第1節 目的（第1条関係）

Q5 目的規定の改正の趣旨はどのようなものですか。

A 1 本法は、「個人情報の有用性に配慮しつつ、個人の権利利益を保護すること」を目的としています（第1条）。

2 今回の改正では、「個人情報の有用性」という文言について、これまでその意味するところが分かりづらいという意見もあったことから、個人情報の適正かつ効果的な活用が「新たな産業の創出」や「活力ある経済社会及び豊かな国民生活の実現」に資するものであるという具体例を明示することとしました。

3 このうち、「豊かな国民生活の実現」という文言は、例えば新たなサービスが生まれることによる国民生活の利便性の向上や、医療分野での利活用が進むことによる健康の増進等にも資することを想定したものですが、いずれにせよこれらの文言を明示したことにより、改正前の本法の目的を変更するものではありません。

第2節　個人情報（第2条第1項・同条第2項関係）

Q6　今回の改正で個人情報の定義はどのように変わりますか。

A　1　改正前の本法では、保護対象として、生存する個人に関する情報のうち、①特定の個人を識別することができるものと、②他の情報と容易に照合することができ、それによって特定の個人を識別することができるものを「個人情報」としていました（改正前の第2条第1項）。今回の改正では、個人情報に該当する範囲は変わらないものの、情報の性質上①の要件を満たすものを新たに「個人識別符号」とし（第2条第2項）、これが含まれるものも個人情報に該当することとしました（同条第1項第2号）(注1)。

2　この「個人識別符号」は、改正前の本法において個人情報に含まれると考えられるパーソナルデータのうち、

① 身体の一部の特徴をデータ化した文字、番号、記号その他の符号や、

② サービスの利用者や個人に発行される書類等に割り当てられた文字、番号、記号その他の符号

のうち、政令で定めるものをいい（Q9参照）、これを設けることによって、どのパーソナルデータが単体で個人情報に該当するかを明らかとし、またその判断が客観的かつ容易になります。

3　近年、スマートフォンやIoT（インターネット・オブ・シングス）(注2)の普及等、情報通信技術の飛躍的な進展に伴いビッグデータ時代が到来している中、個人の行動・状態等に関するパーソナルデータの利活用(注3)が求められる一方、個人情報の範囲が曖昧となっており、企業がその利活用を躊躇しているという状況にあります。上記の「個人識別符号」は、このような状況の改善に寄与するものといえます。

(注1)　「個人情報」（第2条第1項）のその他の改正について
　　　これ以外の主な改正部分としては、情報の内容及び媒体を意味する規定である

「氏名、生年月日その他の記述等」とあるうちの「記述等」という文言について、個人情報の記録方式、媒体及び再現方式を明確化するという観点から括弧書が設けられ、その具体的な内容が定められました。具体的には、書面や電子データに限らず、手話、モールス信号のように音声、動作によって表される一切が含まれます。

（注2）　IoT（インターネット・オブ・シングス）とは

　　　これまでインターネットの周縁ではパソコン等のIT関連機器が接続されていましたが、今後はそれ以外の様々な「モノ」が接続されるInternet of Things（IoT）の時代が到来するといわれています。

（注3）　パーソナルデータの利活用について

　　　「パーソナルデータの利活用に関する制度改正大綱」（2014年6月24日高度情報通信ネットワーク社会推進戦略本部決定）では、「特に、個人の行動・状態等に関する情報に代表される、パーソナルデータについては、現行法制定当時には実現が困難であった高度な情報通信技術を用いた方法により、本人の利益のみならず公益のために利活用することが可能となってきており、その利用価値は高いとされている。」との記載があります。

Q7 「特定の個人を識別することができる」の要件は、今回の改正によって変更されますか。

A 1 改正前の第2条第1項は、個人情報を「特定の個人を識別することができる」ものと規定していましたが、この要件は改正前後で異なるところはありません。

2 この「特定の個人を識別することができる」とは、情報単体又は複数の情報を組み合わせて保存されているものから、社会通念上そのように判断できるものをいいます。すなわち、一般人の判断力や理解力をもって、生存する具体的な人物と情報との間に同一性を認めるに至ることができるものが、本法の保護対象とされています。

3 このようなものが本法の保護対象とされるのは、
① 不適正な取扱いがなされることによって、情報から識別される特定の個人に損害を生じさせ得ること、
② 例えば氏名のようにそれそのものの取扱いによっては損害が生じることが少ないものの、これを媒介として秘匿性の高い情報等を名寄せすることができ、個人に損害を発生させるおそれがあること
等を理由として、適正な取扱いが求められるためです。

4 どのような情報が「特定の個人を識別することができるもの」といえるかについては、例えば、顔写真（ただし、顔がはっきりと判別できるもの等、写真の精度によります。）や、氏名に住所等の付加情報があるものがあります。

Q8 「他の情報と容易に照合することができ、それにより特定の個人を識別することができることとなるもの」という「容易照合性」の要件は、今回の改正によって変更されますか。

A 1 「容易照合性」の要件は、今回の改正前後で異なるところはありません。したがって、その解釈は改正前の本法と同様です。

2 この「容易照合性」とは、それ自体は特定の個人を識別することができない情報であっても、その情報を取り扱う事業者が、特別の調査を行ったり、特別の費用や手間をかけたりすることなく、当該事業者が行う業務における一般的な方法で、他の情報との照合が可能な状態にあることをいいます。本法では、このような状態にあることによって「特定の個人を識別することができることとなるもの」を個人情報に含め、保護対象としています。

3 「容易照合性」の判断要素としては、保有する各情報にアクセスできる者の存否、社内規程の整備等の組織的な体制、情報システムのアクセス制御等の技術的な体制等が挙げられ、これらを総合的に勘案して「特定の個人を識別することができる」か否かが判断されるものであり、取り扱う個人情報の内容や利活用の方法等、事業者の実態に即して個々の事例ごとに判断されることとなります。

4 例えば、事業者内部での技術的な照合が相当困難であるとか、独立したデータベースをそれぞれ別の担当者が管理し、社内規程等により容易にアクセスできないようになっている等、事業者が行っている業務における一般的な方法で照合が不可能となっているものであれば、それを「『容易照合性』がない」と解釈されることは考えられます。

Q9 「個人識別符号」とは、例えばどのようなものですか。

A 1 「個人識別符号」とは、その情報単体から特定の個人を識別することができるものをいいます。これには、現在、指紋や顔の特徴をコンピュータ処理ができるようにデジタルデータ化したものや、マイナンバー、旅券・運転免許証に付される番号、基礎年金番号等が当たると考えられますが、その詳細については今後政令で定めることとしています。

以下が、政令で定める際の考え方になります。

2 近年、ソーシャル・ネットワーキング・サービス^(注)や位置情報を活用したサービスの普及、顔を認識する等の画像解析技術の高度化等、情報通信技術の発展とともに、個人の識別につながる大量かつ多種多様な情報が、「符号」という形で流通しています。そして今後も、情報通信技術を活用したサービス等の発展とともに、個人を識別する情報である「符号」の質及び内容が日々変化していくことが想定され、さらにそれらが国境を越えて流通することを踏まえれば、国際的な整合性を確保しつつ、本法により保護されるべき個人を識別する「符号」を適時適切に明確化していく必要があります。

また、どのような情報が「特定の個人を識別することができる」ものとして本法の保護対象である「個人識別符号」となるかについては、
① 情報の機能、取扱いの実態等を含めた社会的な意味合い
② 情報が一意であるか等、個人と情報との結び付きの程度
③ 情報の内容の変更が頻繁に行われないか等、情報の不変性の程度
④ 情報に基づき、直接個人にアプローチすることができるか等、本人到達性

等の要素等を総合的に勘案して判断されることとなります。

(注) ソーシャル・ネットワーキング・サービス（SNS）とは
　　FacebookやTwitter等、インターネットを通じて個人の間で情報をやりとりし、人間関係を構築できる基盤を提供する仕組みのことです。

Q10 「個人識別符号」に当たらない情報は、個人情報保護法では保護されないのですか。

A 1 ある個人に関する情報が「個人識別符号」に当たらず、それ単体で個人情報に該当しないものであっても、

① 他の個人識別符号や、特定の個人を識別することができる他の情報と共に、事業者が1つのデータセットとして保有している場合(例えば、氏名、住所、生年月日等と一緒になっているもの)や、

② 事業者が当該個人に関する氏名や顔写真等その他の情報を保有しており、これと容易照合性(Q8参照)がある場合

については、個人情報に該当します。

2 したがって、実際に事業者が取り扱う情報の中身や、その取扱いの状況によっては、それ単体では「個人識別符号」に該当しないとしても、個人情報に該当して本法の保護対象となることがあります。

Q11 諸外国では個人情報の定義はどのようになっていますか。

A　1　日本も加盟するOECDは、加盟各国の個人情報保護に関する基本的な考え方となる「OECDプライバシーガイドライン」^(注1)において、「個人データとは、識別された又は識別され得る個人（データ主体）に関する全ての情報を意味する。」としています^(注2)。

2　EUでは、1995年に「EUデータ保護指令」^(注3)が発効し、分野横断的な個人情報保護に関する規制が設けられています。同指令は、「個人データとは、識別された又は識別され得る自然人に関する全ての情報をいい、識別され得る個人情報とは、特に個人識別番号、又は肉体的、生理的、精神的、経済的、文化的並びに社会的アイデンティティに特有な1つ又はそれ以上の要素を参照することによって、直接的又は間接的に識別されるものをいう。」としています。例えば、社会保障番号、旅券番号、携帯電話番号、メールアドレス、クレジットカード番号及びIPアドレスが、解釈上、個人データに該当すると考えられています^(注4)。

3　また、米国においては、日本の本法に該当する包括的な個人情報保護に関する法律は存在しないものの、本年2月に同国大統領府が公表した「消費者プライバシー権利章典法案」^(注5)においては、「一般に、個人データとは、事業者のコントロール下にあるものであって、一般的に合法的な方法によって公開されている情報を除き、かつ、その事業者によって特定の個人に連結若しくは実際に連結可能な、又は日常的に利用されている機器に連結された全てのデータをいう。」とされ、メールアドレス、電話番号、旅券番号、運転免許証番号、社会保障番号、指紋・声紋等の生体情報及びクレジットカード番号が個人データとして掲げられています^(注6)。

4　情報通信技術の進展に伴い、日本の企業や国内にいる消費者が日常的に外国にある者との間で個人情報のやり取りをしている状況に鑑み、どのような情報を保護対象とするかを含めて、個人情報に係る制度を国際的に整合させていくことが重要であると考えられます。なお、米国の法案は政府の方針が示されたという段階であり、また、EUにおいても同指令を規則化する議論が進められていることから^(注7)、日本としても、今後とも、諸外国の

動向を注視し、これを踏まえて保護対象を検討していくことが求められます。

(注1) 「OECD プライバシーガイドライン」とは

OECD 理事会勧告として 1980 年に採択され、2013 年 7 月に改訂された「プライバシー保護と個人データの国際流通についてのガイドライン」のことです。これは、加盟各国の個人情報保護に関する基本的な考え方となっています。

(注2) "Personal data" means any information relating to an identified or identifiable individual (data subject).

(注3) 「EU データ保護指令」とは

EU では、1995 年に「EU データ保護指令」が採択され、分野横断的な個人情報の保護に関する規律が設けられています。この指令は、EU 域内の各国が国内法を整備するに当たって参考とすべきもので、直接の法的拘束力を有しないものとされています。

(注4) データ保護を担当する欧州委員会司法総局では、" 'Personal data' relate to any personal information which can be used to identify you, directly or indirectly, such as your name, your telephone number, your email address, your place and date of birth, etc." と、同指令に基づく助言機関である 29 条作業部会では、"Opinion 4/2007 on the concept of personal data" において、"The Working Party has considered IP addresses as data relating to an identifiable person." "a person may be identified directly by name or indirectly by a telephone number, a car registration number, a social security number, a passport number…." としています。また、"Opinion 1/2008 on data protection issues related to search engines" において、"The format of specific types of personally identifiable information, such as social security numbers, credit card numbers, telephone numbers and e-mail addresses, makes these data easily detectable." として個人データであることを前提とした説明がなされています。

(注5) 米国「消費者プライバシー権利章典法案（CONSUMER PRIVACY BILL OF RIGHTS ACT）」とは

米国のプライバシー保護の原則規定である「消費者プライバシー権利章典（2012 年公表）」を法案化したもので、2015 年 2 月に公表されました。

(注6) 消費者プライバシー権利章典法案における個人データの定義

(a) "Personal data"

(1) In General.— "Personal data" means any data that are under the control of a covered entity, not otherwise generally available to the public through lawful means, and are linked, or as a practical matter linkable by the covered entity, to a specific individual, or linked to a device that is

associated with or routinely used by an individual, including but not limited to—

(A) the first name (or initial) and last name;
(B) a postal or email address;
(C) a telephone or fax number;
(D) a social security number, tax identification number, passport number, driver's license number, or any other unique government-issued identification number;
(E) any biometric identifier, such as a fingerprint or voice print;
(F) any unique persistent identifier, including a number or alphanumeric string that uniquely identifies a networked device; commercially issued identification numbers and service account numbers, such as a financial account number, credit card or debit card number, health care account number, retail account number; unique vehicle identifiers, including Vehicle Identification Numbers or license plate numbers; or any required security code, access code, or password that is necessary to access an individual's service account;
(G) unique identifiers or other uniquely assigned or descriptive information about personal computing or communication devices; or
(H) any data that are collected, created, processed, used, disclosed, stored, or otherwise maintained and linked, or as a practical matter linkable by the covered entity, to any of the foregoing.

（注7）「EUデータ保護指令」は、EU域内の各国が国内法を整備するに当たって参考とすべきもので、直接の法的拘束力を有しないものとされています。これに対し、2012年1月には、各国における国内法の整備を待たずに直接法的拘束力を有する規則の制定に向けて、その案である「EUデータ保護規則案」が欧州委員会から提案され、2014年3月に欧州議会が修正案を可決、2015年6月にはEU理事会による支持が表明されたところです。これを受けて現在、欧州委員会、欧州議会、EU理事会による三者協議が行われています。

第3節　要配慮個人情報（第2条第3項・第17条第2項・第23条第2項関係）

Q12　要配慮個人情報とは何ですか。要配慮個人情報に関する規定を設けたのは、どのような理由によるものですか。

A　1　要配慮個人情報は、人種、信条、社会的身分、病歴等、その取扱いによっては差別や偏見を生じるおそれがあるため、特に慎重な取扱いが求められる個人情報を類型化したものです（第2条第3項）。

改正前の本法では、「個人情報」に当たる情報の取扱いについては、一律に同じルールを定め、その内容や性質によってルールを分けることはしていませんでした。しかし、国内の多くの条例や各省が定めるガイドラインにおいては、一定の個人情報について特別の取扱いが定められています。また、外国（主としてEU）においては、個人情報の保護に関係する法令で、一部の個人情報について特別の規律を設けている例が多く、一般的に「センシティブデータ」と呼ばれています。本法において新たに設ける要配慮個人情報も、これらと同様、一部の個人情報についてその内容や性質に応じたより適切な取扱いを行うために、特別の規律を定めるものです。

2　本法に要配慮個人情報に関する規定を設けた理由は以下のとおりです。

まず、本法は、改正前と変わらず、個人情報を取り扱うに当たり、利用目的の通知や公表等を行っていれば、取得すること自体に本人の同意を得る必要はないこととしています。しかし、取得する必要があるとはあまり考えられない場合にも取得され、取り扱われることによって差別や偏見を生むおそれがあるような情報については、その取得に際して本人が関与できるようにすべきであり、そもそも本人の意図しないところで取得できてしまうこと自体が問題であるといえます。そこで、このような慎重な取扱いを要する個人情報を類型化した上、本人の同意を得ない取得を原則として禁止し、本人の意図しないところで第三者に提供されることがないようにするという特別の規律を設けることが必要な状況にありました。

また、日本において、要配慮個人情報に関する特別の規律が法律上設けられていないことは、EUから、日本の個人情報に係る制度が十分な水準であ

るとの認定（いわゆる十分性認定）を得るに当たって、障壁の1つになるものと考えられていました。この十分性の認定を得られなければ、EUから日本に個人情報を容易に移転することができず、主としてEUにある日本企業の支店や子会社等が困難を強いられるという状況が続いてしまいます（Q33参照）。さらに、EU以外の国でも、一部の個人情報に関する特別の規律を設けている例が多いことも踏まえると、国際的にも整合性のとれた規律とし、EUをはじめとする諸外国から日本への個人情報の円滑な移転を可能にするためには、要配慮個人情報の規律を設けることが必要な状況にありました。

　これらの状況に加え、条例やガイドラインによる国内における運用状況も踏まえて、今回、本法に要配慮個人情報に関する規定を設けることにしたものです。

Q13 第2条第3項に例示されている「人種」、「信条」、「社会的身分」、「病歴」、「犯罪の経歴」、「犯罪により害を被った事実」は、それぞれ具体的にどのようなものを意味しますか。また、これらに当たらないものは要配慮個人情報にはならないのですか。

A 1 要配慮個人情報として法に列挙している「人種」、「信条」、「社会的身分」、「病歴」、「犯罪の経歴」、「犯罪により害を被った事実」の具体的な内容は、以下のとおりです。

① 「人種」は、人種、民族的又は種族的な出身を広く意味するものであり、例えば「アイヌ」、「在日韓国・朝鮮人」のような情報が該当します。これに対し、単純な国籍は法的地位であり、「人種」には該当しません。また、「肌の色」は人種を推知させる情報に過ぎず、やはり該当しません。

② 「信条」は、一般に、個人の基本的なものの見方、考え方を意味するものであり、思想と信仰の双方を含みます。これに対し、宗教に関する書籍の購買情報のような情報は、信条を推知させる情報に過ぎず、「信条」には該当しません。

③ 「社会的身分」は、主として、ある個人にその境遇として固着していて、一生の間、自らの力によって容易にそれから脱し得ないような地位を意味します。これに対し、単なる職業的地位は該当しません。

④ 「病歴」とは、病気に罹患した経歴を意味するもので、まさに特定の病歴を示した部分が該当します。これに対し、体重や血圧等の健康情報や、血液検査の結果やレントゲン写真等は、病気を推知させる情報に過ぎず、「病歴」には該当しません。

⑤ 「犯罪の経歴」は、いわゆる前科、すなわち有罪の判決を受けこれが確定した事実が該当します。これに対し、単に反社会的集団に所属し又は関係を有しているという事実のみでは該当しません。

⑥ 「犯罪により害を被った事実」には、身体的被害、精神的被害及び金銭的被害の別を問わず、一定の犯罪の被害を受けた事実が該当します。

2 要配慮個人情報については、法律で定めているもののほか、法律に列

挙した人種、信条、病歴等と同様、「本人に対する不当な差別、偏見その他の不利益が生じないようにその取扱いに特に配慮を要する」という性質を有するものを政令において定めることとしています。そのため、上記に該当しない情報も、政令で定められることにより、要配慮個人情報に該当することとなります。

Q14 要配慮個人情報について、どのような取扱いが必要になりますか。

A 1 本法では、個人情報を取得する際にあらかじめその利用目的を公表し、又は取得後速やかに本人に通知し又は公表しておけば、個人情報を取得すること自体について本人の同意を得ることは必要でないとされています（第18条第1項）。これに対し、要配慮個人情報を取得することについては、原則として本人の同意を得ることが必要となります（第17条第2項）。これは、本人の意図しないところで当該本人に関する要配慮個人情報が取得され、それに基づいて本人が差別的な取扱いを受けることを防止するためです。

なお、本人の意思よりも優先すべき利益のために要配慮個人情報の取得を認める必要性がある場合（同項第1号から第4号まで）や、取得を制限する合理性がない場合（同項第5号）には、例外的に本人の同意を得ないでも要配慮個人情報を取得することができます（Q15参照）。

2 また、本法では、個人データを第三者に提供するために、原則として、あらかじめ本人の同意を得なければならないこととしていますが、第23条第2項及び第3項に規定する一定の手続をとることによって、本人の同意を得ないで個人データを第三者に提供することを認めています（いわゆるオプトアウト手続。Q46～Q51参照）。このオプトアウト手続については、法に定める一定の手続をとったとしても、実際には本人が明確に認識できないうちに個人データが第三者に提供されるおそれがあるため、情報の性質上特に慎重な取扱いが求められる要配慮個人情報については、このオプトアウト手続によって個人データを第三者に提供することを認めないこととしています。つまり、要配慮個人情報である個人データを第三者に提供するためには、その提供行為が法令に基づく場合である等、同条第1項各号や同条第5項に定める一定の場合を除いて、必ず本人の同意を得ることが必要となります（Q44参照）[注]。

3 以上の2点を除いては、他の個人情報と同じ取扱いとなるため、例えば、要配慮個人情報であっても、関連性を有する範囲内で利用目的を変更すること（第15条第2項。Q35参照）や、匿名加工情報へ加工し第三者に提供

することが可能です（Q25参照）。また、要配慮個人情報の取扱いについて本法の規定に違反した場合には、個人情報保護委員会から勧告・命令がされ、その命令に違反すると罰則の適用があるという点も、他の個人情報の取扱いと同様です。

（注）個人データの第三者提供に当たって、要配慮個人情報を構成する情報（人種、信条、病歴等に該当する情報）を削除する等すれば、要配慮個人情報以外の個人情報と変わらない状態となるため、オプトアウト手続による第三者提供を行うことが可能です。

Q15

どのような場合に、本人の同意なく要配慮個人情報を取得することができますか。例えば、インターネット上で公開されている情報の取得についてはどうでしょうか。

A 要配慮個人情報は、原則として本人の同意を得て取得しなければならないこととしていますが、本人の意思よりも優先すべき利益のために要配慮個人情報の取得を認める必要性がある場合（第17条第2項第1号から第4号まで）や、取得を制限する合理性がない場合（同項第5号）には、本人の同意なく取得できることとしています。

どのような場合がこれに当たるかについては、同項において具体的に以下のとおり列挙しています。

① 法令に基づく場合（第1号）

法令上具体的な取扱いが規定されているものは、当該法令の目的に照らして明確に保護されるべき権利利益が存在すると考えられることから、その取得を認める必要性があります。また、その取扱いも合理的な範囲に限られており、同意のない取得を認めても本人の権利利益を侵害するおそれは低いといえます。このような観点から、法令に具体的な根拠がある場合を例外として認めています。

なお、「法令」には、法律や法律に基づく命令（政令、省令等）のほか、条例も含まれます。また、その法令上に、要配慮個人情報を取得できる旨の明文の規定があることまでを必要とするものではなく、要配慮個人情報を含む個人情報を取得することの根拠となる規定があれば足ります。

② 人の生命、身体又は財産の保護のために必要がある場合であって、本人の同意を得ることが困難であるとき（第2号）

人の生命、身体又は財産といった具体的な権利利益が侵害されるおそれが高まっており、この保護のために要配慮個人情報の利用が必要である場合には、その取得を認めることに一定の合理性があるといえます。そこで、同意取得の例外としていますが、可能な限り本人から同意を得ることが望ましいため、本人の同意を得ることが困難であるときに限定しています。この規定中の「人」には、自然人のみならず法人その他の団体も含まれます。

③ 公衆衛生の向上又は児童の健全な育成の推進のために特に必要がある

場合であって、本人の同意を得ることが困難であるとき（第3号）

　公衆衛生の向上や児童の健全な育成の推進のために要配慮個人情報を利用することが不可欠であるといった場合には、確保されるべき権利利益が明確であるといえることから、同意取得の例外としています。

④　国の機関若しくは地方公共団体又はその委託を受けた者が法令の定める事務を遂行することに対して協力する必要がある場合であって、本人の同意を得ることにより当該事務の遂行に支障を及ぼすおそれがあるとき（第4号）

　国の機関等が事務を実施するに当たり、個人情報取扱事業者の協力を得てその保有する要配慮個人情報を利用することが必要になった場合に、その前提として、個人情報取扱事業者が要配慮個人情報を取得することが必要になることも考えられます。そこで、同意取得の例外として定めていますが、必要性のほか、本人の同意を得ることによって事務の遂行に支障を及ぼすおそれがあることを要することとしています。

⑤　要配慮個人情報が、本人、国の機関、地方公共団体、第76条第1項各号に掲げる者その他規則で定める者により公開されている場合（第5号）

　本人や公的機関、報道機関から公開された情報であれば、本人の意思により、又は知る権利や公共の安全といった公の利益のために公開されているものと考えられ、そのような公開情報から要配慮個人情報を取得することを制限するのは過度な規制であるといえることから、同意取得の例外としています。

　「本人」による公開の例としては、自らがホームページやSNS(注)、ブログ等のツールを用いて、インターネット上で自己の信条について表明している場合が考えられます。「国の機関、地方公共団体」による公開とは、例えば、警察庁や都道府県警察が、被害者の情報を公開して捜査協力を求める場合や、国や地方公共団体が、有罪判決の確定を理由に失職した職員を公表する場合等がこれに当たります。「第76条第1項各号に掲げる者」による公開とは、例えば、報道機関が特定の個人の信仰や前科に触れる報道をする場合がこれに当たり、報道機関であっても、「報道の用に供する目的」（同条第1項第1号）でないときは、これに当たりません。

このように、インターネット上で公開されている要配慮個人情報のうち、本人やマスコミ等の一定の者により公開されている場合には、本人の同意を得ずに取得することが可能です。この主体の範囲については、規則でも定めることとしていますが、本法及び規則で定める者以外の者がインターネット上等で要配慮個人情報を公開している場合には本号に該当せず、その取得に当たっては本人の同意が必要となります。

⑥　その他前各号に掲げる場合に準ずるものとして政令で定める場合（第6号）

　本人の意思よりも優先すべき利益のために要配慮個人情報の取得を認める必要性がある場合や、取得を制限する合理性がない場合としては、上記のほかにもあることが想定されるため、政令においても定めることができることとしています。

（注）　ソーシャル・ネットワーキング・サービス（SNS）とは
　　　　FacebookやTwitter等、インターネットを通じて個人の間で情報をやりとりし、人間関係を構築できる基盤を提供する仕組みのことです。

第4節　個人情報データベース等の適用除外（第2条第4項関係）

Q16　「個人情報データベース等」の定義から、「利用方法からみて個人の権利利益を害するおそれが少ないものとして政令で定めるもの」を除外することとしたのはどのような理由によるものですか。

A　1　本法では、安全管理措置、従業者・委託先の監督、第三者提供の制限等の個人情報の取得後に必要となる各種規律は、「個人情報データベース等」を構成する個人情報である「個人データ」の取扱いについてかかっています(注1)。「個人情報データベース等」とは、定義上、個人情報を含む情報の集合物であって、特定の個人情報を検索することができるように体系的に構成したものをいい（第2条第4項）、電子媒体によるもののみならず、紙媒体によるものも目次や索引等で整理されていれば該当します（施行令第1条）。改正前は、このような性質を有するものである限り、たとえ市販された名簿等であっても「個人情報データベース等」に該当し、それを構成する「個人データ」の取扱いについて本法の規律がかかっていました。

2　しかしながら、例えば、電話帳やカーナビゲーションシステム等の既に公になっている市販の名簿等については、これを市販されている状態のまま使う場合には、たとえ漏えいしても、その漏えい行為により個人の権利利益が侵害される危険性はほぼないといえます。それにもかかわらず、形式的に「個人情報データベース等」の定義に該当するとして、それを構成する「個人データ」の取扱いに関して上記1で述べた各種規律をかけることは、個人情報取扱事業者にとって過剰な負担になるものと考えられます(注2)(注3)。

また、今回の改正で、取り扱う個人情報が5千人分以下の事業者に対する適用除外の制度を廃止することとしたため（Q19～Q22参照）、新たに本法上の義務規定が適用されることとなる事業者の負担をできる限り軽減する観点からも、必要性の低い規制については廃止することが望まれていました。

3　そこで、このような個人情報取扱事業者の負担に配慮し、市販されて

いる状態のまま使用される名簿等を「個人情報データベース等」の定義から除外し、個人情報取扱事業者に対し、上記1で述べた各種規律をかけないこととしました。具体的には、「個人情報データベース等」の定義規定から、「利用方法からみて個人の権利利益を害するおそれが少ないものとして政令で定めるもの」を除くこととしています（第2条第4項括弧書）。

(注1) ①利用目的の特定（第15条）、②利用目的による制限（第16条）、③適正な取得（第17条）、④取得に際しての利用目的の通知等（第18条）の規律は、「個人データ」ではなく「個人情報」の取扱いについてかかっています。

(注2) このような点に着目し、経済産業省のガイドラインにおいては以下のような記述がされています。
「＊ 電話帳、カーナビゲーションシステム等の取扱いについて
　個人情報データベース等が、以下の要件のすべてに該当する場合であっても、その個人情報データベース等を構成する個人情報については、個人データとなる可能性も否定できない。しかしながら、その利用方法からみて個人の権利利益を侵害するおそれが少ないことから、個人情報取扱事業者の義務を課されないものと解釈する。
① 個人情報データベース等の全部又は一部が他人の作成によるものである。
② その個人情報データベース等を構成する個人情報として氏名、住所（居所を含み、地図上又はコンピュータの映像面上において住所又は居所の所在場所を示す表示を含む。）又は電話番号のみを含んでいる。
③ その個人情報データベース等を事業の用に供するに当たり、新たに個人情報を加え、識別される特定の個人を増やしたり、他の個人情報を付加したりして、個人情報データベース等そのものを変更するようなことをしていない。」

(注3) 施行令第2条においては、事業の用に供する個人情報データベース等を構成する個人情報によって識別する個人の数の合計が過去6か月以内のいずれの時点で5千を超えるかどうかを算定する際に、
① 個人情報として氏名、住所又は居所、電話番号のみが含まれるもの、又は、
② 不特定多数の者に販売することを目的として発行され、かつ、不特定かつ多数の者により随時に購入することができるもの又はできたもの
のいずれかに該当するものを編集・加工することなく用いている場合には、その個人情報データベース等を構成する個人情報によって識別する個人の数を除くこととされています。

第4節　個人情報データベース等の適用除外（第2条第4項関係）

Q17　「個人情報データベース等」から一部の情報を除外すると、どのようになるのですか。

A　今回の改正では、「個人情報データベース等」の定義から「利用方法からみて個人の権利利益を害するおそれが少ないものとして政令で定めるもの」を除外することとしています。

　これにより、政令で定められたものを構成する個人情報については、本法上の「個人データ」に関する規律がかからないこととなります（Q16参照）。具体的には、個人データの保有・管理に関して問題となる、データ内容の正確性の確保や利用する必要がなくなった個人データの消去に関する努力義務（第19条）、安全管理措置（第20条）や従業者・委託先の監督（第21条・第22条）に関する規律がかからないこととなります。また、個人データの提供や受領を行う際に問題となる、第三者提供の制限に関する規律（第23条・第24条）や、第三者提供に関する確認及び記録の作成・保存等の義務（第25条・第26条）のほか、保有個人データに関する事項の公表等（第27条）、開示等の請求への対応等（第28条から第33条まで）の規律もかからないこととなります。

　したがって、例えば、政令の定めに該当する名簿等をシュレッダーにかけずに廃棄しても安全管理措置義務違反を問われることはなく、また、本人の同意の取得やオプトアウト手続を行わずに第三者に提供しても法律上何ら問題がないこととなります。

Q18 個人情報保護法ができたことにより、クラス名簿や自治会名簿が作れなくなったとの過剰反応があったと聞きますが、それと今回の改正は関係がありますか。

A 1 本法は、「個人の権利利益を保護すること」を主目的としつつも、個人情報の利活用によってもたらされる社会全体の利益、つまり「個人情報の有用性」にも配慮することを求める法律です。しかし、本法の制定当時、このような本法の趣旨に対する誤解や国民のプライバシー意識の高まりを受けて、必要とされる個人情報が提供されない、つまり、個人情報を保護する側面が強調され過ぎて、有益な利活用が行われない、いわゆる「過剰反応」といわれる現象が見られるようになりました。この過剰反応は、現実には様々な形で表れましたが、その1つとして、クラス名簿や自治会名簿等が作りにくくなったということが指摘されています。

2 改正前の本法では、取り扱う個人情報が5千人分以下の事業者に対しては、本法上の義務規定を適用しないこととされていたため（改正前の第2条第3項第5号・施行令第2条）、そもそも5千人分以下の個人情報しか取り扱っていない学校や自治会は、本法の規制を一切受けずに名簿を作成し、配布することが可能でした。一方で、5千人分を超える個人情報を取り扱い、本法を適用することとされていた学校や自治会であっても、以下のいずれかの条件を満たすことにより、クラス名簿や自治会名簿を作成し、配布することは可能でした（第23条参照）。

① 名簿として構成員その他の関係者に配布することを本人に伝えた上で同意を得る。

② 名簿の内容（例：氏名・住所）、提供方法（例：関係者への配布）、求めがあれば名簿から削除すること等を、本人が知ることができる状態に置く（例：本人に通知する、事務所の窓口に備え置く）。

このような一定の手続を踏めば名簿を作成し、配布することはできるという点が個人情報を提供する側や名簿を作成する側に正しく理解されていなかったことも、過剰反応が生じた原因の1つになっていたものと考えられます。

3 このように、過剰反応は、本法の制定当時からある問題ですが、今回

の改正では、取り扱う個人情報の数が5千人分以下である事業者に対しても本法上の義務規定を適用することとしたため、個人情報を取り扱う学校や自治会は、その個人情報の量にかかわらず一律に本法の義務を守らなければならないこととなります（Q19参照）。その場合でも、上記2①又は②の手続(注)を経ることによって名簿を作成・配布することが可能であることに変わりはありませんが、新たに本法上の義務規定が適用されることとなる事業者（これまで5千人分以下の個人情報しか取り扱っていなかった事業者）において本法の制定当時のような過剰反応が生じないよう、今後も周知を図っていく必要があります。

（注）　今回の改正により、上記2②の条件（オプトアウト手続による第三者提供）に関し、本人が知ることができる状態に置く事項として「本人の求めを受け付ける方法」が加わるとともに、あらかじめ、一定の事項を個人情報保護委員会へ届け出ることが必要となりました（第23条第2項から第4項まで）。また、上記2①又は②の条件を満たした上で、学校や自治会が名簿を配布する際には、いつ、誰に配布したのかを記録し、一定期間保存することが必要となりました（第25条）。

第5節　小規模取扱事業者の適用除外の廃止（第2条第5項関係）

Q19　「個人情報取扱事業者」の定義から、5千人分以下の個人情報を取り扱う事業者について法の適用を除外する規定を廃止したのは、どのような理由によるものですか。

A　1　改正前の本法では、「個人情報取扱事業者」の定義から、「その取り扱う個人情報の量及び利用方法からみて個人の権利利益を害するおそれが少ないものとして政令で定める者」を除外していました（改正前の第2条第3項第5号）。これにより、具体的には、過去6か月以内のいずれの時点でも5千人分以下の個人情報しか取り扱っていない事業者は「個人情報取扱事業者」から除外され、本法上の義務規定を一切適用しないこととされていました（施行令第2条）。

2　今回の改正では、以下の理由により、この取り扱う個人情報の量が少ない事業者を「個人情報取扱事業者」から除外する制度を廃止しています(注1)。

① 情報通信技術の進展により漏えいした個人情報がインターネットを通じて瞬時に拡散してしまう危険性が高まっていること等を踏まえると、事業者が個人情報を不適切に取り扱い、情報漏えい等が生じることによって、その本人の権利利益が侵害され得るという危険性は、事業者が取り扱っている個人情報の量に左右されるものではなくなっているといえること(注2)。

② 諸外国において、事業者が取り扱っている個人情報の量が少ないことを理由に、その事業者に対し、個人情報の取扱いに関する全ての義務を課さないこととしている例は見当たらず、個人情報の保護に関して国際的に整合性のとれた制度とする観点からも、改正が求められていたこと（Q33参照）。

3　この改正により、取り扱う個人情報の量にかかわらず、個人情報データベース等を事業の用に供している事業者であれば、一律に「個人情報取扱事業者」に当たり、本法上の義務規定が適用されることとなります（第2条

第5項)。

(注1) 具体的な改正としては、改正前の第2条第3項第5号を削除しました。この規定を受けて定められている施行令第2条も、本改正を受けて今後削除される予定です。
(注2) 消費者庁作成の「個人情報の保護に関する事業者の取組実態調査報告書（平成23年度）」によれば、2万の事業者（有効回答数4,337件、回収率21.7%）を対象に、取り扱う個人情報の量が少ない事業者が法の義務の対象から除かれていることについての考え方を問うアンケートを行ったところ、「保有する個人情報が少なくても、情報の内容や取扱いの方法によっては本人に対して甚大な被害を与えることもあるので不適当である」とする考えが46.4%と最も高いものとなりました。

Q20 5千人分以下の個人情報を取り扱う事業者についての適用除外規定が廃止されることにより、新たに法の適用を受けることとなる事業者は、どのようなことを守らなければなりませんか。

A 1 取り扱う個人情報が5千人分以下の事業者に対する適用除外の制度を廃止することにより、取り扱う個人情報の量にかかわらず、個人情報データベース等を事業の用に供している事業者（Q21参照）は、一律に「個人情報取扱事業者」に当たることとなります。これにより新たに本法上の義務規定が適用されることとなる事業者は、これまで「個人情報取扱事業者」に該当していた者と同様、以下のような義務全般を守らなければならないこととなります(注1)(注2)。

まず、個人情報を取り扱う前提として①利用目的の特定（第15条）及び②目的外利用の制限（第16条）に関する義務を、個人情報を取得する際には、③不正の手段による取得の制限（第17条）及び④利用目的の通知・公表等（第18条）の義務を、取得した個人情報の取扱いについては、⑤データ内容の正確性の確保等（第19条）、⑥安全管理措置（第20条）、⑦従業者の監督（第21条）、⑧委託先の監督（第22条）及び⑨第三者提供の制限（第23条）に関する義務を守る必要があります。

また、今回の改正により新設される⑩外国にある第三者への提供の制限（第24条）、⑪第三者提供に係る確認及び記録の作成・保存（第25条・第26条）に関する義務のほか、⑫保有個人データに関する事項の公表（第27条）、⑬開示、訂正等及び利用停止等の請求（第28条から第33条まで）に応じる義務も守らなければなりません。

2 これらの各規定に違反した場合には、個人情報保護委員会による報告徴収及び立入検査（第40条）、指導及び助言（第41条）、勧告及び命令（第42条）の対象となり、虚偽の報告をしたり立入検査を拒んだりした場合には30万円以下の罰金に（第85条第1号）、命令に違反した場合には6か月以下の懲役又は30万円以下の罰金に（第84条）、それぞれ処せられることとしています。

3 なお、新たに本法上の義務規定が適用されることとなる事業者が、改

正法の施行前から個人情報を取り扱っていた場合、施行前にどのような取扱いをしていても、それについて本法の違反を問われることはありません。しかし、施行後には、施行後に取得した個人情報に加え、従前から取り扱っていた個人情報についても、利用目的を特定したり、安全管理措置をとったりする等、各義務を守らなければならないこととなります。

(注1) このように、課される義務の種類は個人情報取扱事業者に対して一律同じものとなりますが、例えば、安全管理措置としてどのようなことを行うべきかという各義務の具体的な履行方法については、事業者の規模や個人情報の取扱いの態様等によって差異が生じ得るものと考えられます（Q22参照）。

(注2) 例えば、商品の販売を行う事業者が、顧客から住所、氏名、電話番号を取得し、その顧客がどのような商品を購入したかに関する情報とともに、パソコン上で顧客名簿を作成・管理している事例を想定します。その事業者が、このような顧客名簿を、アフターサービスを実施するために作成・保管している場合には、まず顧客から個人情報を取得する前に、取得した個人情報は、アフターサービスを実施するために利用する旨の利用目的を公表し、又は取得後速やかに顧客本人に通知し若しくは公表し、その目的の範囲内で個人情報を取り扱わなければなりません。

　次に、顧客名簿を管理しているパソコンにはセキュリティソフトを利用した上、ファイルにパスワードをかける等、情報が漏えいしないように安全管理措置をとり、従業員に対し個人情報保護の意識向上に資する研修や啓発を行う必要があります。

　また、他の事業者に対し、顧客名簿を販売する等して提供する場合には、その提供前に顧客から第三者に提供することについて同意を取得し（Q44参照）、提供時には提供の年月日及び提供先の事業者の名称、住所等を記録し保存する必要があります（Q57～Q62参照）。なお、顧客から当該顧客を本人とする個人データの開示等の請求があった場合には、適切な対応をとらなければなりません（Q63～Q70参照）。

Q21 「個人情報取扱事業者」には、自治会等の営利を目的としない活動を行う団体等も含まれますか。

A 「個人情報取扱事業者」とは、「個人情報データベース等を事業の用に供している者」をいいます（第2条第5項）。ここにいう「事業」とは、一定の目的をもって反復継続的に遂行される同種の行為であって、社会通念上それが事業とみられる程度の社会性があることを要するものですが、営利・非営利の別は問いません(注1)。

したがって、自治会のように営利を目的としない活動を行う団体等も、その活動のために個人情報データベース等を利用していれば「個人情報取扱事業者」に該当します(注2)。

(注1) 「個人情報データベース等」とは
個人情報を含む情報の集合物であって、特定の個人情報を検索することができるように体系的に構成したものをいい（第2条第4項）、電子媒体によるもののみならず、紙媒体によるものも目次や索引等で整理されていれば該当します（施行令第1条）。

(注2) 改正前の本法では、取り扱う個人情報が5千人分以下の事業者を「個人情報取扱事業者」から除外していたため、5千人分を超える個人情報を取り扱うことが多くないと考えられる自治会等では、本法上の義務規定の適用例があまりないものと考えられてきました。今回の改正によりこの適用除外の制度は廃止されたため、多くの自治会等が新たに「個人情報取扱事業者」に該当することが想定されています。

第2章 各論　第5節　小規模取扱事業者の適用除外の廃止（第2条第5項関係）

Q22 事業規模の小さな事業者も、事業規模の大きな事業者と同程度の安全管理措置等を行わなければなりませんか。

A 　1　今回の改正では、取り扱う個人情報が5千人分以下の事業者を「個人情報取扱事業者」から除外する制度を廃止することとしました（Q19参照）。

　これにより新たに個人情報取扱事業者となる者の中には、事業規模の小さな事業者が多く含まれることが予想されるため、これらの事業者が個人情報を取り扱うに当たって過度な負担が生じないよう配慮することが必要です。

　2　このため、改正法附則第11条では、「個人情報保護委員会が、事業者がとるべき法律上の義務の具体的な履行方法等を示す本法の運用に関する指針（ガイドライン）を定めるに当たっては、特に事業規模の小さな事業者の事業活動が円滑に行われるよう配慮するもの」としています。

　具体的には、事業規模や個人情報の利用の態様等に応じた適切な運用となるよう、同委員会が、事業規模の小さな事業者に対し、大量の個人情報をデータベース化して取り扱っていることが想定される事業規模の大きな事業者と同様の措置まで求めるものではないことを周知した上、事業規模の小さな事業者がとるべき措置をガイドラインにおいて明示する予定です。

第6節　匿名加工情報（第2条第9項・同条第10項・第36条－第39条関係）

Q23 匿名加工情報に関する規定を設けたのは、どのような理由によるものですか。また、匿名加工情報は個人情報とは違うものですか。

A　1　情報通信技術の急速な進展に伴い、新事業・新サービスの創出や国民生活の利便性の向上につながるビッグデータの利活用が進んでおり、その中でも特に利用価値が高いと期待されるパーソナルデータは、積極的に利活用したいというニーズがあります（Q6（注3）参照）。

2　しかしながら、パーソナルデータは個人に関する情報であって、その人間の生活パターンや行動が把握できるような履歴や、思想信条のような内心に関するもののように秘匿性の高いものも含まれることから、その取扱いによっては個人の権利利益を侵害することにつながりかねないとの懸念があり、消費者はその取扱いに不安を感じる一方、事業者はそれをどこまで保護すればよいかわからず、その利活用に躊躇するという状況が発生していました。

そこで、今回の改正では、パーソナルデータの利活用を促進するための法整備を行い、個人情報を、特定の個人を識別することができないように加工し、かつ、当該個人情報を復元することができないようにしたものを「匿名加工情報」と定義し、個人情報とは異なる新たな類型を設け、本人の同意に代わる一定の条件の下、自由に利活用できる環境を整備することとしました。

3　この「匿名加工情報」の利活用による効果としては、例えば、

① 　ポイントカードの購買履歴や交通系ICカードの乗降履歴等を複数の事業者間で分野横断的に利活用することにより、新たなサービスやイノベーションを生み出す突破口となることが期待されるほか、

② 　医療機関が保有する医療情報を活用した創薬・臨床分野の発展や、プローブ情報（注1）を活用した、より精緻な渋滞予測や天候情報の提供等、国民生活全体の質の向上にも資する

と考えられます。

4　なお、統計情報(注2)については、「個人に関する情報」とはいえないことから、改正前の本法において規制の対象外と整理されていることを踏まえて、今回の匿名加工情報に関する制度を運用するに当たっても同様に、個人情報保護委員会は、統計情報が本法の規制の対象とはならないようその運用を行う必要があります。

（注1）　プローブ情報とは
　　　　カーナビに記録された走行位置の履歴や、急な車両の動きの履歴等の情報で、無線通信を行うことによってカーナビから収集される情報をいいます。
（注2）　統計情報の中には、人数分布のように個人情報を基にしているものがあり、これが匿名加工情報に該当し、規制の対象となるのではないかとの不安の声がありました。このようなものは、個人情報に加工を施すことにより、複数人の情報を合わせて数量的に把握するものであって、情報を構成する共通要素に係る項目を抽出し、同じ分類ごとに集計して得られるデータであることから、個人との対応関係が排斥され、匿名加工情報として想定する情報以上に個人との関係が希薄となっています。したがって、統計情報は、個人情報でも匿名加工情報でもなく、本法の規制の対象とはなりません。

Q24 匿名加工情報の要件である「特定の個人を識別することができない」、「復元することができない」とは、どのようなことですか。

A 1 匿名加工情報は、個人情報を加工して、①特定の個人を識別することができず、②当該個人情報を復元することができないようにしたものです。

　この「特定の個人を識別することができない」とは、「個人情報」（第2条第1項）の「特定の個人を識別することができる」という要件をいわば反対から捉えたもので、加工後の情報から、当該情報と具体的な人物との一致を認めるに至り得ないことをいいます（Q7参照）。

　また、「復元することができない」とは、匿名加工情報の作成の元となった個人情報に含まれていた、特定の個人を識別することとなる記述等や個人識別符号の内容を特定し、元の個人情報へと戻すことができないような状態にすることをいいます。

　2 この2つの要件を満たしているかどうかの判断は、通常人の能力等では特定の個人を識別することができず、また、元の個人情報に復元することができない程度を基準とするものであり、あらゆる手法によって特定や復元を試みたとしてもできないというように、技術的側面から全ての可能性を排除することまでを求めるものではありません。

　3 なお、これらの要件を満たすように加工が施されている匿名加工情報は、高度な技術等を用いて特定や復元がなされるとともに、不適正に取り扱われることによって個人の権利利益が侵害されることを防止する必要がありますが、これに対しては、第36条から第39条までに匿名加工情報の取扱いに関する規律を設けることによって制度的な対応がなされています（Q26、Q28、Q29参照）。

Q25 匿名加工情報の加工方法とはどのようなものですか。

A 1 個人情報取扱事業者（以下「事業者」といいます。）は、匿名加工情報を作成するときは、規則で定める基準に従って個人情報を加工しなければなりません（第36条第1項）^(注1)。

この基準とは、匿名加工情報が、特定の個人を識別すること及びその作成の元となった個人情報を復元することができないようにするために必要な匿名化の手法を定めるものです。

2　例えば、以下のようなものが考えられます。
① 特定の個人を識別することとなる項目を削除すること（例：氏名の削除、住所の市町村以下を削除）
② 詳細な項目を一定のまとまりや区分に置き換えること（グルーピング。例：生年月日の年代への置換え）
③ 作成の元となる個人情報と個別に関連付けられているID等の識別子を削除すること
④ 匿名加工情報データベース等^(注2)に含まれる複数者間のデータの値を入れ替えること
⑤ 分析対象のデータに一定の誤差（ノイズ）を付加すること
⑥ 分析対象のデータの平均から大きく乖離するデータ群をまとめること（トップコーディング）

3　このように、基準では一般的な加工の方法を定めることが想定されています。そして、これらの方法を用いて、事業者が実際にどのような加工を具体的に行うかについては、各々のサービス等の特性や取り扱う個人情報・匿名加工情報の内容や実態に応じて定めることが望ましいことから、認定個人情報保護団体が作成する個人情報保護指針等の自主的なルール^(注3)に委ねることを想定しています。

4　なお、具体的な加工の程度と加工後の情報の有用性はトレード・オフの関係にあり、加工の程度を高度なものにすればするほど利活用に当たっての有用性は減少することとなります。したがって、本人の権利利益を適切に保護しつつ、情報の有用性に配慮する観点から、適切に基準や個人情報保護

指針等が定められることが求められます。

(注1) 特異な情報や要配慮個人情報の扱いについて
　　例えば、人口が極端に少ない地域でのバスの乗降履歴や、日本に数台しかない車を購入したことというような特異な情報は、その情報の本人をよく知る人物やその地域、車に関する情報をいくつか合わせることによって、比較的簡単に本人を割り出すことが可能です。したがって、匿名加工情報を作成する基準では、このような特異な情報を排除するための加工方法も含めて規定することが考えられます（本文2⑥参照）。
　　また、今回の改正で「要配慮個人情報」という類型が新設されましたが、これは不当な差別・偏見につながり得る事項を含む個人情報が該当するものであることから（Q12参照）、匿名加工情報にその事項が含まれる場合についても区別するのかという疑問が生じます。これについては、匿名加工情報は、特定の個人を識別することができず、かつ、作成の元となった個人情報を復元することができないようにしたものであるため、これを取り扱うことによって個人の権利利益が侵害されることはないと考えられることから、要配慮個人情報を用いて匿名加工情報を作成することも認めることになります。
　　ただし、上述のとおり、数百万人に一人の難病のような特異な情報に該当する場合については規則で定める基準に従って排除することが考えられます。また、要配慮個人情報であるという情報の性質を踏まえつつ、分野ごとの特性に応じた具体的な加工を行うことが認められており、個人情報保護指針等において配慮した取扱いを定めることができます。

(注2) 「匿名加工情報データベース等」とは
　　匿名加工情報を含む情報の集合物であって、特定の匿名加工情報を検索することができるように体系的に構成したものをいい（第2条第10項）、電子媒体によるもののみならず、紙媒体によるものも目次や索引等で整理されていれば該当します。

(注3) 自主的なルールと個人情報保護委員会の監督について
　　個人情報保護指針や事業者それぞれが用いる具体的な加工方法を定めた自主的なルールについては、本法の内容に従った適切なものとしなければなりません。仮に、認定個人情報保護団体が定めた個人情報保護指針の内容が「この法律の規定の趣旨に沿った」ものでない場合には、個人情報保護委員会は、認定個人情報保護団体に対して、同指針の変更命令を行うこととなります（Q94（注）参照）。また、事業者が定めた自主的なルールの内容が本法に適合しない場合には、同委員会は、それを定めた事業者に対して、報告徴収、指導・助言、勧告等の適切な監督を行うこととなります。

Q26 匿名加工情報を作成する場合には、どのような取扱いが必要ですか。

A 1 個人情報取扱事業者（以下「事業者」といいます。）は、個人情報を加工して匿名加工情報を作成する場合には、①規則で定める基準に従って適正な加工を施すこと、②匿名加工情報を作成したときは、規則で定める基準に従って、削除した情報や加工の方法に関する情報の漏えいを防止するために安全管理措置を講じること、③作成した匿名加工情報に含まれる情報の項目を公表することが求められ、加えて、④作成の元となった個人情報の本人を識別するための行為をしないことが必要となります（第36条第1項から第5項まで）。

2 各種規律についての詳細は以下のとおりです。

① 適正加工義務（同条第1項）について

匿名加工情報は、個人情報を加工して、特定の個人を識別することができず、かつ、作成の元となった個人情報を復元することができないようにすることで、個人情報の取扱いにおいて目的外利用（第16条）や第三者提供（第23条第1項）を行うに際して求められているような本人の同意を不要とする等、その取扱いについては、個人情報の取扱いに関する義務よりも緩やかな一定の規律が設けられています。匿名加工情報は、この規律に反しない限りにおいて、自由な流通・利活用が認められるものですが、匿名加工情報を作成するために適正な加工を施すことは、この自由な流通・利活用を認める上で最も重要な規律といえます。

どのような加工が必要であるかについては、規則でその基準を定めることとしています（Q24、Q25参照）。

② 加工方法に関する情報等の漏えい防止措置義務（第36条第2項）について

匿名加工情報は、適正な加工が施されたとしても、加工によって削除された情報や加工の方法が判明すれば、作成の元となった個人情報の復元や、その個人情報から識別される本人を割り出すことが容易となってしまいます。そこで、これらの加工に関する情報が外部に漏えいしないように、匿名加工情報を作成した事業者は、安全管理のための措置をとらなければならないこ

ととしています。その具体的な方法等については、規則で定めることとしていますが、例えば、情報を取り扱う端末のセキュリティ対策や、取り扱う個人情報の種類・取扱態様に則したアクセスクリアランスを定めるとともに、各従業員が取り扱う個人情報の種類・取扱態様に則した教育を施し監督すること等が想定されます。

③　作成した匿名加工情報に関する公表義務（同条第3項）について

匿名加工情報の取扱いについては、作成の元となる個人情報から識別される本人の関与に関する規定（例えば、同意や開示等の請求権）が設けられていません。そこで、事業者は、匿名加工情報を作成したときは、その匿名加工情報がどのような情報を含むのかが分かるよう、年代、購買履歴（商品名、販売時間帯）等のような匿名加工情報に含まれる個人に関する情報の項目を公表することとしています。これにより、本人にとっては、自分の個人情報を取り扱っている事業者が公表した内容を確認することで、匿名加工情報が作成されているかどうか、また、適切な加工がなされているかどうかを確認する端緒となることが考えられます。

具体的な公表方法等については、規則で定めることとしています。

④　識別行為の禁止（同条第5項）について

匿名加工情報は、個人情報を加工して、特定の個人を識別することができず、かつ、作成の元となった個人情報を復元することができないようにしたものです。しかし、匿名加工情報を受け取った第三者が、様々な技術や手法を用いて、作成の元となった個人情報から識別される本人を割り出すことや作成の元となった個人情報を復元することを完全に防ぐことは、情報通信技術の進展等を踏まえると難しいところがあります。

また、この匿名加工情報は、これを作成した事業者が自ら利活用することを制限していません（Q27参照）。

そこで、匿名加工情報を作成した事業者自らが当該匿名加工情報を取り扱う場合であっても、技術や手法を問わず、匿名加工情報の作成の元となった個人情報の本人を識別するという目的をもって、匿名加工情報を他の情報と照合することを禁止することとしました(注)。

なお、事業者が、例えば、個人情報に一定の加工を加えてその情報からは個人を特定できないようにしたとしても、加工前後の情報に共通のIDをつ

けて連携させる等して本人を識別した状態で情報を取り扱いたい場合は、その情報は常に「個人情報」に該当します。したがって、事業者は、その取扱いに当たっては個人情報の取扱いに関する各義務を守らなければなりません。

　上記①～④のほか、匿名加工情報の作成等に関する苦情の処理や、作成して保存している匿名加工情報の安全管理を行うため等に必要な措置を講じることと、これらの措置を講じた場合にはその内容を公表することについて、努力義務としています（同条第6項）。

　（注）　識別行為として禁止される行為は、匿名加工情報を取り扱うに当たって、その作成の元となった個人情報の本人を識別するために、他の情報と照合すること等が該当します（Q29参照）。これに当たらない限りは、当該匿名加工情報を①個人と関係のない情報（例：気象情報、交通情報、金融商品等の取引高）、②第三者から取得した匿名加工情報とともに分析する等して、研究やマーケティング等の様々な場面で利活用することは可能です。

Q27 匿名加工情報は、どのような利用が想定されていますか。また、作成した匿名加工情報は、自社内で利用することはできますか。

A 1 匿名加工情報は、個人情報を加工して、特定の個人を識別することができず、かつ、作成の元となった個人情報を復元することができないようにしたものですので、誰が取り扱ったとしても基本的には個人の権利利益を侵害することがないものです。

　このため、匿名加工情報は、本人の同意を要することなく第三者に提供することができることとしており、これを用いることで様々な分野の事業者が情報を共有し、分析する等の利用が可能になります。このように、匿名加工情報は、分野横断的に存在する多種多様かつ膨大な情報を意味するビッグデータを利活用するための手段の1つとなることが期待されています（Q23参照）。

　2 また、匿名加工情報が基本的に個人の権利利益を侵害することがないという性質を有するものであることから、匿名加工情報を作成した個人情報取扱事業者（以下「事業者」といいます。）が、自らこれを取り扱うことも認めています(注1)。これにより、事業者は、その取得した個人情報を匿名加工情報に加工し、第36条に規定する一定の規律(注2)に則りつつ、個人情報に比べて緩やかな規律の下で自社内でも利用することができます。

(注1) 匿名加工情報を作成した事業者は、その作成に用いた個人情報を保有しており、第2条第1項第1号括弧書のいわゆる「容易照合性」（Q8参照）があることから、作成した匿名加工情報は個人情報に該当し、個人情報の取扱いに関する各義務（第4章第1節）を守らなければならないのではないかとの懸念が想定されます。

　匿名加工情報は、特定の個人を識別することができず、作成の元となった個人情報を復元することができないように加工したものであり、さらに、個人情報の本人を識別することを禁止する等の制度的な担保がなされていることから、作成の元となった個人情報を通常の業務における一般的な方法で照合することができる状態にあるとはいえず、個人情報に該当しないとするものです。

　したがって、匿名加工情報を作成した事業者がこれを当該事業者内部で取り扱

うに当たっても、匿名加工情報の取扱いに関する義務（第36条）を守っていただくことで自由な利活用が認められることとなります。

（注2）　一定の規律とは、①規則で定める基準に従って、適正な加工を施すこと（同条第1項）、②規則で定める基準に従って、削除した情報や加工の方法に関する情報の漏えいを防止するために安全管理措置を講じること（同条第2項）、③作成した匿名加工情報に含まれる情報の項目を公表すること（同条第3項）、④作成の元となった個人情報の本人を識別するための行為の禁止（同条第5項）、⑤匿名加工情報の作成等に関する苦情の処理や、作成して保存している匿名加工情報の安全管理を行うため等に必要な措置を講じることに努めること（同条第6項）をいいます。

Q28 匿名加工情報を第三者に提供する場合には、どのような取扱いが必要ですか。

A 1 匿名加工情報を第三者に提供する場合には、提供しようとする匿名加工情報に含まれる個人に関する情報の項目と提供の方法を公表するとともに、提供先となる第三者に対して、提供する情報が匿名加工情報であることを明示することが必要です（第36条第4項）。具体的な公表の方法等については、規則で定めることとしています(注1)。

2 まず、公表については、匿名加工情報の作成時にその匿名加工情報に含まれる個人に関する情報の項目について公表することとしていますが（第36条第4項）、これと第三者への提供時の公表が行われることによって、匿名加工情報の流通を含めた取扱いを一定程度確認することができることとなります(注2)。これにより、①本人との関係で透明性を担保し、本人が苦情を申し出る等の本人関与の機会を提供するとともに、②個人情報保護委員会が違反を捉えて適切な監督を行う端緒とすることが可能となります。

3 また、明示については、提供先となる第三者に匿名加工情報であることを明らかにすることで、当該第三者に匿名加工情報取扱事業者として識別行為の禁止（第38条）等の匿名加工情報を取り扱うに当たっての義務を履行しなければならないことを認知させ、これによって匿名加工情報取扱事業者による匿名加工情報の適切な取扱いが期待できることとなります。

4 このように、匿名加工情報を受領した際の匿名加工情報の適切な取扱いと、仮に不適切な取扱いが疑われる場合であってもこれを是正するための方途が確保されていることから、匿名加工情報の取扱いに関する規律においては、個人情報の取扱いの際に求められている「通知」や「同意」のような本人が関与する規定は設けていません。

(注1) 匿名加工情報を第三者に提供する場合の公表及び明示については、①匿名加工情報を作成し、これを提供しようとする個人情報取扱事業者（第36条第4項）と、②他の個人情報取扱事業者が作成した匿名加工情報をさらに別の第三者に提供しようとする匿名加工情報取扱事業者（第37条）に課せられます。

②については、受領した匿名加工情報を二次加工して第三者に提供する場合に

ついても公表及び明示をすることが求められます。

(注2)　匿名加工情報を作成した個人情報取扱事業者に対して作成時と第三者への提供時の双方で公表することとしている趣旨は、個人情報取扱事業者が匿名加工情報を作成した後、その一部のみを第三者に提供することも考えられることから、その違いが分かるように、作成した匿名加工情報と、第三者に提供した匿名加工情報の項目をそれぞれ明らかにする必要があるためです。

Q29 匿名加工情報を作成の元となった個人情報に戻すことは認められていますか。

A 1 匿名加工情報を取り扱う場合には、作成の元となった個人情報の本人を識別するための行為が禁止されます。具体的には、匿名加工情報を作成した個人情報取扱事業者は、本人を識別するために匿名加工情報と他の情報を照合すること（第36条第5項）が、匿名加工情報を受領した匿名加工情報取扱事業者は、本人を識別するための照合に加えて、その匿名加工情報の加工に関する方法を取得すること（第38条）が、それぞれ禁止されています。このように、匿名加工情報を、その作成の元となった個人情報に戻すことは認められません。

2 匿名加工情報は、個人情報を加工して、特定の個人を識別することができず、かつ、作成の元となった個人情報を復元することができないようにしたものです。しかし、匿名加工情報を受け取った第三者が、様々な技術や手法を用いて作成の元となった個人情報から識別される本人を割り出すことや作成の元となった個人情報の復元を完全に防ぐことは、情報通信技術の進展等を踏まえると難しいところがあります。そのため、技術や手法を問わず、作成の元となった個人情報の本人を識別するという目的をもって、匿名加工情報を他の情報と照合することを禁止することとしました。

また、この匿名加工情報は、これを作成した個人情報取扱事業者が自ら利活用することを制限していません（Q27参照）。そこで、匿名加工情報を作成した個人情報取扱事業者自らが当該匿名加工情報を取り扱う場合であっても、匿名加工情報の作成の元となった個人情報の本人を識別するために他の情報と照合することを禁止することとしました(注)。

(注) 作成者は、作成の元となった個人情報と匿名加工情報を、本人を識別するために照合することは禁止されていますが、当該個人情報や匿名加工情報を作成する際に個人情報から削除された記述等又は個人識別符号を保有し続けることは可能です（第36条第5項は第38条と異なり、個人情報から削除された記述等や加工の方法に関する情報等の取得を制限していません。）。

Q30 匿名加工情報の作成や第三者への提供に際して、本人が関与することはできますか。

A 1 匿名加工情報は、個人情報を加工して特定の個人を識別することができず、かつ、作成の元となった個人情報を復元することができないようにしたものです。また、その取扱いに当たっては、適正な加工や本人識別のために匿名加工情報と他の情報を照合すること等の識別行為の禁止義務が課せられています。

2 このように、匿名加工情報は、特定の個人を識別することができないように制度的に担保されたものであり、基本的にその取扱いによって個人の権利利益が侵害されるものではないことから、匿名加工情報を第三者に提供する場合や、その作成に用いられた個人情報における利用目的の範囲を超えて匿名加工情報を取り扱う場合に、その作成に用いられた個人情報の本人から同意を取得する義務や、事前又は事後に本人に通知する等の本人が関与する規定を設けていません。

3 仮に、不適切な取扱いが疑われる場合や、加工が不十分であって個人情報の状態で取り扱われている場合には、目的外利用（第16条）や第三者提供の制限（第23条第1項）との関係で違法性を問うことができ、これらの場合、本人からの請求や個人情報保護委員会による監督によって、違法状態が是正されることとなります（Q31参照）。

Q31 事業者が匿名加工情報を取り扱うに当たって規律に違反した場合、個人情報保護委員会はどのようにして個人の権利利益の侵害を防止しますか。

A 1 匿名加工情報の取扱いについては、規則に基づく、①適正な加工（第36条第1項）、②加工に関する情報等の安全管理措置（同条第2項）、③作成した匿名加工情報の項目の公表（同条第3項）、④提供時の公表及び提供先の第三者への明示（同条第4項・第37条）の義務が課せられます。加えて、情報通信技術の進展等を踏まえ、いずれの者が取り扱っても個人情報とならないよう、識別行為の禁止（第36条第5項・第38条）等の義務も課せられます。また、そもそも加工が不十分であれば個人情報の不適切な取扱い(注)として違法となる場合があります。

2 仮に、これらの義務に違反する匿名加工情報の不適切な取扱いが疑われる場合には、個人情報保護委員会は、個人情報取扱事業者や匿名加工情報取扱事業者の公表内容により問題点を見つけることや、本人からの苦情を受けることを端緒として、これらの事業者から任意に事情を聞く等してその事実関係を精査し、必要に応じて報告徴収及び立入検査を行う（第40条）ほか、問題があれば勧告や命令を行うこと（第42条）によりこれらの事業者を適切に監督し、違法な状態を是正することによって、個人の権利利益の侵害を防止することとなります。

(注) 個人情報の取扱いに当たって特定した利用目的との関係では目的外利用（第16条）として利用目的による制限に違反し、また、本人の同意を得ないで提供した場合には第三者提供の制限（第23条第1項）に違反する場合があります。また、不適切な加工しか施されていないことを知りつつ、個人情報のまま提供を受けた個人情報取扱事業者については、不正な取得（第17条第1項）として違法となる場合があります。

第7節　国際的な整合性（第6条関係）

> **Q32** 個人情報に係る制度の国際的な整合性に関する規定を設けたのは、どのような理由によるものですか。

A　1　近年の情報通信技術の進展と企業活動のグローバル化により、外国の企業がインターネット等を経由して直接に日本の居住者等の個人情報を取得する機会や、日本国内の個人情報取扱事業者が国内で取得した個人情報を外国の第三者に提供する機会が増加しています。そのような中で、外国においても適切に日本の居住者等の権利利益が保護されるようにしつつ、個人情報の円滑な外国への移転を可能にする制度が必要となっています。

2　このような制度の構築に当たっては、各国が、様々な国際的な枠組みを活用して個人情報に係る制度の国際的な整合性を図っていくとともに、移転先の国においても適切な個人情報の保護に関する措置がとられることを担保する仕組みとすることが重要です。

3　個人情報に係る制度の国際的な整合性を図っていくための枠組みとしては、例えば、個人情報の保護に関する国際的な意見交換の場として、「OECDデジタル経済セキュリティ・プライバシー作業部会」や、「データ保護プライバシーコミッショナー国際会議」があります。

また、移転先の国において適切な個人情報の保護に関する措置がとられることを担保する仕組みとしては、まず、日本を含むAPEC域内では「APEC越境プライバシールール制度」[注1]があります。また、EUでは、EUデータ保護指令[注2]によって、EU域内からの個人データの第三国への移転は、その第三国がEUから見て十分な水準の保護措置を確保している場合に限定される、いわゆる「十分性認定」の制度[注3]が設けられています。

4　このような国際的な枠組みに積極的に参加・協力するためには、日本を代表する政府機関が、各国の政府機関との調整・交渉に取り組むための環境を整備することが必要です。そこで、今回の改正では、政府がとるべき法制上の措置等に関する規定（第6条）を改正し、日本の政府機関が、各国の

政府機関と共同して国際的に整合性のとれた個人情報に係る制度を構築するために必要な措置を講ずる旨を新たに追加しています。これにより、具体的には個人情報保護委員会（Q76参照）が上記のような国際交渉等を行うことを想定しています。

(注1) 「APEC越境プライバシールール制度」とは
　　2011年にAPEC閣僚会議で承認された、APECプライバシー・フレームワークへの適合性を国際的に認証する制度（通称CBPR制度）です。
　　まずAPEC加盟国・地域が当該制度に参加を希望し、次に参加を認められた国の民間団体等が認証機関としてAPECに承認された上で、当該認証機関が個人情報取扱事業者の申請に基づきAPECプライバシー・フレームワークへの当該事業者の適合性を認証します。
　　適合性の認証を受けた企業等は、自社の個人情報の取扱いがAPECプライバシー原則に適合していることを示すことができる上、自社の個人情報の取扱いが適正であることが他の参加国・地域から認められることになります。
　　現在、米国、メキシコ、日本、カナダの4ヶ国が参加しています。

(注2) 「EUデータ保護指令」とは
　　EUでは、1995年に「EUデータ保護指令」が採択され、分野横断的な個人情報の保護に関する規律が設けられています。この指令は、EU域内の各国が国内法を整備するに当たって参考とすべきもので、直接の法的拘束力を有しないものとされています。これに対し、2012年1月には、各国における国内法の整備を待たずに直接法的拘束力を有する規則の制定に向けて、その案である「EUデータ保護規則案」が欧州委員会から提案され、2014年3月に欧州議会が修正案を可決、2015年6月にはEU理事会による支持が表明されたところです。これを受けて今後、欧州委員会、欧州議会、EU理事会による三者協議が行われる予定です。

(注3) いわゆる「十分性認定」の制度とは
　　EUデータ保護指令第25条に基づき、EU域内から個人データを第三国に移転できる場合を当該第三国が十分な水準で個人情報の保護を確保するために必要な措置がとられている場合に限定する制度です。これまでに11の国と地域（スイス、カナダ、アルゼンチン、ガンジー島、マン島、ジャージ島、フェロー諸島、アンドラ、イスラエル、ウルグアイ、ニュージーランド）が、EUから十分な水準の保護措置を確保している旨の認定を得ています。
　　このほか、米国とEUとの間では、EU域内から米国に移転される個人データについてプライバシーに関するセーフハーバー原則に適合していると米国商務省が認定した米国企業に対してのみ、その情報の移転を認める「セーフハーバー協

定」が結ばれています。なお、2015年10月6日に欧州司法裁判所が当該協定を無効と判断しています。

Q33　今回の改正で、EU の十分性の認定を得ることはできますか。

A　1　EU では、EU データ保護指令によって、EU 域内から個人データを第三国に移転できる場合を当該第三国が EU から見て十分な水準の保護措置を確保している場合に限定する、いわゆる「十分性認定」の制度(注)が設けられています。

2　この十分性の認定を得るに当たって必要となる要件や基準は EU から明確に示されていませんが、これまでに公にされている資料に照らして、日本の制度について、EU から不十分であると指摘されることが推測されるのは、「独立した第三者機関の整備」、「機微情報に関する規定の整備」、「小規模取扱事業者に対しての法の適用」、「越境データ移転についての制限」、「開示請求権の明確化」の 5 点です。

3　今回の改正では、この十分性の認定を得ることを念頭に制度設計が行われており、上記の 5 点はいずれも対応がなされていますが（Q12、Q19、Q52、Q63、Q72 参照）、実際に日本の制度が EU から十分性の認定を得られるかどうかは、外交交渉的な面もあり、現時点で明確なことはいえません。

　（注）　いわゆる「十分性認定」の制度とは
　　　　EU データ保護指令第 25 条に基づき、EU 域内から個人データを第三国に移転できる場合を当該第三国が十分な水準で個人情報の保護を確保するために必要な措置がとられている場合に限定する制度です。これまでに 11 の国と地域（スイス、カナダ、アルゼンチン、ガンジー島、マン島、ジャージ島、フェロー諸島、アンドラ、イスラエル、ウルグアイ、ニュージーランド）が、EU から十分な水準の保護措置を確保している旨の認定を得ています。
　　　　このほか、米国と EU との間では、EU 域内から米国に移転される個人データについてプライバシーに関するセーフハーバー原則に適合していると米国商務省が認定した米国企業に対してのみ、その情報の移転を認める「セーフハーバー協定」が結ばれています。なお、2015 年 10 月 6 日に欧州司法裁判所が当該協定を無効と判断しています。

第8節　基本方針（第7条関係）

Q34　基本方針に関する規定の改正の趣旨はどのようなものですか。

A　1　個人情報の保護に関する基本方針は、関係行政機関による個人情報の保護に関する施策の総合的かつ一体的な推進を確保するために、政府の個人情報保護に関する施策の基本となる方針を定めるものです。基本方針は、2004年に制定（閣議決定）され、これまでに2度改正されています。

2　今回の改正では、これまでの消費者庁に代わって、新設される個人情報保護委員会が基本方針の案を作成することとしています。

3　また、改正前の本法では、基本方針及びこれに基づく諸施策の実効性を確保するためには、有識者から意見を聴取しこれを基本方針に反映することが必要かつ有益であることから、基本方針の案の策定に当たって消費者委員会(注)の意見を聞くこととされていましたが、今回の改正では、このような意見聴取の規定を削除しています。これは、今回の改正により、9名の有識者からなる合議体である個人情報保護委員会が基本方針の案を策定することとなり、また、同委員会の委員には「消費者の保護に関して十分な知識と経験を有する者」も含まれることとなることから、重ねて消費者委員会の意見を聴く必要はないためです。

　（注）　消費者委員会とは
　　　　内閣府に設置されている、各種の消費者問題について自ら調査・審議を行い、消費者庁を含む関係省庁の消費者行政全般に対して意見表明を行う委員会組織です。

第9節　利用目的の変更（第15条第2項関係）

Q35　利用目的の変更が許される範囲について「相当の」を削ったのは、どのような理由によるものですか。

A　1　本法では、個人情報取扱事業者（以下「事業者」といいます。）は、個人情報を取り扱うに当たって利用目的をできる限り特定しなければならないこととしています（第15条第1項）。

特定した利用目的を事後に変更するためには、改正前の規定では、「変更前の利用目的と相当の関連性を有すると合理的に認められる範囲」（改正前の第15条第2項）を超えないことが必要でした。

2　この「相当の関連性を有すると合理的に認められる範囲」については、例えば、改正前の「個人情報の保護に関する法律についての経済産業分野を対象とするガイドライン」において、「当社の行う○○事業における新商品・サービスに関する情報のお知らせ」とした利用目的に「既存の商品・サービスに関する情報のお知らせ」を追加することのみが例示されていたこともあり、非常に限定された範囲でしか利用目的を変更できないものであると事業者に認識されてきました。

3　一方、近年の情報通信技術の飛躍的な進展により、いわゆるビッグデータの収集・分析が可能となり、利用目的の変更をほとんど諦めていた事業者の中にも、改めて、利用目的を変更し、取得した個人情報を当初想定できなかった新事業・新サービスで活用したいとのニーズが出てきました。

4　今回の改正は、これらの実態を踏まえ、「相当の」の部分を削除することで事業者が当初の利用目的と関連性を有すると合理的に認められる範囲において機動的に目的変更することを解釈・運用上可能としたものです。なお、この範囲を超えて個人情報を取り扱う場合には、あらかじめ本人の同意を得ることが必要となります（第16条第1項）。

Q36 具体的にどのような事例で利用目的の変更が可能となりますか。

A 1 今回の改正により利用目的の変更が可能となることが想定される事例としては、例えば、フィットネス事業者が、顧客の食事メニューの指導を行うサービスを提供するために個人情報を保有していたところ、これらの顧客に対し、新たに当該食事メニューに関する食品の販売サービスを始める場合が考えられます。

2 このような変更が可能であるか否かは、当初の利用目的から変更される範囲が、通常人の判断として、本人が通常予期し得る限度であるか否かがその基準となります。

上記1の例では、取得した個人情報を用いて食品の販売サービスの案内を行うことは、食事メニューの指導に関連するものであるため、フィットネス事業者の顧客が通常予期し得る範囲内であると考えられます。

Q37 利用目的の変更が可能か否かはどのように判断すればよいですか。今回の改正により、変更可能な範囲が無制限に広がってしまうことになりませんか。

A 1 個人情報取扱事業者が個人情報を取り扱う際に特定した利用目的は、「変更前の利用目的と関連性を有すると合理的に認められる範囲」で変更することが可能ですが、この範囲は、通常人の判断として、本人が通常予期し得る限度であるか否かが基準となります。つまり、変更可能な範囲は、本人の主観や事業者の恣意的な判断により決定されるものではないため、利用目的の変更の範囲が際限なく認められることとはなりません。

2 例えば、第三者に提供しないこととしていた個人情報を、事後に第三者に提供するように利用目的を変更することは、個人データを取り扱う主体が変わり、提供先においてどのような形でこれが取り扱われるか、本人が通常予期し得ないことから、このような目的変更は原則として認められません。

Q38 今回の改正により、諸外国との関係で日本のみが緩やかな制度になりませんか。

A 1 OECD加盟各国の個人情報保護に関する基本的な考え方となっている「OECDプライバシーガイドライン」^(注1)では、「目的明確化の原則」^(注2)の中で、取得後の個人データの利用は「取得時に特定した目的と矛盾しない（not incompatible）」範囲で利活用可能であるとされており、この範囲内の利用目的変更であれば本人からの同意は不要であるとされています。

2 利用目的変更の制限を緩和する今回の改正は、本人が通常予期し得る限度内での変更としていることから、上記「OECDプライバシーガイドライン」との整合性も保たれていると考えられます。

（注1）「OECDプライバシーガイドライン」とは
OECD理事会勧告として1980年に採択され、2013年7月に改訂された「プライバシー保護と個人データの国際流通についてのガイドライン」のことです。これは、加盟各国の個人情報保護に関する基本的な考え方となっています。

（注2）「個人データの収集目的は、収集時よりも遅くない時点において明確化されなければならず、その後のデータの利用は、当該収集目的の達成又は当該収集目的に矛盾しないでかつ、目的の変更毎に明確化された他の目的の達成に限定されるべきである。」

（参考）米国とEUとの場合
米国では、本年2月に公表された「消費者プライバシー権利章典法案（Consumer Privacy Bill of Rights Act）」（注：米国のプライバシー保護の原則規定である「消費者プライバシー権利章典（2012年公表）」を法案化したもの。）において、本人の同意なく利用目的の変更が可能な範囲を、本人が企業へ個人情報を提供した際に認識した利用目的の「背景事情と整合的な範囲内（consistent with context）」、「背景事情に照らして合理的な範囲内（reasonable in light of context）」としています。例えば、SNSサービスを行うに当たって様々な個人情報を取得するSNS企業は、それらの情報を用いてサービスの向上や新サービスの創出を行う場合、それらがSNSサービスの提供と整合的な範囲内であれば（取得に特定した利用目的でなくても）、本人から毎回同意を取る必要はないこととしています。

また、EUデータ保護指令においては、「特定された目的と相容れない方法で

取り扱われないこと（第6条）」を原則としつつ、データ利用が「データ管理者の正当な利益（legitimate interest）」のために必要な場合には同意なく個人データを取り扱うことができることとし、例えば、スマートフォンのモバイルアプリ経由でピザを注文し、その際にマーケティング目的での氏名・住所の使用をオプトアウトしなかった顧客に対し、後日、似たような商品の割引クーポンを自宅に郵送する事例についてはプライバシーを侵害するおそれは低く、本人からの同意を不要としています。

Q39 利用目的が変更されたことを本人は十分に認識できますか。

A 1 改正前と同様、個人情報取扱事業者は利用目的を変更した場合には、変更された利用目的を本人に通知し、又は公表しなければなりません（第18条第3項）。具体的には、通知については電子メールや郵送による方法が、また、公表についてはホームページへの掲載等が、それぞれ考えられます。

2 利用目的の変更がなされること及びどのような利用目的へと変更されたのかを本人が確実に認知できるようにするため、適切な通知又は公表の具体的な方法等については、個人情報保護委員会がガイドラインによって明確にし、さらに、業界や取り扱う個人情報の特性に合ったより良い通知・公表の方法については、認定個人情報保護団体が個人情報保護指針という形で策定することが望まれます。

Q40 事業者が不適切に利用目的を変更した場合、個人情報保護委員会はどのようにして個人の権利利益の侵害を防止しますか。

A　1　個人情報取扱事業者（以下「事業者」といいます。）が「変更前の利用目的と関連性を有すると合理的に認められる範囲」を超えて個人情報を取り扱う場合には、あらかじめ、本人の同意を得ることが必要です（第16条第1項）。

2　例えば、

① 事業者が「変更前の利用目的と関連性を有すると合理的に認められる範囲」内であるとして当初の利用目的を変更して特定した利用目的で個人情報の取扱いを始めたものの、客観的にみると、変更後の利用目的は変更が許される範囲を超えていた場合や、

② 利用目的の達成に必要な範囲を超えて個人情報を取り扱うに当たって本人から適切な同意を得ていない場合

は、第16条第1項の違反となります。

　また、変更後に特定された利用目的の範囲が適法であったとしても、③変更後の利用目的の通知又は公表が適切になされていない等の場合は、第18条第3項の違反となります。

3　個人情報保護委員会は、これらの違反行為に関して、事業者の公表内容等から問題点を見つけることや、本人からの苦情を受けること等を契機として、①事業者から任意に事情を聞く等してその事実関係を精査し、②必要に応じて報告徴収及び立入検査を行うほか、③問題があれば勧告や命令を行うことにより事業者を適切に監督、是正し、可能な限り個人の権利利益の侵害を未然に防ぐこととなります。

4　なお、利用目的の達成に必要な範囲を超えて個人情報を取り扱うに当たって本人の同意が得られていない場合は、本人は当該事業者に対し、利用の停止又は消去を請求することができます（第30条。Q68参照）。

第10節　不要となった個人データの消去（第19条関係）

Q41　不要となった個人データの消去義務（努力義務）を設けたのは、どのような理由によるものですか。

A　1　第19条は、個人情報取扱事業者（以下「事業者」といいます。）が、個人データを取り扱うに当たって、利用目的を達成する等、不要となった場合には、当該個人データを消去するよう努めなければならないこととするものです。

　これは、クラウドコンピューティングの普及等、情報通信技術の進展に伴い、安価で簡単に膨大な量の情報が保有し続けられる現状に対し、個人情報の本人には、自らが提供した個人情報が、不要となった後も保有され続けるのではないかとの不安の高まりがあったことから設けることとしたものです。

　2　改正前の本法では、ある目的を達成した後の個人データを含む個人情報の取扱いについて、例えば、特定した利用目的は全て達成しているにもかかわらず、将来何らかの目的に利用するために漫然と保存している等、明らかに「利用目的の達成に必要な範囲」（第16条）を超えた取扱いが行われているといえる場合には、速やかに消去すべきものとされていました。

　しかし、事業者が個人情報の利用を必要とする場合は多岐にわたるため（例えば、個人情報を取得することとなったサービスや製品の顧客管理のために必要である等、取得時の目的に附随して取扱いを行う場合や、サービス提供との関係では利用を終えた後、その事後処理等のために引き続き取扱いが必要な場合）、個人情報を保存していることが、上記のように明らかに利用目的の達成に必要な範囲を超えた取扱いに当たるとは直ちに認められない場合も多いものと考えられます。

　3　今回新設する本努力義務は、上記2のように改正前において法律違反であるとは直ちには認められないが、利用目的を達成する等によりそれ以上利用する必要がなくなった個人データについて、遅滞なくこれを消去するよう努めることを新たに定めるものです。これにより、事業者において利用する必要のない個人情報を保存し続ける状態をできる限り防止し、個人情報か

ら識別される本人にとってより安心して事業者に自己の情報を渡すことができるような環境を整備するものです。

 4 なお、このような個人データの消去を義務化することは、
① 経理処理やデータベース・書庫の管理、廃棄のスケジュールといった事業者ごとの様々な実務上の都合からこれを遅滞なく消去することが可能とは限らない点や、
② 本措置は、取り扱う個人情報の必要性に応じて事業者に適切な消去を求める性質のものであるところ、事業者の営業の自由を確保する必要がある点

等を踏まえれば適切ではないことから、個人情報の適切な取扱いと事業者の負担とを比較衡量して、努力義務に留めることとしたものです。

Q42 「利用する必要がなくなったとき」とはどのような場合ですか。

A　1　「利用する必要がなくなったとき」とは、
①　個人情報取扱事業者が個人データを取り扱う際に特定した利用目的を達成し、その目的との関係では当該個人データを保有する合理的な理由が存在しなくなった場合や、
②　特定した利用目的が達成されなかったものの、事業自体が中止となった場合
等を指します。

　2　前者（①）の例として「商品の発送を利用目的とする場合において当該発送作業が終了したとき」、「商品の修理、サポート、メンテナンスを利用目的とする場合において、当該サポートの期間が終了したとき」、「キャンペーン等についての情報提供を目的とする場合において、当該キャンペーンが終了したとき」、「委託業務の実施を目的とする場合において、当該業務の契約期間が満了したとき」等が、後者（②）の例として「新規事業を立ち上げ、利用目的に沿って個人情報を取得していたものの、当該事業が中止となったとき」等が挙げられます。

第11節　安全管理措置等、従業者及び委託先の監督（第20条 - 第22条関係）

Q43　個人情報を取り扱うに当たって、情報漏えいを防止するために、事業者はどのような措置をとればよいですか。

A　1　個人情報取扱事業者は、その取り扱う個人データの漏えい、滅失又は毀損等を防止するため、適切な安全管理措置を講じるとともに（第20条）、個人データを従業者(注)及び委託をした者に取り扱わせる場合には、適切な安全管理が図られるよう、それらの者に対し必要かつ適切な監督をしなければなりません（第21条・第22条）。

2　これらの条文は、今回の改正前後で異なるところはなく、これからも引き続き、個人情報取扱事業者は、個人データが漏えい等した場合における本人が被る権利利益の侵害の大きさを考慮し、事業の性質及び個人データの取扱いの状況等に起因するリスクに応じて、適切な安全管理措置をとる必要があります。

3　安全管理措置は、組織の管理体制とその構成要素（従業者、設備、技術）に応じて、下記の4つの観点に分けて考える必要があります。すなわち、

① 安全管理に対する規程や手順書の整備運用、実施状況確認といった、個人情報取扱事業者の組織自体の管理体制を定める「組織的安全管理措置」、

② 従業者との間で非開示契約を締結することや、個人情報の適切な取扱いについての教育・訓練といった、個人情報を取り扱う従業者に対する措置である「人的安全管理措置」、

③ 入退室管理、個人データの盗難防止措置等の設備面における措置である「物理的安全管理措置」、

④ 情報システムへのアクセス制御、不正ソフトウェア対策、システム監視といったソフト面における措置である「技術的安全管理措置」

です（なお、事業規模の小さい事業者の安全管理措置については Q22 参照）。

4　また、従業者に対して、これらの安全管理措置を確実に実行させるようにする必要があります。さらに、委託先については、確実にこの安全管理

措置の内容を実行すると考えられる適切な者を選定するとともに、確実な実行を担保するために必要な契約を締結すること等が求められます。

（注）　第21条における「従業者」とは、個人情報取扱事業者の組織内において、当該事業者の指揮命令系統に属し、当該事業者の業務に従事している者であれば足り、雇用関係にあることは要件としていません。

第12節 個人データの第三者提供（第23条第1項・同条第5項・同条第6項関係）

Q44 個人データを第三者に提供する場合、どのような手続が必要ですか。

A 1 個人データを第三者に提供するためには、原則として、あらかじめ本人の同意を得ることが必要とされています（第23条第1項）。しかし、①法令に基づく場合（例：刑事訴訟法第218条、金融商品取引法第211条[注]等）、②人の生命、身体又は財産の保護に必要な場合（例：急病の場合等）、③公衆衛生・児童の健全育成に特に必要な場合（例：不登校児童の関係機関における情報交換等）、④個人情報取扱事業者が国の機関、地方公共団体等に協力する場合（例：税務調査に協力する場合等）のように、あらかじめ本人の同意を得ることを要しない合理性が認められる場合は例外とされています。

そのほか、「オプトアウト手続」（Q47参照）を経た場合には、あらかじめの本人の同意を得ずに個人データを第三者に提供することが可能です（第23条第2項から第4項まで）。

2 なお、①委託先への提供、②合併等に伴う提供、③一定の手続を経た場合における複数の事業者による共同利用（Q45参照）については、提供を受ける者をそもそも本条における「第三者」に当たらないこととし（第23条第5項・第6項）、当該提供について本人の同意を得る必要はないこととしています。

（注）刑事訴訟法第218条では令状による差押え等を、金融商品取引法第211条では犯則事件の調査のための裁判所許可状に基づく臨検、捜索又は差押えを規定しています。

Q45 「共同利用」とは何ですか。今回の改正によって変更はありますか。

A 1　個人データを第三者に提供するためには、原則として、あらかじめ本人の同意を得ることが必要とされています（第23条第1項）。ただし、外形的には第三者に該当するものの、一定の手続を経た場合における複数の事業者による共同利用については、提供を受ける者をそもそも本条における「第三者」に当たらないこととし、当該提供について本人の同意を得る必要はないこととしています（第23条第5項第3号）。

　2　この「共同利用」とは、個人データを特定の者との間で共同して利用する場合であって、①共同して利用される個人データの項目、②共同して利用する者の範囲、③利用する者の利用目的、④当該個人データの管理について責任を有する者の氏名又は名称を、あらかじめ、本人に通知し、又は本人が容易に知り得る状態に置いている場合をいいます。

　3　この場合には、上記2の①から④までが明らかとされることによって、本人は、自己のどのような個人データが、誰によって、どのような取扱いを受けるかを認知することが可能であり、このような状態であれば、個人データの提供を受ける者は、本人から見て、当該個人データを提供する者と一体のものと捉えることができるといえます。他方、個人情報取扱事業者は、例えばグループ企業の間で頻繁に個人データのやり取りをしているような場合には、個別に同意を必要とすることの負担は大きいところがあります。このような場合には、上記2の①から④までのような手続を必要とした上で、個人データを共同して利用する者を第三者から除くことには合理性があるといえます。

　4　なお、実際に、個人情報取扱事業者が共同利用を行う場合には、本人から見て、個人データを取り扱う者の外延が明確となるようにすることや、一次的に責任を有し、苦情の受付・処理、開示・訂正等を行う者を定めて適切な対応を図らなければなりません。

第 13 節　オプトアウト手続による第三者提供（第 23 条第 2 項 – 同条第 4 項関係）

Q46　オプトアウト手続とはどのようなものですか。

A　1　個人データを第三者に提供するためには、原則として、あらかじめ本人の同意を得ることが必要とされています（第 23 条第 1 項）。改正前の規定では、以下の手続をとることを条件に、あらかじめの本人の同意を得ずに第三者に提供することを可能としており、これを「オプトアウト手続」と呼んでいます（同条第 2 項）。

①　本人の求めに応じて第三者提供を停止すること
②　あらかじめ、提供される個人データの項目や提供の方法等を本人に通知し又は本人が容易に知り得る状態に置くこと

なお、今回の改正により、上記②における本人への通知等を行う事項に、「本人の求めを受け付ける方法」を加えることとし、さらに、これらの事項をあらかじめ、個人情報保護委員会へ届け出ることが必要となりました（同条第 2 項から第 4 項まで。Q47 参照）。また、本人への通知等及び個人情報保護委員会への届出については、その具体的な方法等を規則で定めることとしています。

2　また、要配慮個人情報については、情報の性質上、経済活性化のために活用を認める必要性よりも、本人が差別的な取扱いを受けないよう特に慎重に取り扱うべき要請が高いものです（Q12 参照）。上記 1 で説明した「オプトアウト手続」については、法に定める一定の手続をとったとしても、実際には本人が知らないうちに個人データが第三者に提供されるおそれがあることから、要配慮個人情報については、本人の意図しないところでその本人に関する要配慮個人情報が取得され、それに基づいて本人が差別的な取扱いを受けないようにするため、オプトアウト手続による個人データの提供は認めないこととしています（第 23 条第 2 項柱書）。よって、要配慮個人情報である個人データを第三者に提供するためには、法令に基づく提供等本法に定める一定の場合を除いて、必ず本人の同意を得ることが必要となります

(Q14参照)。

3　ただし、要配慮個人情報を構成する情報(人種、信条、病歴等に該当する情報)を削除する等の加工をした個人データであれば、要配慮個人情報以外の個人データと変わらない状態となるため、オプトアウト手続による第三者提供を行うことが可能です。

Q47

いわゆるオプトアウト手続による第三者への提供について、改正前の手続に加えて届出義務を課すこととしたのは、どのような理由によるものですか。

A 1 個人データを第三者に提供するためには、原則として、あらかじめ本人の同意を得ることが必要とされています（第23条第1項）が、個人データを活用して経済を活性化させる等、その有用性を確保する必要があります。そこで、本法では、本人の同意を得ることの特例として「オプトアウト手続（Q46参照）」を設けています。

2 この手続は、あらかじめの本人の同意に代わるものであることから、個人データを第三者に提供しようとする個人情報取扱事業者（以下「事業者」といいます。）が、本人から利用停止の求めを受ける機会を十分に確保するために、あらかじめ、提供される個人データの項目や提供の方法等を本人に通知し又は本人が容易に知り得る状態に置くことで本人関与の機会を保障することとしています。

3 しかし、この「容易に知り得る状態」の例とされていた、ホームページ等への継続的な掲載や、事務所での掲示や備え付けは、その方法や期間によっては、掲載内容を本人が十分に認知し得ないのではないか、との指摘がありました。

4 そこで今回の改正では、①これまで解釈に委ねられていた「通知又は容易に知り得る状態」の具体的な方法を規則に定めるとともに、②事業者は、オプトアウト手続に係る本人通知等を行う事項について個人情報保護委員会へ事前に届け出ることとし、同委員会が届出事項をホームページ等へ一覧性をもって公表することで、必要に応じて提供停止を求めやすくする等、より適切な本人の関与を可能としています。

5 また、オプトアウト手続を届出・公表制とすることで、本手続による第三者提供を行う事業者を、個人情報保護委員会が把握しやすくなり、適切な監督を行うことができることとなります(注)。

（注）大手通信教育会社による個人情報の大量漏えい事案では、いわゆる名簿業者が、適切なオプトアウト手続を行っているとして、名簿（個人データ）を販売し、さら

に別の名簿業者に拡散していったところ、実際にはこのような状況を本人が十分に認知できていなかったことが明らかとなりました。同事案では、本人が自らの個人データの流通経路の把握や、その流通の適法性についての把握が困難であったことから、これに対応するために個人データの流通に係るトレーサビリティを確保する観点から、「第三者提供に係る記録の作成等」や「第三者提供を受ける際の確認等」に関する事業者の義務を新たに導入することとしたところです（第25条・第26条）。これらの規定によって、不適正な個人情報の流通が是正されることが期待されます（Q57参照）。

Q48 第23条第2項各号における「個人データの項目」、「提供の方法」、「本人の求めを受け付ける方法」とは、それぞれどのようなものですか。

A 1 届出項目のうち、「個人データの項目」とは、例えば、住所、氏名、電話番号、購入履歴等の提供される個人データの種類を、また、「提供の方法」とは、例えば、個人データを書籍として出版、インターネットに掲載、オンラインで提供、プリントアウトして第三者に手交する等の提供方法を指しており、これらは今回の改正前後で異なるところはありません。なお、今回の改正において第3号から「手段」を削除していますが、表現を簡潔にするための改正であり、実質的な改正ではありません。

2 加えて、今回の改正では、第5号において「本人の求めを受け付ける方法」を新たに規定していますが、これは、例えば、電話、メール、ホームページにおける入力フォームへの記載、書面、窓口での応対といった、本人の求めを受け付ける具体的な方法を指します。これを、個人情報取扱事業者が、あらかじめ、本人に通知し又は本人が容易に知り得る状態に置くことにより、本人は個人情報の取扱いの停止を求める際の具体的な方法を知ることができます。

第 2 章　各論　第 13 節　オプトアウト手続による第三者提供(第 23 条第 2 項－同条第 4 項関係)

Q49　現在オプトアウト手続を用いている場合は、改正後、どのように対応すればよいですか。

A　1　改正前の本法に基づいて継続的にオプトアウト手続による第三者提供を行っていたような個人情報取扱事業者が、改正法の施行直後も引き続き同手続によって第三者提供を行いたい場合に、改正法の施行を待って、個人情報保護委員会への届出や本人への通知等を行わなければならないとすれば、その手続に時間を要し、事業に支障を来すおそれがあります。そこで、このようなことがないよう、改正法の施行前においても、規則で定めるところに従って、第 23 条第 2 項第 5 号に掲げる事項の本人への通知等や同委員会への届出を行うことができることとする経過措置を設けています（改正法の附則第 2 条）。

　2　この経過措置は公布の日から起算して 1 年 6 か月を超えない範囲内において政令で定める日に施行することとしています（改正法の附則第 1 条第 4 号）。これにより、2 年を超えない範囲内において政令で定める日に施行することとされているオプトアウト手続の改正規定の施行よりも前に、個人情報取扱事業者は、同委員会への届出や本人への通知等を行い、施行直後にもオプトアウト手続による第三者提供を行うことが可能となります。

Q50 本人は、自らの個人情報がオプトアウト手続により第三者に提供されることをどのようにして知ることができますか。

A 1 オプトアウト手続を行おうとする個人情報取扱事業者（以下「事業者」といいます。）は、あらかじめ、提供される個人データの項目や提供の方法等（以下「本人通知等の事項」といいます。）を本人に通知すること又は本人が容易に知り得る状態に置くこととされており、これにより本人は自らの個人情報がオプトアウト手続により第三者に提供されることを知ることができます。

2 加えて、今回の改正により、事業者は、本人通知等の事項を個人情報保護委員会へ届け出なければならず、同委員会は届け出られた事項を、一覧性をもった形で継続的にウェブサイト等に公表することとなります。これにより、本人は、オプトアウト手続を用いている事業者及び本人通知等の事項を容易に確認することができ、自らの個人情報が適切に取り扱われているか否かを確認するとともに、必要に応じて第三者への提供の停止を求めることが可能となります。

Q51 届出を怠る等事業者が不適切にオプトアウトを行った場合、個人情報保護委員会はどのような措置をとることとなりますか。

A 1 仮に、見知らぬ事業者からダイレクトメールが届く等、個人情報取扱事業者（以下「事業者」といいます。）による個人情報の不適正な取扱いが疑われた場合には、本人は、自らの情報がオプトアウトの対象になっているかについて、個人データの第三者提供の適正さが疑わしい事業者に問い合わせること等によって確認することが可能です。加えて、これが困難である場合には、個人情報保護委員会に苦情を申し出ることによって、同委員会に適切な対応を求めることが可能です。

2 同委員会は、このような本人からの苦情や事業者の公表内容等から問題点を見つけることを契機として、①問題を起こした事業者から流通経路を遡って調査する等、当該事業者に個人データを提供した事業者が適切なオプトアウト手続を行っていたか等その事実関係を精査し、②必要に応じて報告徴収及び立入検査を行うほか、③問題があれば勧告や命令を行うことにより事業者を適切に監督、是正することで、個人の権利利益の侵害を防ぐこととなります。

3 なお、実際に事業者によって不適切に個人データが第三者に提供されている場合には、本人は、不適切な提供が行われ、又は行われようとしている自らの個人データについて、当該事業者に対し、その提供の停止を請求することができます（第30条第3項。Q69参照）。

第14節　外国にある第三者への提供（第24条関係）

Q52 外国にある第三者への提供に関する規定を設けたのは、どのような理由によるものですか。

A　1　改正前の本法は、第23条で第三者に対する個人データの提供に関するルールを定めていましたが、外国の第三者に対する個人データの提供についてルールを明確に規定していませんでした。

2　今回の改正においては、

① 日本の企業活動のグローバル化に伴い、2003年の本法制定時と比べ、個人データの外国とのやり取りが急激に増加しており、外国への個人データの移転について一定の規律を設ける必要性が増大してきたこと、

② 日本の制度がEUから十分性の認定（Q33参照）を得るに当たってEUから不十分であると指摘されることが推測される項目の1つとして、外国への個人データの移転に関する規定がないことが挙げられていること

等を踏まえ、新たに外国の第三者に対する個人データの提供に適用される規定を設けることとしています。

3　具体的には、個人情報取扱事業者（以下「事業者」といいます。）は、「外国」にある「第三者」に個人データを提供する場合には、第23条第1項各号に掲げる場合（法令に基づく場合等）を除き、あらかじめ外国にある第三者への提供を認める旨の本人の同意を得なければならないこととしています（第24条）。また、この場合には、外国にある第三者において、我が国と同等の水準で個人情報が保護されないおそれがあるため、第23条は適用されないこととしていることから、同条第2項で認められているいわゆるオプトアウト手続による提供や、委託や共同利用等の同条第5項各号に掲げる場合に認められている、本人の同意を取得しない提供を行うことはできないこととなります（Q55、Q56参照）。

4　ただし、第24条では、同条にいう「外国」から一定の要件を満たす国・地域を、また、同条にいう「第三者」から一定の要件を満たす者を、そ

れぞれ除くこととしています。これらの要件を満たす場合には、同条は適用されず、第23条が適用されることとなるため、オプトアウト手続による提供や、委託等に伴う本人の同意を取得しない提供を行うことが可能となります。

5　第24条にいう「外国」から除外されるのは、我が国と同等の水準にあると認められる個人情報保護制度を有している国です。このような国にある第三者については、日本国内の事業者と同等の水準で個人情報を保護することが制度的に担保されているため、日本国内の第三者に個人データを提供する場合と同様、第23条を適用することとし、第24条の適用対象から除くこととしています。具体的にどの国の個人情報保護制度が我が国と同等の水準にあると認められるかについては、規則で定めることとしています。

6　同条にいう「第三者」から除外されるのは、本法に基づき事業者が講ずべき措置に相当する措置を継続的に講ずるために必要な体制を整備している者です。このような者については、日本国内の事業者に義務付けられている措置と同様の措置をとっており、日本国内の事業者と同等の水準で個人情報を保護していると考えられることから、日本国内の第三者に個人データを提供する場合と同様、第23条を適用することとし、第24条の適用対象から除くこととしています。具体的にどのような体制を整備していればよいのかについては、規則でその基準を定めることとしています。

7　なお、同条は、事業者にこれらに違反する行為があった場合に、個人情報保護委員会が事後的に命令等を行って是正を図るものであり、同委員会への事前の承認や届出を求めるものではありません。また、同条は、外国の第三者への個人データの提供を原則として禁止するものではなく、これまで適正に個人の権利利益を保護しつつ行っていた外国にある第三者への個人データの提供を、これまでどおり行えるようにすることを前提に設けるものです。

Q53 「外国にある第三者」とはどのような者をいいますか。

A 1 「外国にある第三者」とは、個人データの提供者と当該個人データの本人以外の者であって、外国に所在する者が該当し、法人も含まれます。法人の場合、個人データの提供者と別の法人格を有するかどうかで第三者に該当するかを判断します。

2 具体的には、ある日本企業が個人データを提供する場合、当該日本企業の現地子会社や同系列の企業グループに属する外国企業、日本企業と業務委託契約を結んだ外国法人等は、外国で法人格を取得しているため、当該日本企業にとって「外国にある第三者」となります。

3 他方、ある日本企業が個人データを提供する場合、当該日本企業の外国支店や現地駐在所等、当該日本企業と法人格の分かれていないものは、当該日本企業にとって「外国にある第三者」には該当せず、これらに個人情報を移すことは、当該日本企業の社内における個人情報の取扱いと観念されることとなります。

Q54 外国に設置されているサーバで個人情報を管理する場合、第24条は適用されますか。

A 1 「外国にある第三者」とは、個人データの提供者と当該個人データの本人以外の者であって、外国に所在する者が該当し、法人も含まれます。法人の場合、個人データの提供者と別の法人格を有するかどうかで第三者に該当するかを判断します。

2 「外国に設置されているサーバ」が日本企業の自社サーバの場合は、当該日本企業と法人格が分かれていないため、「外国にある第三者」には該当せず、これに個人情報を移すことは、当該日本企業の社内における個人情報の取扱いと解釈されることとなります。

3 他方、日本企業が外国で法人格を取得している法人に個人データを提供する場合は、当該個人データを管理するサーバがどこに設置されているかにかかわらず、当該日本企業にとって「外国にある第三者」である当該外国法人への個人データの提供となるため、当該外国法人やその所在する国が本条の適用を除外されるための要件（Q52参照）に該当しない限り、本条が適用されることとなります。

Q55 委託や共同利用、事業承継によって個人データを外国にある事業者へ提供する場合にも、本条は適用されますか。

A 1 外国にある事業者への個人データの提供が、第23条第5項により第三者提供とはみなされない委託、共同利用、事業承継に当たるかどうかについては、本条の適用を除外されるための要件（Q52参照）が満たされているかどうかにより判断されます。

2 具体的には、第24条に規定するとおり、外国にある事業者が、
① 本法に基づき個人情報取扱事業者が講ずべき措置に相当する措置を継続的に講ずるために必要な体制を整備している場合、又は、
② 我が国と同等の水準にあると認められる個人情報保護制度を有している国に所在している場合

であれば、その外国にある事業者は、日本国内の個人情報取扱事業者と同等の水準で個人情報を保護しているものと考えられるため、その外国にある事業者に対して個人データを提供する場合については、日本国内の第三者に対して個人データを提供する場合と同様に第23条を適用することとしています（この場合、第24条は適用されません。）。したがって、外国にある事業者が上記①又は②に該当する場合であって、その外国にある事業者に対して委託や共同利用、事業承継に伴って個人データを提供する場合については、同条第5項が適用されるため、その外国にある事業者は「第三者」に該当しないこととなることから、日本国内の個人情報取扱事業者は本人の同意を取得せずに個人データを提供することが可能となります。

Q56 「外国にある第三者への提供を認める旨の本人の同意」をオプトアウト手続で代替することは可能ですか。

A 1　第24条が適用される場合には、提供先の外国にある第三者において、我が国と同等の水準で個人情報が保護されないおそれがあることから、第23条は適用されないこととしているため、「外国の第三者への提供を認める旨の本人の同意」に代わってオプトアウト手続(注)を用いることはできません。

2　なお、提供先の外国にある第三者が、
① 本法に基づき個人情報取扱事業者が講ずべき措置に相当する措置を継続的に講ずるために必要な体制を整備している場合、又は
② 我が国と同等の水準にあると認められる個人情報保護制度を有している国に所在している場合

には、当該第三者は、日本国内の個人情報取扱事業者と同等の水準で個人情報を保護していると考えられるため、当該第三者に対する個人データの提供については、日本国内の第三者に個人データを提供する場合と同様、第23条が適用されることとしていることから、オプトアウト手続（同条第2項）を利用することが可能です。

（注）　オプトアウト手続とは
　　第23条第2項に基づく第三者提供のことです。本人の求めに応じて第三者提供を停止することとし、かつ、提供される個人データの項目や提供の方法等を本人に通知し、又は知ることができる状態にすることで、あらかじめの同意を得ずに第三者に提供することができるとするものです。

第15節　第三者提供に係る確認・記録義務（第25条・第26条関係）

Q57 第三者提供に係る確認や記録の作成・保存に関する義務とは何ですか。このような義務を設けたのは、どのような理由によるものですか。

A　1　今回の改正では、個人データの第三者提供の場面、すなわち、個人情報取扱事業者（以下「事業者」といいます。）が第三者に個人データを提供する場合及び第三者から個人データの提供を受ける場合に、事業者に対して一定の事項について確認や記録の作成・保存を行うことを義務付ける規定を新設しています（第25条・第26条）。

2　具体的には、事業者が個人データを第三者に提供する場面においては、個人データを提供する事業者は、提供した年月日や提供する相手の氏名・住所等に関する記録を作成し、保存しなければならないこととなります。

一方、事業者が個人データを第三者から受領する場面においては、個人データを受領する事業者は、提供を受けた年月日や提供者の氏名・住所等に関する記録を作成し、保存しなければならないこととなります。これに加えて、個人データを受領する事業者には、提供者がその個人データをどのように取得したのかという取得の経緯を確認し、その記録を作成・保存することも必要となります。

3　この確認義務により、不正の手段によって入手され、又は流出した個人情報が事業者に取得され、転々流通してしまうことの防止を図っています。すなわち、本法では、事業者が、不正に入手された個人情報であることを認識しながら取得する場合には、適正取得義務（第17条）の違反に当たると考えられているため、事業者が取得の経緯を確認することにより、受領しようとしている個人データが提供者によって不正に入手されたものであることを認識した場合には、それを取得することが制限されることとなります。

また、記録の作成・保存の義務により、個人情報の流通に係るトレーサビリティの確保を図っています。すなわち、個人情報が不正に流通した場合に、個人情報保護委員会が事業者に対して報告徴収や立入検査を行い（第40

条)、作成・保存された記録を検査することによって、どのような個人データがいつ、どこに移転したかを迅速にたどり、漏えい元や流通先を特定することが容易になります。

Q58 どのような場合に確認や記録の作成・保存をする必要がありますか。

A 1 基本的に、個人情報取扱事業者（以下「事業者」といいます。）が個人データを第三者に提供し又は受領する場合に、確認や記録の作成・保存をする必要があります。

「個人データ」とは、「個人情報データベース等」を構成する個人情報のことをいいます。この「個人情報データベース等」に当たるものは、特定の個人情報を検索することができるように体系的に整理した名簿や顧客管理用のデータベース等であり、第25条及び第26条が適用される「個人データ」を提供し又は受領する場合とは、このような「個人情報データベース等」を構成する「個人データ」１つ１つを提供し、又は受領する場合をいいます[注1]。これに対し、体系的に整理されていない名刺に記載されている個人情報を提供又は受領する場合はこれに該当せず、確認や記録の作成・保存をする必要はありません。また、「第三者」に提供し又は受領する場合に必要となる規律であるため、個人データの本人に対して当該本人の個人データを開示等し、又は本人から受領する場合には、確認や記録の作成・保存をする必要はありません。

2 さらに、事業者が「個人データ」を提供し又は受領する場面であっても、以下のとおり一定の場合には、確認や記録の作成・保存をする必要はないものとしています。

まず、個人データの提供行為が、法令に基づく場合や人の生命、身体又は財産の保護のために必要がある場合であって、本人の同意を得ることが困難であるとき等、第23条第１項各号の要件を満たす場合には、確認や記録の作成・保存をする必要はありません。次に、個人データの提供行為が、委託や共同利用等の同条第５項の要件を満たす場合（外国にある第三者への提供である場合を除きます[注2]。）にも、確認や記録の作成・保存をする必要はありません。

これは、同条第１項各号の要件を満たして提供された個人データが転々流通することはほとんど想定されず、また、同条第５項の要件を満たす場合は提供者と受領者とを一体としてみることができるため第三者提供の規律（同

条第1項から第4項まで）もかからないこととされていることから、これらの場合にはそれぞれ確認や記録の作成・保存をするまでの必要がないと考えられることによるものです。

　3　なお、事業者が、事業者以外の個人から個人データの提供を受けたり、個人に対して個人データを提供したりする場合にも、その事業者は、確認や記録の作成・保存をする必要があります。そのため、例えば、個人が、いわゆる名簿業者に対して名簿を持ち込んで売却する場合や、名簿業者から情報を買い取る場合においても、その名簿業者は、確認や記録の作成・保存をしなければならないこととなります。

（注1）「個人データ」で構成されている「個人情報データベース等」（名簿等）そのものを提供し、又は受領する場合も、「個人データ」を提供し又は受領することに変わりはないため、第25条及び第26条が適用されます。

（注2）　第24条の適用を受けて「外国にある第三者に個人データを提供する場合」には、その個人データの提供行為が委託や共同利用等の場合であっても、記録の作成・保存をしなければならないこととしています。これは、「外国にある第三者に個人データを提供する場合」とは、本条で規定しているとおり、我が国と同等の水準にあると認められる個人情報保護制度を有していない国に所在している者、又は本法に基づき事業者が講ずべき措置に相当する措置を継続的に講ずるために必要な体制を整備していない者に個人データが提供される場合を指しており（Q55参照）、これらの場合には、その外国にある第三者において我が国と同等の水準で個人情報が保護されないおそれがあることから、上記2で説明した国内における委託や共同利用等の場合とは異なるものとして、誰に提供されたかを記録させておくことが必要であるためです。

Q59 この規律によって、どのようにしてトレーサビリティが確保されるのですか。

A 1 この規律によって、個人データの第三者提供が行われた際には、個人データを提供する個人情報取扱事業者（以下「事業者」といいます。）において、いつ、どのような提供先に、どのような個人データ(注1)を提供したかに関する記録が作成・保存されることとなります（第25条）。また、個人データを受領する事業者においては、いつ、どのような提供先から、どのような個人データの提供を受けたかに関する記録が作成・保存されることとなります（第26条第3項・第4項）。

2 これにより、実際に個人情報が漏えいし、不正に流通した場合等に、個人情報保護委員会が事業者に対して報告徴収や立入検査を行い、これらの記録を検査することにより(注2)、どのような個人データがいつ、どこに移転したかを迅速にたどることができるようになります。

具体的には、例えば、心当たりのない事業者からある個人がダイレクトメールを受け取ることにより、自己の個人情報の流出が発覚したような事案においては、同委員会が、そのダイレクトメールを発送した事業者を特定した上で、その事業者に対し、発送に用いた個人情報を誰から入手したのかについて調査し、提供元を遡っていくことで流出元を把握することが容易になります。

また、特定の事業者から個人情報が不正に持ち出されたことが発覚したような事案においては、同委員会が、持ち出した者がどの事業者に個人情報を提供したのかを特定した上で、その事業者から提供先を追っていくことで、転々流通した先を把握することが容易になります。

このように、提供先及び提供元の双方に記録を作成・保存させることにより、双方向からのトレーサビリティを確保することが可能となります。

（注1） 法律上は、記録すべき事項として、個人データを第三者に提供した年月日及び第三者の氏名又は名称のみを例示しており、詳細については個人情報保護委員会が規則で定めることとしています（第25条第1項）。そのため、提供した個人データに関してどのような事項を記録しなければならなくなるかについては、規

則によって定まることとなります。個人データを受領する場合についても同様です。

（注2） 事業者が、同委員会による報告徴収や立入検査を拒んだり、虚偽の報告をしたりした場合には、罰則（30万円以下の罰金）に処せられることとしています（第85条第1号）。

Q60 事業者に当たらない個人が個人データを提供したり、受け取ったりする場合にも、確認や記録の作成・保存をする必要はありますか。

A 本法は、個人情報データベース等を事業の用に供している者（個人情報取扱事業者。以下「事業者」といいます。）に対して、個人情報の適切な取扱いを義務付けるという事業者規制の形をとっています。そのため、個人データの第三者提供に係る確認や記録の作成・保存の義務についても、事業者のみが履行しなければならないものとしています。したがって、事業者に当たらない個人(注)が個人データを提供したり、受け取ったりする場合には、確認や記録の作成・保存をする必要はありません。

一方、この個人データの第三者提供に係る確認や記録の作成・保存の義務によって、不正の手段によって入手された個人情報が転々流通することを防止し、また、個人情報の不正流出等の問題が生じたときに個人情報保護委員会が確実にその流通経路をたどることができるようにするという目的を達成するためには、個人データを受領する事業者が、提供者からその取得の経緯や身元について正確な情報を得て記録を作成・保存することが必要です。そのため、個人データを受領する事業者が第26条第1項に基づき提供者に対して確認をする際には、その提供者は、事業者であるか否かにかかわらず、確認に係る事項を偽ってはならないこととしています（同条第2項）。したがって、事業者に当たらない個人であっても、事業者に対し、その個人以外の第三者を本人とする個人データを提供する場合に、その事業者から取得の経緯や氏名等について確認を求められたときには、その確認事項を偽ってはならないこととなります。

なお、その義務に違反した場合には、10万円以下の過料に処せられることとしています（第88条第1号）。

(注)「個人情報取扱事業者」とは、「個人情報データベース等を事業の用に供している者」のことをいいます（第2条第5項）。本法は、「個人情報取扱事業者」に当たるために法人や団体であることを要件とはしていないため、個人であっても、個人情報データベース等を事業の用に供していれば、「個人情報取扱事業者」に該当し、

本法上の義務を履行する必要があることとなります。

Q61 第26条第1項の「取得の経緯」の確認としては、具体的にどこまで遡って確認する必要がありますか。

A 1 第26条第1項において、第三者から個人データの提供を受ける個人情報取扱事業者（以下「事業者」といいます。）に対して、提供者による個人データの「取得の経緯」を確認させることとしているのは、不正の手段によって入手され、又は流出した個人情報が事業者に取得されて転々流通することを防止するためです。すなわち、事業者が、取得の経緯を確認することにより、受領しようとしている個人データが提供者によって不正に入手されたものであることを認識した場合には、それをそのまま取得すれば違法な不正取得（第17条違反）に当たってしまうため、取得することが抑止されることとなります。

2 この「取得の経緯」とは、提供者自身が提供に係る個人データをどのように取得したのかを意味するものであり、個人データが転々流通している事案において、提供者より前に取得した者の取得の経緯を全て確認することまで求められるものではありません。

その理由は、

① 提供者が知っているのは、通常、その提供者自身がどのような経緯で取得したかという点のみであり、提供者が取得する以前にその個人データがどのように流通してきたかという過程まで示させることは困難であると考えられること、

② 個人データが転々流通することを考えても、それぞれの提供場面において、各提供者が自身の取得の経緯を報告すれば、個人情報保護委員会が各事業者に保存された記録を基に個人データの流通経路をたどることは可能であること

によるものです。

なお、この「取得の経緯」の確認は、「個人情報保護委員会規則で定めるところにより」行うこととしており（第26条第1項）、確認方法の詳細は個人情報保護委員会が規則で定めることとなります。

Q62
事業者が確認や記録の作成・保存義務に違反した場合、個人情報保護委員会はどのような措置をとることとなりますか。

A 本法では、個人情報取扱事業者（以下「事業者」といいます。）が義務規定に違反した場合には、個人情報保護委員会が、①事業者に対して、違反行為の中止その他違反を是正するために必要な措置をとるべき旨を勧告すること、②勧告を受けた事業者が正当な理由なく勧告された措置をとらなかった場合において、個人の重大な権利利益の侵害が切迫していると認めるときは、勧告した措置をとるよう命令することができることになっています（第42条第1項・第2項）(注1)。また、同委員会が事業者に対して、個人情報の取扱いについて報告を求め、又は立入検査を行うことができることになっています（第40条）。

したがって、事業者が第三者提供に係る確認や記録の作成・保存を怠り、又は虚偽の記録を作成した等、違反の事実が判明した場合には、同委員会が、その事業者に対し、報告徴収や立入検査を行って必要な事項を調査した上で、必要に応じて、違反を是正するために必要な措置をとるよう勧告・命令することとなります(注2)。

なお、命令を受けた事業者がその命令に従わない場合には、6か月以下の懲役又は30万円以下の罰金に処せられることとなります（第84条）。

(注1) 本法は、違反行為によって個人の重大な権利利益を害する事実が生じ得る一定の義務については、その違反に対し勧告を経ずに命令を行うことを認めています（いわゆる緊急命令。第42条第3項）が、確認や記録の作成・保存義務は、その違反によって直ちに個人の権利利益が侵害される性質のものではないため、緊急命令の対象とはされていません。

(注2) 第42条第1項では、その違反行為があった場合に勧告の対象となる義務規定から、第26条第2項を除いています。同項は、個人データを受領する事業者が同条第1項に基づき提供者に対して氏名、住所や取得の経緯等を確認する際には、提供者はその確認に係る事項を偽ってはならないとするものですが、提供者がこの義務に違反した場合には、10万円以下の過料に処せられることとしています（第88条第1号）。これによって、第26条第2項が求める虚偽申告の禁止の実効性は担保されているため、別途個人情報保護委員会による勧告・命令の対象

とはしていません。

第16節　開示等請求権（第28条 – 第34条関係）

Q63 開示、訂正及び利用停止等の求めについて、請求権であることを明記する改正を行ったのは、どのような理由によるものですか。

A　1　改正前の本法では、本人は、①その本人が識別される保有個人データ（注1）の開示、②保有個人データの内容が事実でない場合の訂正、追加又は削除、③保有個人データが利用目的の制限や不正の取得の制限に違反して取り扱われている場合の利用の停止又は消去、④保有個人データが第三者提供の制限に違反して提供されている場合の提供の停止を求めることができ（以下これらの求めを「開示等の求め」といいます。）、開示等の求めを受けた個人情報取扱事業者（以下「事業者」といいます。）は、一定の場合を除いてその本人からの開示等の求めに応じなければならないこととしていました（改正前の第25条から第27条まで）。

2　この本人の開示等の求めの規定については、本人が事業者を相手に裁判所に訴えを提起することができる請求権を認めたものかどうかにつき疑義があり、それを否定する裁判例もありましたが（注2）、今回の改正では、以下のような理由を踏まえて、本人による開示等の求めは、裁判所に訴えを提起することができる請求権であることを条文上明確にすることとしました（注3）。

① 開示等の求めは、本人が自ら、事業者内で管理されている自己の個人情報の内容を知り、直接、事業者に対してその個人情報の適切な取扱いを求めることのできる重要な手段であるといえ、それが確実に実現されるようにするためには、司法による個別救済を認める必要性が高いといえること。

② 開示等の求めに関する紛争は、事業者が特定の個人情報を保有しているかどうか、保有している場合に不開示事由に該当する事情があるかどうか等の個別具体的な事実の存否が問題となるものであり、行政機関の介入による解決よりも、個別の事案として私人間で解決することになじ

む面があると考えられること。
③　諸外国においては、このような開示等の求めを行うことができる本人の権利を、裁判上も行使できる請求権として認めているのが一般的であること（Q33参照）。

(注1)　「保有個人データ」とは
　　　　事業者が、開示、内容の訂正、追加又は削除、利用の停止、消去及び第三者への提供の停止を行うことのできる権限を有する個人データであって、その存否が明らかになることにより公益その他の利益が害されるものとして政令で定めるもの又は1年以内の政令で定める期間（6か月）以内に消去することとなるもの以外のものをいうこととされています（第2条第7項）。
　　　　政令の定めにより保有個人データから除外されるものは、①当該個人データの存否が明らかになることにより、本人又は第三者の生命、身体又は財産に危害が及ぶおそれがあるもの、②当該個人データの存否が明らかになることにより、違法又は不当な行為を助長し、又は誘発するおそれがあるもの、③当該個人データの存否が明らかになることにより、国の安全が害されるおそれ、他国若しくは国際機関との信頼関係が損なわれるおそれ又は他国若しくは国際機関との交渉上不利益を被るおそれがあるもの、④当該個人データの存否が明らかになることにより、犯罪の予防、鎮圧又は捜査その他の公共の安全と秩序の維持に支障が及ぶおそれがあるものとされています（施行令第3条）。
(注2)　裁判例（東京地判平成19年6月27日判時1978号27頁）
　　　　被告の開設する診療所で診療を受けた原告が、被告に対し、改正前の第25条第1項に基づき、自己の診療録の開示を求めた事案において、東京地方裁判所は、同項が本人に開示請求権を付与した規定であると解することは困難であって、同規定に基づき、本人が事業者に対し、保有個人データの開示を裁判手続により請求することはできない旨判断しました。
(注3)　このように、今回の改正の趣旨は、開示等の求めが請求権であることを明確化することにあり、開示等を求めることができる場合や事業者が拒否することができる場合等の実質的な規律については変更を加えていません。

Q64 第三者提供に係る記録の内容は、開示請求の対象になりますか（どのような情報が開示請求の対象になりますか。）。

A 本人は、個人情報取扱事業者（以下「事業者」といいます。）が保有するその本人が識別される保有個人データ（Q63（注1）参照）について開示を請求することができます（第28条第1項）。開示請求の対象になる情報は、あくまで本人が識別される保有個人データの内容であり、本人の氏名、住所、購買履歴等、事業者がどのような内容の個人データを保有しているのかを示すものとなります。そのため、事業者が作成する第三者提供に係る記録（第25条第1項・第26条第3項。Q57参照）そのものについて開示を請求することはできません(注)。

(注) 第三者提供に係る記録の作成義務に関する規定では、第三者に提供され、又は第三者から受領した個人データを特定するために、どのような事項を記録するかについては個人情報保護委員会が規則で定めることとしていますが（Q59（注1）参照）、この事業者が作成する第三者提供に係る記録の中に、保有個人データに該当する内容が含まれている場合には、その内容が開示されることは考えられます。

Q65 開示等の求めについて、請求権であることを明記する改正を行うに当たり、事前の請求に関する規定が設けられたのは、どのような理由によるものですか。

A 1 事前の請求に関する規定は、本人が開示（第28条第1項）、訂正等（第29条第1項）又は利用停止等（第30条第1項・第3項）の請求（以下「開示等の請求」といいます。）について訴えの提起(注1)をするためには、まず裁判外で本人から個人情報取扱事業者（以下「事業者」といいます。）に対して開示等の請求を行い、その請求が事業者に到達した日から2週間を経過するか、又はその間に事業者がその請求を拒絶すること、のどちらかを満たす必要があるとするものです（第34条）(注2)。

2 今回の改正で、開示等の求めを請求権として規定し、裁判所への訴えの提起が可能であることを明確にするとしても、基本的には裁判外において当事者間で任意に解決できる方が迅速であり、望ましい在り方であるといえます。また、事業者の応訴の負担を懸念する声も多くあったため、事業者に過度な負担とならないよう、開示等の請求について直ちに訴えの提起をすることができないこととしつつ、裁判外で解決できる事案については当事者間で任意に解決する道を選択できるようにすることが必要な状況にありました。

3 そこで、当事者間の任意の解決を促進し、かつ、事業者の応訴の負担を軽減する観点から、上記の事前の請求に関する規定を設けることとしました(注3)。

なお、事前の請求が到達してから訴えの提起が可能となるまでの期間を2週間としているのは、開示等の請求を受けた事業者が任意に開示等を行うために通常必要となると考えられる期間を考慮し、かつ、裁判所に訴えを提起して迅速な開示等の実現を求めることができるという本人の利益を過度に制限することがないようにしたものです。

また、第34条第1項ただし書は、2週間の経過前であっても、被告となるべき者が請求を拒んだ場合には、訴えの提起が可能であるとしていますが、「請求を拒んだとき」には、被告となる事業者が原告となる本人に対し不開示等の通知（第28条第3項・第29条第3項・第30条第5項）を行った場合のほか、請求に応じない態度を明らかにした場合が含まれます。さらに、

本人が求める開示等の請求が一部しか認められなかった場合のその余の部分については、「請求を拒んだとき」に当たるといえます。

(注1) 開示等の請求に関する仮処分の申立てを行う場合についても同様となっています（第34条第3項）。
(注2) 本人が事前の請求を行わずに開示等の請求について訴えを提起した場合には、訴訟要件を欠くものとして、請求が却下されることとなります。
(注3) 事前の請求の手続については、改正前の開示等の求めと異なるところはありません。事業者は、政令に定めるところにより請求を受け付ける方法を定めること（第32条第1項）、開示等の請求に対しその対象となる保有個人データを特定するに足りる事項の提示を求めること（同条第2項）、開示の請求を受けた場合には手数料を徴収すること等ができます（第33条第1項）。
　また、事前の請求は適法にされることが必要であると考えられます。そのため、本人が、事業者が適法に定めた請求を受け付ける方法に従わずに請求を行った場合（第32条第1項）や、合理的な範囲内で定められた手数料を支払わない場合（第33条）には、適法な事前の請求がなく、訴訟要件を満たしていないと判断されることが考えられます。

Q66 開示の請求について訴訟を提起する場合、原告及び被告はどのような事実について立証する必要がありますか。また、裁判所における手続はどのようなものになりますか。

A 1 第28条第1項に基づき開示の請求について訴訟を提起する場合、原告となる本人は、まず、被告となる個人情報取扱事業者(以下「事業者」といいます。)がその本人が識別される保有個人データを有していることを主張立証することが必要となります(注1)。この立証のために、例えば、その事業者が本人の個人情報を有していると考えられる根拠(例:本人がその事業者と契約をした事実や、事業者から本人にダイレクトメールが届いた事実)を示すことが想定されます。そもそも事業者においてその本人が識別される保有個人データを有していることが認められない場合には、以下の不開示事由の有無を問題とするまでもなく、請求は認められないことになります。

2 これに対し、被告となる事業者は、第28条第2項各号に列挙された不開示事由を主張立証して請求を拒むことができます。この不開示事由の具体的な内容は、改正前後で変わるところはありません(注2)。同項は、不開示事由がある場合に、「その全部又は一部」を開示しないことができる旨を規定しているところ、不開示事由に該当する部分が保有個人データの一部にとどまる場合には、開示可能な部分については全て開示しなければならないことになっています。

なお、同項は、不開示事由がある場合に「開示しないことができる」と規定し、不開示事由に当たる場合であっても事業者が任意に開示することを認めていますが、訴訟においては、請求に係る保有個人データの全部又は一部が同項各号のいずれかの事由に該当することが認められた場合は、裁判所は開示請求の全部又は一部を棄却することとなると考えられます。

さらに、事業者は、その保有個人データが他の法令の規定によって開示することとされている旨を主張立証して請求を拒むことができます(同条第4項)(注3)。

3 また、事業者は、本人から開示請求を受けた場合において、開示しない旨の決定をしたとき、又は保有個人データが存在しないときは、本人に遅

滞なくその旨を通知しなければならないこととされていますが（第28条第3項）、これらの通知は、開示を請求する訴訟において同請求に係る権利義務の存否を判断するための要件となるものではなく、また法律効果として主文の内容になることもないと考えられます。

4 最後に、開示を請求する訴訟を提起する場合の裁判所における手続については、他の民事訴訟事件と異なるところはありません。裁判管轄については、原則として被告の住所地に訴えを提起することとなります（民事訴訟法第4条）。

(注1) 請求に当たっては、請求の目的物を明らかにするため（民事訴訟法第133条第2項第2号）、開示を求める保有個人データを特定する必要があります（第32条第2項）。例えば、特定の年度における個人データや、個人データのうち既往歴等の特定の事項に限って開示を求めるのであれば、それらを特定して請求することになります。

(注2) 不開示事由（第28条第2項各号）
　① 第1号（本人又は第三者の生命、身体、財産その他の権利利益を害するおそれがある場合）
　改正前の第25条第1項第1号と同じ規律であり、「その他の権利利益」とあるように、「生命、身体、財産」に限らず、法的保護に値する利益を害するおそれがある場合を広く含むものです。例えば、不治の病であることを本人が知ることにより本人の精神的・身体的状況を悪化させるおそれがある場合や、第三者の個人情報が含まれており、第三者のプライバシーを侵害するおそれがある場合等が想定されます。
　② 第2号（当該個人情報取扱事業者の業務の適正な実施に著しい支障を及ぼすおそれがある場合）
　改正前の第25条第1項第2号と同じ規律であり、例えば、第三者から取得した個人データであるために、開示することにより当該第三者との信頼関係が失われ、今後の協力を得ることが困難になるおそれがある場合が想定されます。
　③ 第3号（他の法令に違反することとなる場合）
　改正前の第25条第1項第3号と同じ規律であり、例えば、開示することにより刑法第134条（秘密漏示罪）に触れることとなる場合が想定されます。

(注3) 例えば、自動車安全運転センターが申請者に対して行う運転経歴証明、交通事故証明、累積点数通知（自動車安全運転センター法第29条第1項）が想定されます。

(参考)　原告となる本人及び被告となる事業者が主張立証すべき事由

開示を請求する本人が主張立証すべき事由
被告（事業者）が、当該本人が識別される保有個人データを有していること（第28条第1項）
開示の請求を拒む事業者が主張立証すべき事由
以下のいずれかに該当することを主張立証することで、全部又は一部の開示を拒むことができます。 ・　開示により、本人又は第三者の生命、身体、財産その他の権利利益を害するおそれがあること（同条第2項第1号） ・　開示により、本人が当該事業者の業務の適正な実施に著しい支障を及ぼすおそれがあること（同項第2号） ・　開示により、他の法令に違反することとなること（同項第3号） ・　開示について、他の法令の規定により特別の手続が定められていること（同条第4項）

Q67 訂正等の請求について訴訟を提起する場合、原告及び被告はどのような事実について立証する必要がありますか。また、裁判所における手続はどのようなものになりますか。

A 1 第29条第1項に基づき訂正、追加又は削除（以下「訂正等」といいます。）の請求（注1）について訴えを提起する場合、原告となる本人は、被告となる個人情報取扱事業者（以下「事業者」といいます。）が保有するその本人が識別される保有個人データの内容が事実でないことを主張立証する必要があります。そもそも事業者がその本人が識別される保有個人データを保有していることや、その内容が事実ではないことが認められない場合には、以下の拒否事由の有無を問題とするまでもなく、請求は認められないことになります（注2）。

2 これに対し、被告となる事業者は、その保有個人データの内容の訂正等に関して他の法令の規定により特別の手続が定められている旨を主張立証して請求を拒むことができます（第29条第2項）。

また、事業者は、その訂正等が「利用目的の達成に必要な範囲内」ではないことを主張立証して請求を拒むことができます（同項）。例えば、保有個人データの内容を最新のものに更新すべきとして訂正の請求があった際に、もともと事業者側に過去の一時点のデータを利用する目的しかないとすれば、事業者は最新データへの更新義務は負わず、訂正する必要はないこととなります。さらに、既に事業者においてその保有個人データの利用が終了し、廃棄が予定されている場合も、訂正する必要はないこととなります。

3 また、事業者は、本人から訂正等の請求を受けた場合において、その全部又は一部について訂正等を行ったとき、又は訂正等を行わない旨の決定をしたときに、本人に遅滞なくその旨を通知しなければならないこととされています（同条第3項）。さらに、訂正等を行った場合には、どのような訂正等が行われたのかを本人が認識することができるよう、訂正等の内容についても通知することが必要とされています。これらの訂正等に関する通知は、訂正等を請求する訴訟において同請求に係る権利義務の存否を判断するための要件となるものではなく、また法律効果として主文の内容になることもないと考えられます。

4　最後に、訂正等を請求する訴訟を提起する場合の裁判所における手続については、他の民事訴訟事件と異なるところはありません。裁判管轄については、原則として被告の住所地に訴えを提起することとなります（民事訴訟法第4条）。

(注1)　訂正等の請求のうち、「訂正」とは、情報の誤りを正し、又は古い事実を新しい事実に更新することを、「追加」とは、情報が不完全な場合に不足している情報を加えることを、「削除」とは、不要な情報を除くことをいいます。請求できる内容として第29条第1項は「訂正、追加又は削除」と規定していますが、本人又は事業者が、対応の在り方として「訂正、追加又は削除」のいずれかを自由に選択できるというものではなく、保有個人データの内容がどのように事実でないかによって、適切な対応の在り方が定まってくるものといえます。例えば、虚偽の事実を削除するだけで足りるのであれば「削除」が、虚偽の事実を書き換える必要があれば「訂正」が、情報が足りないために事実でない状態となってしまっているのであれば「追加」がそれぞれ必要になると考えられます。

(注2)　訂正等の請求を行う前に開示の請求を行うことは要件とされていないため、本人が保有個人データの内容を知っている場合には改めて開示の請求を行う必要はありません。しかし、本人が保有個人データの内容を正確に知らない場合には、まずは開示の請求を行い、開示された情報を基に訂正等の請求を行うことが想定されます。

(参考)　原告となる本人及び被告となる事業者が主張立証すべき事由

訂正、追加又は削除を請求する本人が主張立証すべき事由
被告（事業者）が保有する当該本人が識別される保有個人データの内容が事実でないこと（第29条第1項）
訂正、追加又は削除の請求を拒む事業者が主張立証すべき事由
以下のいずれかに該当することを主張立証することで、全部又は一部の訂正、追加又は削除を拒むことができます。 ・　その内容の訂正、追加又は削除について、他の法令の規定により特別の手続が定められていること（同条第2項） ・　その内容の訂正、追加又は削除が、当該保有個人データの利用目的の達成のために必要でないこと（同項）

Q68 利用停止等の請求について訴訟を提起する場合、原告及び被告はどのような事実について立証する必要がありますか。また、裁判所における手続はどのようなものになりますか。

A 1 第30条第1項に基づき利用の停止又は消去(以下「利用停止等」といいます。)の請求(注)について訴えを提起する場合、原告となる本人は、被告となる個人情報取扱事業者(以下「事業者」といいます。)が、その本人が識別される保有個人データを
① 第16条に違反して取り扱っている事実、すなわち、特定された利用目的の範囲を超えて個人情報を取り扱っている事実を主張立証し、又は
② 第17条に違反して取得した事実、すなわち、不正の手段により取得し、若しくは同意なく要配慮個人情報を取得した事実を主張立証する

ことが必要です。そもそも事業者にこれらの違反の事実が認められない場合には、以下の拒否事由の有無を問題とするまでもなく、請求は認められないことになります。

2 これに対し、被告となる事業者は、「違反を是正するために必要な限度で」利用停止等を行わなければならないと規定されていることから、請求内容が必要な限度を超えていること、例えば、保有個人データ全部の消去請求がされた場合に、一部の消去や利用の停止で足りる旨を主張立証して請求を拒むことができます。

また、事業者は、利用停止等に多額の費用を要する場合等、その利用停止等を行うことが困難な場合であること及び本人の権利利益を保護するため必要なこれに代わるべき措置をとったことを主張立証して、請求を拒むことができます(第30条第2項)。例えば、目的外利用の制限(第16条)に違反した個人データが一部含まれている名簿が既に市販されており、それらの名簿の回収と刷り直しに多額の費用を要する場合に、その代わりとして、増刷時において修正することとしたり、本人に対し損害の賠償を行ったりするという対応をした場合が想定されます。この場合、裁判所において、実際に事業者がとった措置(この例でいえば、増刷時の修正や本人に対する損害の賠償)が本人の権利利益を保護するための代替手段として不十分であると判断されれば、請求を拒むために必要な事実の立証がされていないものとして扱われる

こととなります。判断の対象は利用停止等の義務の存否であるため、裁判所が、具体的に事業者がどのような措置をとることが必要であるかを判断し、その措置をとるべきことを命じることはありません。

3　なお、事業者は、本人からの請求を受けて利用停止等を行ったとき又は利用停止等を行わない旨の決定をしたときには、本人に遅滞なくその旨を通知しなければならないこととされています（第30条第5項）。この通知は、利用停止等を請求する訴訟において同請求に係る権利義務の存否を判断するための要件となるものではなく、また法律効果として主文の内容になることもないと考えられます。

4　最後に、利用停止等を請求する訴訟を提起する場合の裁判所における手続については、他の民事訴訟事件と異なるところはありません。裁判管轄については、原則として被告の住所地に訴えを提起することとなります（民事訴訟法第4条）。

（注）　利用の停止と消去との関係については、利用停止の究極的な形態が消去であり、消去請求権は利用停止請求権を含む関係にあるといえます。したがって、消去を求めるためには、本人は、違反の是正のために単に利用を停止するだけでは足りないことを立証する必要があります。ただし、消去を請求する訴訟において、裁判所が利用停止で足りると判断した場合には一部認容判決として利用停止をすべき旨を命じられることが想定されます。

（参考）　原告となる本人及び被告となる事業者が主張立証すべき事由

利用停止又は消去を請求する本人が主張立証すべき事由
被告（事業者）が保有する当該本人が識別される保有個人データが以下のいずれかに該当すること ・第16条の規定に違反して取り扱われていること（特定された利用目的の範囲を超えて利用されていること）（第30条第1項） ・第17条の規定に違反して取得されたものであること（偽りその他不正の手段により取得されたこと）（同項）
利用停止又は消去の請求を拒む事業者が主張立証すべき事由
以下のいずれかに該当することを主張立証することで、全部又は一部の利用停止又は消去を拒むことができます。 ・違反の是正のためには、請求に係る保有個人データの一部の利用停止又は消去で足りること（同条第2項）

・　利用の停止又は消去に多額の費用を要する場合その他の利用停止等を行うことが困難であり、かつ、本人の権利利益を保護するため必要な代替措置をとったこと（同項）
※　裁判所において、事業者がとった措置が不十分であると判断された場合には、利用停止又は消去が命じられることとなります。

Q69 第三者提供の停止の請求について訴訟を提起する場合、原告及び被告はどのような事実について立証する必要がありますか。また、裁判所における手続はどのようなものになりますか。

A 1　第30条第3項に基づき第三者への提供の停止の請求について訴えを提起する場合、原告となる本人は、被告となる個人情報取扱事業者（以下「事業者」といいます。）が、その本人が識別される保有個人データを第23条第1項又は第24条の規定に違反して第三者に提供していることを主張立証することが必要です(注)。

　これに対し、被告となる事業者は、その第三者提供の停止に多額の費用を要する場合等、その第三者提供を停止することが困難であり、かつ、本人の権利利益を保護するために必要なこれに代わるべき措置をとったことを主張立証し、請求を拒むことができます。その具体的な内容については、利用停止等の請求と同様です（Q68参照）。

　2　なお、事業者は、本人からの請求を受けて第三者提供を停止したとき又は第三者提供を停止しない旨の決定をしたときには、本人に遅滞なくその旨を通知しなければならないこととされています（第30条第5項）。この通知は、第三者提供の停止を請求する訴訟において同請求に係る権利義務の存否を判断するための要件となるものではなく、また法律効果として主文の内容になることもないと考えられます。

　3　また、第三者提供の停止を請求する訴訟を提起する場合の裁判所における手続については、他の民事訴訟事件と異なるところはありません。裁判管轄については、原則として被告の住所地に訴えを提起することとなります（民事訴訟法第4条）。

　（注）　事業者が、あらかじめ本人の同意なく第三者に個人データを提供するために必要とされる届出や通知等を怠った場合や、本人からのオプトアウトの求めに応じなかった場合等、第23条第2項に定められた手続をとらずに個人データを提供した場合には、同条第1項に違反する事実があるものとして位置付けることができます。

(参考) 原告となる本人及び被告となる事業者が主張立証すべき事由

第三者提供の停止を請求する本人が主張立証すべき事由
被告（事業者）が保有する当該本人が識別される保有個人データが、第23条第1項又は第24条に違反して第三者に提供されていること（第30条第3項）
第三者提供の停止を拒む事業者が主張立証すべき事由
以下の事由に該当することを主張立証することで、全部又は一部の第三者提供の停止を拒むことができます。 ・　第三者への提供の停止に多額の費用を要する場合その他の第三者の提供を停止することが困難であり、かつ、本人の権利利益を保護するため必要な代替措置をとったこと（同条第4項） ※　裁判所において、事業者がとった措置が不十分であると判断された場合には、第三者提供の停止が命じられることとなります。

Q70 開示、訂正及び利用停止等について事業者に違反があった場合、個人情報保護委員会はどのような措置をとることとなりますか。

A 裁判外において、開示、訂正等、利用停止等又は第三者への提供の停止（以下「開示等」といいます。）の請求を受けた個人情報取扱事業者（以下「事業者」といいます。）が、本人に対して何らの対応もせず、又は法に定めるような請求を拒むことができる事由がないにもかかわらず請求を拒んでいる場合には、本人から請求を受けたときに一定の場合を除いて遅滞なく開示等をしなければならないとする第28条第2項、第29条第2項、第30条第2項又は同条第4項に規定された義務の違反があることとなります。

個人情報保護委員会は、本人からの苦情や認定個人情報保護団体からの情報の提供等を受けて、このような違反の事実を認識した場合には、事業者に対し、違反の是正のために必要な措置をとるよう勧告・命令を行うことができます（第42条）。また、その前提として、事業者に対して報告を求め、又は立入検査を行って事実関係について調査をすることや（第40条）、事業者に対する指導や助言（第41条）を行うことができます。

これらの同委員会の措置と本人による裁判上の請求という手段は両立するものであり、同委員会は、本人が訴えの提起をしているかどうかにかかわらず、これらの措置をとることができます。裁判上の請求では、一般に救済の範囲が訴訟を提起した当事者のみに限られてしまうため、例えば、事業者が多数の当事者に対し、一切開示等に応じていないような場合や、事業者が定めている開示等を受け付ける方法（第32条第1項）が不適切であるために開示等が円滑に行われないような場合には、同委員会が事業者に対して指導や勧告等の措置をとった方が、訴訟による個別救済よりも適切な場合があると考えられます。

第17節　個人情報保護委員会の設置及び組織並びに権限及び権限の委任（第40条 – 第46条、第59条 – 第74条、第79条関係）

Q71 今回の改正で、本法の所管や監督の体制はどのように変わりますか。

A 　1　改正前の本法においては、消費者庁が本法を所管する一方、各主務大臣（各省庁）がその所管する事業分野の個人情報取扱事業者に対して本法に基づく監督を行っていました。

　2　今回の改正では、この主務大臣制を廃止し、新設される個人情報保護委員会(注)が本法を所管するとともに、改正前の本法の下で主務大臣が有していた権限を同委員会に集約し、さらに指導や立入検査の権限を追加することにより、同委員会が一元的に個人情報取扱事業者の監督を行う体制に改めることとしました（Q83参照）。また、今回の改正で匿名加工情報に関する制度が導入されるところ、匿名加工情報取扱事業者（匿名加工情報データベース等を事業の用に供している者）の監督も同委員会が一元的に行うこととしました。

　3　ただし、各省庁の所管する事業分野に関する専門的知見や、所管する事業分野の事業者を監督するための体制を有効に活用するため、個人情報取扱事業者や匿名加工情報取扱事業者に対する報告徴収及び立入検査の権限については、同委員会が事業所管大臣（各省庁）に委任することができることとしています。また、事業所管大臣（各省庁）は、所管する事業分野の個人情報取扱事業者等に本法の規定に違反する行為がある場合等には、同委員会に対し、適当な措置をとるべきことを求めることができることとしています。

（注）番号利用法に基づき既に設置されている特定個人情報保護委員会を改組して、個人情報保護委員会を設置することとしています。

Q72 個人情報保護委員会を設置し、監督権限をこれに一元化したのは、どのような理由によるものですか。

A 1 改正前の本法においては、消費者庁が本法を所管する一方、本法に基づく個人情報取扱事業者の監督については各主務大臣（各省庁）がその所管する事業分野の事業者に対して本法に基づく監督を行っていました。

2 このような体制においては、1つの個人情報取扱事業者に対して複数の主務大臣による重畳的な監督が行われることや、主務大臣が明確に定まっていない分野では迅速な対応をとることが難しい等の問題がありました。

3 また、EUをはじめとする諸外国では、プライバシーや個人情報の保護を一元的に担当する独立した監督機関を設置している例が多く、日本においても組織面での国際的な整合性をとる必要がありました。

4 以上の理由から、個人情報の保護に関する独立した監督機関として個人情報保護委員会を設置し、本法に基づく監督権限をこれに一元化することとしたものです。

第2章 各論　第17節　個人情報保護委員会の設置及び組織並びに権限及び権限の委任
（第40条-第46条、第59条-第74条、第79条関係）

Q73 個人情報保護委員会を高い独立性を有する三条委員会としたのは、どのような理由によるものですか。

A　1　今回の改正において、個人情報の保護に関する独立した監督機関として個人情報保護委員会を設置し、本法に基づく監督権限をこれに一元化することとしているところ、同委員会は高い独立性を有するいわゆる三条委員会[注]として設置されます（Q85参照）。

2　これは、

① 同委員会は、事業分野を問わず全ての個人情報取扱事業者等について監督を行うこととなることから、偏りのない監督を確保するために、高い独立性と政治的中立性を有する機関とする必要があったことや、

② EUをはじめとする諸外国では、プライバシーや個人情報の保護を担当する独立した監督機関を設置している例が多く、組織面での国際的な整合性をとるために、他の行政機関から独立した機関とする必要があったこと

によるものです。

（注）　いわゆる三条委員会とは
　　　国家行政組織法（昭和23年法律第120号）第3条第2項又は内閣府設置法（平成11年法律第89号）第49条第3項の規定に基づき、府省の外局として設置される委員会組織を指します（国家行政組織法の根拠条文の条番号をとって、三条委員会と通称されています）。

Q74 個人情報保護委員会はいつ設置され、主務大臣の権限はいつ個人情報保護委員会に一元化されますか。

A 1　個人情報保護委員会は2016年1月1日に設置することとしています（改正法附則第1条第2号）。主務大臣の勧告・命令等の本法に基づく監督権限を同委員会に一元化することについては、改正法の全面施行日（公布から2年以内の政令で定める日）に行うこととしています（Q106参照）。

2　2016年1月1日に本法の所管は消費者庁から同委員会に移るため、それ以降、本法に関する一般的な法解釈は同委員会が示すこととなります。一方、権限が一元化されるのは、前述のとおり改正法の全面施行がなされた時になるため、2016年1月1日から改正法の全面施行日までの間は、勧告・命令等の本法に基づく監督権限は引き続き主務大臣（各省庁）に属することとなります。

Q75 個人情報保護委員会は、個人情報の保護のみに取り組む組織ですか。

A 今回の改正により、個人情報保護委員会の任務について、本法の目的と同様に、「個人情報の有用性に配慮しつつ、個人の権利利益を保護する」（一段階目の改正後の第51条・二段階目の改正後の第60条）とされており、同委員会は、個人情報の保護と利活用をバランスよく推進することが求められます。これは、個人情報の適切な保護を図った上で、個人の権利利益を侵害しない範囲内での個人情報の事業活動への利活用を積極的に推進するという意味であり、同委員会は、個人情報の保護のみに取り組む組織ではありません。例えば、同委員会の所掌事務の1つに「個人情報の保護及び適切かつ効果的な活用についての広報及び啓発」が定められており、同委員会は、個人情報を保護する側面が強調され過ぎて有益な利活用が行われない、いわゆる「過剰反応」が起こらないよう、本法の内容について積極的な広報・啓発を行うものと想定されます。

Q76 個人情報保護委員会の所掌事務や権限はどのようなものですか。

A 1 個人情報保護委員会は、その任務を達成するため、
① 個人情報の保護に関する基本方針の策定及び推進
② 個人情報及び匿名加工情報の取扱いに関する監督及び苦情の申出についての必要なあっせん及びその処理を行う事業者への協力に関すること
③ 認定個人情報保護団体に関する事務
④ 個人情報の保護及び適正かつ効果的な活用についての広報及び啓発
⑤ 国際協力

等の事務をつかさどることとしています（一段階目の改正後の第52条・二段階目の改正後の第61条）。

2 また、権限としては、現行法の下で主務大臣（各省庁）が有していた権限に指導や立入検査の権限が加わり、同委員会に一元的に付与されることとなりますが、具体的には、
① 個人情報取扱事業者等に対する報告徴収、立入検査（第40条）、指導、助言（第41条）、勧告及び命令（第42条）
② 認定個人情報保護団体に対する認定（第47条）、報告徴収（第56条）、命令（第57条）及び認定取消し（第58条）
③ 外国執行当局への情報提供（第78条）
④ 規則の制定（第74条）

等の権限を有することとなります。

3 さらに、これらに加え、番号利用法に基づく事務及び監督権限を引き続き有することとなります。

Q77 国民からの苦情や相談の受付は、どのような体制で行われますか。

A 1 本法では、国民からの苦情や相談に関して、個人情報取扱事業者自身の取組によって苦情を解決することを基本としつつ（第35条）、認定個人情報保護団体、地方公共団体（消費生活センター）^(注1)において、国民からの個人情報の取扱いに関する苦情や相談を受け付け、苦情のあっせん^(注2)を行うという複層的な仕組みをとっています。今回の改正によっても、このような基本的な仕組みに変わりはありませんが、今回の改正において、匿名加工情報とその取扱いに関する新たな規律を新設することに伴って、匿名加工情報を取り扱う事業者については、匿名加工情報の取扱いに関する苦情の処理を行うよう努めることとしています（第36条第6項・第39条）。

また、今回の改正では、個人情報の保護に関する独立した監督機関として個人情報保護委員会を設置し、その所掌事務として「苦情の申出についての必要なあっせん」を行うこととしています（第61条第2号）。これにより、国民から同委員会に苦情や相談が寄せられた場合に、同委員会がそのあっせんを行うとともに、あっせん先の事業者に対し、問題となった事案に関するその後の処理経過について報告を求めたり、その事業者が本法の義務規定に違反していることが明らかになった場合には指導・助言や勧告を行ったりする等、必要に応じた監督を行うことが考えられます。

2 このような国民からの苦情や相談を受け付け、迅速かつ適切に対応する体制を確固たるものとするためには、個人情報の取扱いに関する専門的知見を有する個人情報保護委員会が、個人情報取扱事業者や認定個人情報保護団体等と密接な連携を図っていくことが重要です。

このため、個人情報保護委員会は、上記あっせんを行うほかに、その所掌事務として「苦情の……処理を行う事業者への協力に関すること」を行うこととしています（第61条第2号）。これにより、例えば、個人情報取扱事業者に対し、本法の解釈等の必要な情報の提供を行ったり、解決が困難な個別の事案について相談に応じたりすることが考えられます。

(注1)　独立行政法人国民生活センターにおいても、消費生活相談の一環として個人情報に関する苦情や相談を受け付けそのあっせんを行うとともに、消費生活センターとの連携を図る観点から、同センターに対する相談業務の支援等を行っています。
(注2)　「あっせん」とは
　　　　苦情を申し立てた消費者等と事業者との間の交渉が円滑に行われるよう仲介することです。

第2章 各論　第17節　個人情報保護委員会の設置及び組織並びに権限及び権限の委任
（第40条‐第46条、第59条‐第74条、第79条関係）

Q78 個人情報保護委員会は、報道機関等に対しても監督権限を有しますか。

A 　報道機関等が報道等の目的^(注)で個人情報又は匿名加工情報を取り扱っている場合、本法の義務規定は適用されない（第76条）ため、当然個人情報保護委員会の監督権限は及びません。また、個人情報取扱事業者や匿名加工情報取扱事業者が報道機関等に対して個人情報又は匿名加工情報を提供する行為についても、同委員会は監督権限を行使しないものとされています（第43条第2項）。これらの点は、改正前後で異なるところはありません。

（注）　第76条により、下記の表の左欄に掲げる者が右欄に掲げる目的で個人情報又は匿名加工情報を取り扱う場合は適用除外とされています。この点も、改正前後で異なるところはありません。

取り扱う者	目的
放送機関、新聞社、通信社その他の報道機関（報道を業として行う個人を含む。）	報道の用に供する目的
著述を業として行う者	著述の用に供する目的
大学その他の学術研究を目的とする機関若しくは団体又はそれらに属する者	学術研究の用に供する目的
宗教団体	宗教活動（これに付随する活動を含む。）の用に供する目的
政治団体	政治活動（これに付随する活動を含む。）の用に供する目的

Q79 個人情報保護委員会は、行政機関や独立行政法人、地方公共団体等に対しても監督権限を有しますか。

A 個人情報保護委員会は、本法に基づき、個人情報を取り扱う民間の事業者に対して監督を行う機関であり、その保有する個人情報の取扱いが別の法律(注1)で規制されている行政機関・独立行政法人等や、条例で規制されている地方公共団体に対しては監督権限を有しません(注2)。

(注1) 行政機関個人情報保護法及び独立行政法人等個人情報保護法
(注2) 行政機関、独立行政法人等及び地方公共団体が保有する特定個人情報(個人番号(マイナンバー)をその内容に含む個人情報)の取扱いについては、番号利用法に基づき個人情報保護委員会が監視することとされています。

Q80 今まで主務大臣に認められていなかった立入検査権限を個人情報保護委員会に付与したのは、どのような理由によるものですか。

A 情報通信技術の進展により、個人情報が利用される場面が増え、これにより個人情報の漏えい等が発生する危険性が2003年の本法制定時に比べて高まっていることに加え、漏えいした個人情報が転々流通し、個人の権利利益の侵害が速いスピードで拡大するようになっています。改正前の本法では、主務大臣には報告徴収の権限しか付与されていなかったところ、このような場合に、個人情報取扱事業者に報告を求めてその提出を待つことなく、即座に必要な調査を行うことが有用であると考えられること等から、実効性ある監督を確保すべく、より強力な調査権限である立入検査権限を個人情報保護委員会に与えることとしたものです。

同委員会は、本法の「施行に必要な限度において」立入検査を行うことができるとされています（第40条第1項）。具体的には、個人情報取扱事業者や匿名加工情報取扱事業者からの任意での聞き取り調査や報告徴収のみでは正確な事実関係の把握や必要な資料の収集が困難な場合や、報告を求めてその提出を待つことなく、即座に必要な調査を行うことが有用な場合に、立入検査を行うことが想定されます。

立入検査の具体的な内容としては、同委員会の職員が個人情報取扱事業者等の事務所等に立ち入り、個人情報又は匿名加工情報の取扱いに関して質問することや、帳簿書類等を検査することが認められています（同項）。

Q81 事業所管大臣への委任規定を設けたのは、どのような理由によるものですか。

A 1 今回の改正においては、各主務大臣（各省庁）が有していた本法に基づく監督権限を個人情報保護委員会に一元化することとしていますが、他方、個人情報取扱事業者や匿名加工情報取扱事業者に対する報告徴収及び立入検査の権限については、事業所管大臣（各省庁）^(注)に委任することができることとしています（第44条）。

2 これは、報告徴収や立入検査を行うに当たり、各省庁が所管する各事業分野に関する専門的知見や、所管する事業分野の事業者を監督するために有している体制を有効に活用することは、本法の執行をより実効的なものとし、個人情報の適正な取扱いを確保するためにも有益と考えられるため、設けることとしたものです。

3 なお、同委員会が事業所管大臣に対し個人情報取扱事業者等に対する報告徴収及び立入検査の権限を委任した場合には、事業所管大臣が専らこれらの権限を行使することとなるため、同委員会と事業所管大臣とが重畳的にこれらの権限を行使することはありません。

（注）「事業所管大臣」とは
　　　原則として個人情報取扱事業者等が行う事業を所管する大臣又は国家公安委員会です（第46条）。

Q82 勧告や命令権限は委任の対象とされず、報告徴収と立入検査権限だけが委任の対象とされたのは、どのような理由によるものですか。

A 1 今回の改正においては、個人情報保護委員会は、個人情報取扱事業者や匿名加工情報取扱事業者に対する報告徴収及び立入検査の権限のみについて事業所管大臣（各省庁）に委任することができることとしており、勧告や命令等の権限については委任の対象としていません。

2 これは、本法の執行に必要な調査である報告徴収や立入検査を行うに当たっては、各省庁が所管する各事業分野に関する専門的知見や体制を有効活用することが有益である一方、勧告や命令等を行うに当たっては、必要となる法の解釈や個別事案への適用に関する判断を全て同委員会の意思決定に係らしめることが、監督権限を一元化する今回の改正の趣旨に沿うためです。

Q83 事業所管大臣からの個人情報保護委員会に対する措置請求の規定を設けたのは、どのような理由によるものですか。

A 1 今回の改正において、事業所管大臣（各省庁）は、所管の事業分野の個人情報取扱事業者や匿名加工情報取扱事業者に本法の規定に違反する行為がある場合等には、個人情報保護委員会に対し、適当な措置をとるべきことを求めることができることとしています（第45条）。

2 これは、事業所管大臣が所管の他の法律に基づき監督を行う中で、当該法律違反とあわせて個人情報の取扱いに関して本法違反の事実を発見することが想定されるところ、

① このような場合に、本法に基づく権限がないからといって、事業所管大臣が何もせずに当該事実を看過することは現実的でなく、また、

② 事業所管大臣がこれについて所管の事業分野に関する専門的知見を踏まえた判断から措置請求を行うことは、当該事業分野の実情を踏まえた判断であることが想定されることから、同委員会による監督にとっても有意義と考えられる

ため、設けることとしたものです。

3 なお、同委員会がこのような措置請求を受けた場合であっても、措置をとるか否か、措置をとるならどのようなものとするか等については同委員会の裁量に委ねられるものであるため、必ず措置請求に従わなければならないものではありません。しかし、措置請求は、事業所管大臣がその所管する事業分野に関する専門的知見を踏まえて行うものであることに鑑み、同委員会は、これを十分に検討し、措置すべきかどうかを判断することが求められるものと考えられます。

第 2 章　各論　　第 17 節　個人情報保護委員会の設置及び組織並びに権限及び権限の委任
（第 40 条 – 第 46 条、第 59 条 – 第 74 条、第 79 条関係）

Q84　事業所管大臣はどのようにして定まるのですか。

A　事業所管大臣とは、原則として個人情報取扱事業者や匿名加工情報取扱事業者が行う事業を所管する大臣又は国家公安委員会のことをいいます（第46条）。例えば、電気通信事業については総務大臣が、建設業については国土交通大臣が、それぞれ事業所管大臣となりますが、具体的な事業分野についてどの大臣が事業所管大臣となるかは、各省庁の設置法や各事業を規制する法律の規定、改正前の本法における主務大臣の整理等を踏まえて定まることとなります。

Q85 個人情報保護委員会は独立した第三者機関とのことですが、その独立性はどのようになっていますか。

A 1 個人情報保護委員会は、高い独立性を有するいわゆる三条委員会として内閣府に置かれるものです（Q73参照）。

2 具体的には、委員長及び委員の職権行使の独立性が明確に規定される（一段階目の改正後の第53条・二段階目の改正後の第62条）とともに、法定の要件に該当しない限り、在任中、その意に反して罷免されることがないとの身分保障を受ける（一段階目の改正後の第56条・二段階目の改正後の第65条）ことにより、その職務における独立性が担保されることとなります。

第2章 各論　第17節　個人情報保護委員会の設置及び組織並びに権限及び権限の委任
（第40条－第46条、第59条－第74条、第79条関係）

Q86 個人情報保護委員会の委員には、どのような方がどのような手続で選ばれるのですか。

A 1　今回の改正においては、既存の特定個人情報保護委員会を改組して個人情報保護委員会を設置することとしています。同委員会については、特定個人情報保護委員会（委員長及び委員6名の合計7名）から委員を2名増員し、合計9名体制としており、委員長及び委員には、
① 個人情報の保護及び適正かつ効果的な活用に関する学識経験のある者
② 消費者の保護に関して十分な知識と経験を有する者
③ 情報処理技術に関する学識経験のある者
④ 特定個人情報が利用される行政分野に関する学識経験のある者
⑤ 民間企業の実務に関して十分な知識と経験を有する者
⑥ 連合組織の推薦する者

が含まれることとしています（一段階目の改正後の第54条第4項・二段階目の改正後の第63条第4項）。

2　また、委員長及び委員は、いわゆる国会同意人事の対象とされており、両議院の同意を得た上で、内閣総理大臣が任命することとしています（一段階目の改正後の第54条第3項・二段階目の改正後の第63条第3項）。

Q87 専門委員を設置したのはどのような理由によるものですか。

A 1 今回の改正では、個人情報保護委員会に、委員長及び委員のほかに専門委員を置くことができることとしています。専門委員とは、専門の事項に関する調査を行う必要がある場合に臨時に任命される非常勤の職員であり、同委員会の意思決定には参加できませんが、同委員会の委員長及び委員の職務を助ける者です。

2 このような専門委員を設けたのは、
① 同委員会が所掌事務を着実に遂行するためには、委員長及び委員の有する知見に加え、各事業分野に特有の事情や匿名加工情報を作成するための技術等に関する専門的知見が必要となることや、
② 全ての事務を少数の委員で対応することは委員にとって負担が大きくなり、迅速な事務の遂行が困難になる一方、委員の人数をいたずらに増やすと迅速な意思決定が困難になると考えられること
によるものです。

Q88 個人情報保護委員会の事務局はどのような体制になるのですか。

A 1 個人情報保護委員会の事務局については、公務員のほか、民間における実務や消費者保護に精通する者等の多様な人材の登用を通じ、個人情報の保護と利活用のバランスのとれた体制となることが期待されます。

2 また、その人的体制については、改正法附則第12条第2項に基づき、改正法の施行後3年を目途として、必要な人的体制の整備、財源の確保等の状況を勘案し、その改善について検討を行い、所要の措置を講ずることとしており、検討に当たっては、欧米先進国の個人情報保護を担当する監督機関の体制も参考にしつつ、その人的体制の強化に努めることとしています。

Q89 「国会に対する報告」ではどのような事項を報告するのですか。

A 1　今回の改正において、個人情報保護委員会は、委員長及び委員がいわゆる国会同意人事の対象とされている等、国会を通じたコントロールを受けることとなっていることから、毎年、国会に対してその所掌事務の処理状況を報告することとしています（一段階目の改正後の第70条・二段階目の改正後の第79条）。

　2　その内容としては、個人情報取扱事業者や匿名加工情報取扱事業者に対する権限行使の実績をはじめ、同委員会の所掌事務全般に関する業務の処理状況が盛り込まれることを想定しています。

第18節　認定個人情報保護団体（第47条－第58条関係）

Q90　今回の改正で、認定個人情報保護団体に関する制度はどのように変わりますか。

A　1　認定個人情報保護団体(注1)に関する制度は、政府が個人情報の適正な取扱いの確保を目的として民間団体による自主的な取組を支援する制度です。

2　今回の改正では、以下の点について変更しています。

① これまで認定や認定取消し等の権限は主務大臣（各省庁）に与えられていたところ、個人情報保護委員会の設置に伴い、これを同委員会に集約することとしています（第47条・第56条から第58条まで）。

② 認定個人情報保護団体が、個人情報に加えて匿名加工情報の取扱いに関する業務を行うことができることとしています（第47条・第53条第1項参照、Q92参照）。

③ 認定個人情報保護団体が個人情報保護指針を策定するに当たっては、消費者の意見を代表する者の意見を聴くよう努めなければならないこととするとともに、当該指針を策定した場合には、同委員会へ届け出なければならないこととし、同委員会が当該指針を公表することとしています（同項から第3項まで、Q93参照）。

④ 認定個人情報保護団体がその対象事業者(注2)に対し個人情報保護指針を遵守させるために指導、勧告等の必要な措置をとることについて、改正前の本法では努力義務とされていた点を義務としています（同条第4項）。

(注1)　「認定個人情報保護団体」とは

業界等の民間による個人情報の保護の推進を図るために、自主的な取組を行うことを目的として、改正前の第37条に基づき主務大臣の認定を受けた民間団体です。改正法の施行後は、個人情報保護委員会が認定することとなります（第47条）。

(注2)　「対象事業者」とは
　　　認定個人情報保護団体が行う業務の対象となる個人情報取扱事業者や匿名加工情報取扱事業者のことをいいます（第47条第1項第1号）。認定個人情報保護団体は、当該団体の構成員である個人情報取扱事業者等や、その業務の対象となることについて同意した個人情報取扱事業者等を、その対象事業者とすることとされています（第51条第1項）。

Q91 既存の認定個人情報保護団体は、改正後に認定を再度受ける必要がありますか。

A 改正前の本法の下で主務大臣（各省庁）が行った認定は、改正法附則第4条の規定により今回の改正後も引き続き有効となることから、既存の認定個人情報保護団体は、その業務に変更がないのであれば、今回の改正後に認定を再度受ける必要はありません。

ただし、改正法の施行後に、既存の認定個人情報保護団体が匿名加工情報に関する業務を行う場合、当該業務については、その実施の方法や、これを行う知識・能力といった、認定の適否を判断するための基準として掲げられている事項（第49条各号）の審査を経ていないため、当該団体は、業務変更の申請を個人情報保護委員会に提出し、同委員会において、変更後の業務について認定を維持することが適切かどうかを判断されることとなります。なお、業務変更の申請方法等の詳細については、政令で定めることとしています。

Q92 既存の認定個人情報保護団体は、必ず匿名加工情報についても業務を行わなければなりませんか。

A 認定個人情報保護団体は、必ず個人情報及び匿名加工情報の両方に関する業務を行わなければならないわけではなく、個人情報又は匿名加工情報のいずれかに関する業務のみを行うことも可能[注]です。例えば個人情報に関する業務のみを行う場合であっても、当該業務の実施方法やその知識・能力等が第49条に規定する基準に適合していれば、当該業務について認定を受けることができます。このように、認定個人情報保護団体は、取り扱う業務が個人情報に関するもののみであっても、認定を受けることが可能であり、必ず匿名加工情報についても業務を行わなければならないものではありません。

(注) 第47条にある「個人情報等」は、第40条において「個人情報又は匿名加工情報」を指すものとされています。

Q93 個人情報保護指針とは何ですか。今回の改正で、消費者の意見を代表する者等からの意見の聴取や個人情報保護委員会への届出制を導入するとともに、認定個人情報保護団体が対象事業者に対して同指針を遵守させるため指導、勧告等を行うことを義務化したのは、どのような理由によるものですか。

A 1 個人情報保護指針(以下「指針」といいます。)とは、認定個人情報保護団体が、その対象事業者の個人情報の適正な取扱いのために、利用目的の特定や安全管理のための措置等、本法に定められた各種の義務に関して、業界の特性に応じた具体的な履行方法等を本法の規定の趣旨に沿って定める自主的なルールのことです(改正前の第43条)。

2 本法は、業界や営利性の有無等を問わずに、個人情報を取り扱う全ての民間事業者を個人情報取扱事業者(以下「事業者」といいます。)と定義してその適用対象としている性質上、対象となる全ての事業者に汎用的な規律のみを定めています。そのため、その取り扱う個人情報の性質、利用方法、取扱いの実態等を異にする事業者が、それぞれの特性に応じた個人情報の適切な取扱いを確保するためには、民間においてそれぞれの実態に即したきめ細かいルールを自主的に定めて遵守していくことが望ましいといえます。また、情報通信技術の進展や新しい事業の創出等に伴い、個人情報の取扱いをめぐる環境は常に変化しているため、個人情報保護委員会が法律上の義務の具体的な履行方法等その運用の在り方を全て一律に定めるよりも、民間の自主的なルールに委ねた方が、その変化に迅速かつ柔軟に対応できる面があるものと考えられます。

特に、今回の改正で新設する匿名加工情報は、加工の対象となる個人情報の種類や項目等に応じて、その加工方法等についてきめ細かいルールがあることが望ましいといえ、民間の自主的なルールである指針が担う役割は、さらに重要性を増すことが想定されています[注1]。

3 今回の改正においては、このような指針が担う役割を尊重し、その制度の充実化を図るべく、以下の理由により制度の内容を変更しています。

具体的には、

① 認定個人情報保護団体が指針を定める際に、消費者の意見を代表する

者や関係者^(注2)の意見を聴くよう努めることとしたのは、事業者のみならず様々な立場の意見が集約されることによって、指針の内容が公平で適正なものとなるようにするためです^(注3)。

② 認定個人情報保護団体が指針を定めたとき、遅滞なく個人情報保護委員会に届け出ることとし、届出を受けた同委員会がそれを公表することとしたのは、国民にとってどの事業者がどのような指針の下で個人情報等を取り扱っているのかを分かりやすくするとともに、同委員会において指針の内容や運用状況を把握しやすくし、認定個人情報保護団体をより効果的に監督できるようにするためです。

③ 認定個人情報保護団体がその対象事業者に対し指針を遵守させるために指導、勧告等の必要な措置をとることについて、改正前には努力義務とされていた点を改め、義務とすることとしたのは、指針が公表されることに伴い、その実効性の確保をより強化する観点によるものです。

(注1) 本法では、指針で定める内容の具体例として、利用目的の特定や安全管理のための措置等を明記しているところ、今回の改正では、その具体例に新たに「匿名加工情報に係る作成の方法、その情報の安全管理のための措置」を明記しました。
(注2) 「その他の関係者」としては、学者や弁護士、特定の分野に精通した実務家や専門家等の有識者が想定されます。
(注3) これは、国、事業者、消費者、有識者等の関係者が参画するオープンなプロセスでルール策定等を行う「マルチステークホルダープロセス」の考え方を導入したものです。

Q94 改正法の施行前に既に作成していた個人情報保護指針も、消費者の意見を代表する者等から意見を聴取したり、個人情報保護委員会に届け出たりする必要はありますか。

A 今回の改正で導入される、個人情報保護指針（以下「指針」といいます。）を作成する際に消費者の意見を代表する者等から意見を聴取するよう努めることや、作成した指針を個人情報保護委員会に届け出ることは、改正法の施行後に作成される指針のみが対象となります。したがって、改正法の施行前に作成された指針について、改めて消費者を代表する者等から意見を聴取したり、同委員会に届け出たりする義務はなく、その指針がなお本法の規定の趣旨に沿ったものである限り（第53条第1項）、改正法の施行後も有効です(注)。

もっとも、今回の改正を踏まえて既に作成されている指針の内容を見直す際には、消費者を代表する者等から意見を聴取するよう努め、見直された新たな指針を届け出なければならないこととなります。

（注）指針は、本法の規定の趣旨に沿ったものであることが求められており、この点は、改正前後で異なるところはありません（第53条第1項・改正前の第43条第1項）。したがって、指針が個人情報や匿名加工情報の適正な取扱いの確保を目的として定められているとはいえない場合、内容において事業者の利益に偏りのあるものとなっている場合、指針の内容が本法の定める個人情報保護の水準に達していない場合等、本法の規定の趣旨に沿ったものでない場合には、個人情報保護委員会が、認定個人情報保護団体に対し、指針の変更を命ずることができることとしています（第57条・改正前の第47条）。

Q95 消費者の意見を代表する者等からの意見を聴く場は、各認定個人情報保護団体が設定するのですか。その際、個人情報保護委員会の援助を受けることはできますか。

A 消費者の意見を代表する者等からの意見の聴取については、認定個人情報保護団体が、自らそのための機会を設け、認定個人情報保護団体を構成する事業者や消費者の意見を代表する者、有識者等を一同に交えて個人情報保護指針（以下「指針」といいます。）の内容に関する意見交換を行ったり、これらの者から個別に指針の内容に関する意見を聴取したりすること等を想定しています。

　その際に、個人情報保護委員会が、消費者の意見を代表する者等と特定の認定個人情報保護団体との間の連絡調整をするといった援助を行うことまでは予定していません。しかし、この意見聴取が効果的に行われるためには、消費者の意見を代表する者や有識者の方々の協力が不可欠であり、これらの方々に過度な負担とならないようにしつつ、円滑に協力が得られるよう環境を整備することが大切です。そこで、個人情報保護委員会が、実態を踏まえ、指針の内容や認定個人情報保護団体の規模等に応じた具体的かつ適切な意見聴取の方法等の情報を、ガイドライン等を通じて認定個人情報保護団体をはじめ広く一般に示すとともに、一人でも多くの国民に本制度の内容や効果について理解してもらえるよう、本制度の普及啓発を図っていくことを予定しています。

第 19 節　域外適用（第 75 条関係）

Q96 今回の改正により、外国にある事業者に対しても個人情報保護法を適用できるようにしたのは、どのような理由によるものですか。

A 　1　今回の改正では、本法の域外適用を認める第 75 条の規定を新設し、一定の場合には外国にある個人情報取扱事業者（以下「事業者」といいます。）に対しても本法を適用できるようにしています。具体的には、外国に活動の拠点を有する事業者(注)のうち、日本の居住者等国内にある者に対して物品やサービスの提供を行い、それに関連してその者を本人とする個人情報を取得した者は、その者が外国においてその個人情報を取り扱う場合にも、本法の義務を守らなければならないこととしています。

　2　改正前は、このような外国の事業者に対して本法を適用する根拠となる規定がなく、また、日本法は原則として日本の領土内での行為や事象に限って適用されるとする属地主義の考え方により、本法は、外国の事業者による個人情報の取扱いには適用されないものと考えられていました。

　しかし、企業活動や物流がグローバル化し、かつ、電子商取引等インターネットを利用した事業が急激に普及したこと等に伴い、外国に活動の拠点を有しつつ、日本向けにインターネット等で物品の販売やサービスの提供を行い、日本の居住者等から個人情報を取得する事業者が多くなりました。このような事業者に対して、本法の適用が及ばないとすれば、外国で日本の居住者等の個人情報が不当に取り扱われたとしても、それに対して特に日本として有効な対策をとることができず、個人情報の保護を図ることが困難です。また、日本においてサービスを利用する側の感覚としては、日本に向けたサービスを提供している以上、事業者の拠点がどこにあるかにかかわらず、日本法の適用を受けているものと期待するのが通常であるといえます。

　そこで、日本の居住者等の個人情報が外国においても適切に取り扱われるようにするために、域外適用に関する本条の規定を新設することとしたものです。

（注）　本条は、外国に拠点があることを明文の要件とするものではありませんが、外国において、日本にある者から取得した個人情報やその個人情報から作成した匿名加工情報を取り扱う場合に問題となるものであることから、基本的には、外国に活動の拠点がある事業者が対象となります。その中には、外国にのみ活動の拠点を有する事業者のほか、日本に支店や営業所等を有する事業者の外国における本店や、日本に本店を有する事業者の外国における支店、日本において個人情報を取得した事業者が外国に活動拠点を移転し、その後も引き続き個人情報を取り扱う場合を広く含むことを想定しています。

　このように、本条の適用がある事業者は、日本にある者から取得した個人情報を外国において取り扱っているといえるかどうかを基準とするものであり、個人情報を管理するサーバの所在地が国内にあるか外国にあるかを基準とするものではありません。

第2章 各論　第19節　域外適用（第75条関係）

Q97 域外適用の対象を国内にある者に対する物品又は役務の提供に関連してその者を本人とする個人情報を取得した場合に限っているのは、どのような理由によるものですか。

A　1　日本法は原則として日本の領域内での行為や事象に対して適用されるものであり、外国の領域内で活動する個人情報取扱事業者（以下「事業者」といいます。）に対しても日本法の適用を及ぼすためには、その外国の事業者と日本との間に特別の関連性があることや、日本法の適用を及ぼす合理的な必要性があることが必要となると考えられます。

2　これらの要件を満たす観点から、域外適用の対象を、国内にある者に対する物品又は役務の提供に関連してその者を本人とする個人情報を取得した場合に限定しています(注)。すなわち、外国の事業者がインターネット等を通じて国内にある者に対して物品やサービスの提供を行っている場合には、その事業活動の一部が日本においてされているものと評価することが可能であり、日本との間の特別の関連性を認めることができるため、外国の事業者に日本法の適用を及ぼす根拠となり得ます。また、外国の事業者が取得した個人情報の本人が日本の領域内にいる場合に、その本人の権利利益を保護する観点から、日本としてその外国の事業者に個人情報の適切な取扱いを求める必要性があるといえます。

3　このような考え方により、例えば、外国の宿泊施設が日本国内の旅行会社から、国内にいる旅行予定者の個人情報の提供を受ける場合等、外国の事業者が単に第三者提供を受けて日本の居住者等の個人情報を取得したに過ぎず、自らは日本に向けたサービスの提供等を行っていない場合には、その個人情報のその後の外国における取扱いについて本法の適用は及びません。このような場合、日本の旅行会社には本法が適用され、同旅行会社において、本人の同意を取得する等個人データを外国の第三者に提供する際の義務（第23条から第25条まで参照）を守らなければならないことから、提供先である外国の事業者に本法の適用が及ばなくても、その個人情報の保護は図られるものと考えられます（Q52、Q53参照）。

（注）「物品又は役務の提供」とは

「物品の提供」は有体物としての商品の販売や貸与等を、「役務の提供」は音楽や映像の販売、情報の提供等何らかのサービスの提供を意味します。

Q98 域外適用を受けた外国の事業者は、どのようなことを守らなければなりませんか。また、個人情報保護委員会は監督のためにどのような措置をとることとなりますか。

A 1 域外適用を認める第75条の規定により本法の適用を受けることとなる外国の個人情報取扱事業者（以下「事業者」といいます。）には、以下のとおり、個人情報を取得した後に守らなければならない義務規定全般と、個人情報保護員会による監督に関する規定のうち、報告徴収、立入検査及び命令に関するものを除いた規定が適用されることとなります（同条）。

2 まず、義務規定については、第75条では物品やサービスの提供に伴って国内にある者の個人情報を取得したことを要件としていることから、この要件との関係上、日本の事業者から個人データの第三者提供を受けた場合におけるその後の外国における取扱いについては、本法の適用がありません（Q97参照）。このため、外国の事業者は、第三者提供を受けることを前提とする規律である確認、記録の作成・保存義務（第26条）を履行する必要はないこととしています(注1)(注2)。

3 次に、日本の行政機関が、外国の事業者に対して、その外国の領土内で報告徴収・立入検査（第40条）や命令（第42条第2項・第3項）を行うことは、外国の主権との関係上困難であると考えられます。そのため、個人情報保護委員会は、外国の事業者に対して指導・助言（第41条）や勧告（第42条第1項）を行うことはできますが、報告徴収・立入検査や命令については行うことができないこととしています。もし、外国の事業者に本法の義務規定に違反する行為があると認められ、指導・助言又は勧告を行っても改善されない等、より強力な措置をとる必要がある場合には、同委員会が、本法に相当する外国の法令を執行する外国の当局に対してその外国の法律に基づく執行の協力を求めて（第78条）、実効性を確保することとしています（Q99参照）。

（注1） 第75条に掲げられている義務規定の中には、適正な取得に関する第17条や本人から直接個人情報を取得する場合の利用目的の明示に関する第18条第2項が

ありません。これは、国内にある者から個人情報を取得する行為については、その重要な部分が日本の領域内で行われているといえることから、第75条のような特段の規定がなくても、外国の事業者に対して第17条及び第18条第2項を適用することは可能であると考えられるためです。

(注2) この場合であっても、個人データの第三者提供を行う日本の事業者は、第三者提供に係る記録の作成・保存義務（第25条）を守らなければなりません。

第20節　外国執行当局への情報提供（第78条関係）

Q99　外国執行当局への情報提供の規定を設けたのは、どのような理由によるものですか。

A　1　企業活動のグローバル化に伴い、外国との個人情報のやり取りが増加していることを受け、外国に活動の拠点を有しつつ、日本国内向けにインターネット等で販売やサービスの提供を行い、日本の居住者から個人情報を取得する個人情報取扱事業者に対して個人情報の適切な取扱いを確保する必要があります。他方、日本の行政機関が外国の個人情報取扱事業者に対して直接命令等を行うことは、当該外国の主権との関係上困難であると考えられます（Q98参照）。そのため、外国の個人情報取扱事業者における不適切な個人情報の取扱いを是正する必要がある場合等に、個人情報保護委員会が、本法に相当する外国の法令を執行する外国の当局（以下「外国執行当局」といいます。）に対してその外国の法律に基づく執行を依頼することができるよう、同委員会が外国執行当局に対して必要な情報提供を行うための根拠規定を設けることとしたものです（第78条）。なお、同様の規定は、特定電子メールの送信の適正化等に関する法律（平成14年法律第26号）や犯罪による収益の移転防止に関する法律（平成19年法律第22号）等にも見られるものです。

2　OECD（Organisation for Economic Co-operation and Development：経済協力開発機構）やAPEC（Asia Pacific Economic Cooperation：アジア太平洋経済協力）において、各国の執行当局の間での執行協力の枠組みが設けられており、個人情報保護委員会が本規定を活用することで、これらの枠組みを通じて外国執行当局との緊密な協力体制が築かれることが期待されます。

Q100 個人情報保護委員会が外国執行当局に提供する情報とは、具体的にどのようなものですか。

A 1 個人情報保護委員会は、本法に相当する外国の法令を執行する外国の当局（以下「外国執行当局」といいます。）に対し、その職務の遂行に資する情報を提供することができます（第78条第1項）。

2 具体的には、例えば、日本にある者に対する物品又はサービスの提供をしている外国の個人情報取扱事業者が、その物品又はサービスの提供に関して日本の居住者から取得した個人情報を漏えいした場合に、同委員会が事案の詳細や、被害にあった日本の居住者の個人情報等を外国執行当局に提供すること等が考えられます。

第 21 節　個人情報データベース等不正提供罪（第 83 条関係）

Q101　個人情報データベース等不正提供罪を設けたのは、どのような理由によるものですか。

A　1　本罪は、個人情報取扱事業者やその従業者等が、その立場を悪用して、その業務に関して取り扱った個人情報データベース等を不正に持ち出し、第三者に提供して利益を得る行為について、本法違反として処罰することができるように新設したものです（第 83 条）。例えば、会社の顧客名簿を管理する立場にあった従業員が、金銭の取得を目的として、当該名簿のデータを持ち出し、他の企業に売却したときがこれに当たります。

2　改正前の本法においては、このような不正行為を行った個人に対して適用できる罰則の規定はなく、個人情報の不正な提供がされた事案については(注1)、不正競争防止法違反（営業秘密の不正開示等）や窃盗等の容疑により立件されてきました。今回の改正で、この個人情報データベース等不正提供罪を新たに設けることによって、不正に提供し、又は盗用された名簿が不正競争防止法上の「営業秘密」(注2)や刑法上の「財物」に該当しないような場合であっても、本法において処罰することができるようになりました。

（注1）　2014 年 7 月に、大手通信教育会社の委託先従業員により、同会社の管理するデータベースから約 2,895 万件の個人情報が不正に持ち出され、いわゆる名簿業者に販売されていたことが発覚しました。この事案においては、不正競争防止法違反の容疑により立件されましたが、この事案をきっかけとして、個人情報をいわゆる名簿業者に不正に売却する行為が問題視されるようになりました。

（注2）　個人情報の不正な提供行為について不正競争防止法違反を問うためには、提供に係る個人情報が同法上の「営業秘密」に当たることや、営業秘密の管理に係る任務に背いて営業秘密の記録媒体を横領する等の一定の行為によりその営業秘密を侵害していることが必要となります。また、同法上の「営業秘密」に当たるためには、秘密として管理されていること（情報にアクセスできる従業員等が、その情報が事業者にとっての秘密情報であると認識できる程度に管理されていること）、事業活動に有用な情報であること及び非公知な情報であることの 3 つの要

件を満たすことが必要です。したがって、例えば、会社内で誰でもアクセスし得る状態で個人情報が管理されており、社内規程等においても何ら会社の秘密情報の定義が置かれていない場合等、従業員等がその個人情報を事業者にとっての秘密情報であると認識できる程度の管理措置がなされているとはいえない場合には、秘密管理性が認められず、当該個人情報は同法上の「営業秘密」には該当しません。したがって、このような「営業秘密」には当たらない個人情報を不正に提供する行為は、不正競争防止法違反を問うことはできないこととなります。

152　第2章　各論　第21節　個人情報データベース等不正提供罪（第83条関係）

Q102　どのような者が本罪の対象になりますか。

A　1　本罪は、個人情報取扱事業者（以下「事業者」といいます。）やその従業者等が、その業務に関して取り扱った個人情報データベース等を自己又は第三者の不正な利益を得る目的で提供し、又は盗用した場合に適用されます（第83条）。

2　本罪の対象となる主体については、規定上「個人情報取扱事業者（その者が法人（法人でない団体で代表者又は管理人の定めのあるものを含む。（略））である場合にあっては、その役員、代表者又は管理人）若しくはその従業者又はこれらであった者」としていますが、これにより、①自然人である事業者(注1)、②事業者が法人又は団体である場合の役員、代表者又は管理人、③事業者の従業者(注2)、④過去に①～③であった者が該当することになります。

3　なお、本法では、報道機関や政治団体等のように法に定める一定の要件を満たした機関や団体は、報道の用に供する目的や政治活動の用に供する目的等の一定の目的で個人情報を取り扱う場合について、個人情報の取扱いに関する義務及び個人情報保護委員会による監督に関する規定が適用されないこととしています（第43条・第76条。Q78参照）。この規定は、あくまで第4章に規定される事業者に対する義務やその監督に関する規定を適用しないこととするものであり、本罪に係る罰則規定（第83条）の適用まで除外するものではありません(注3)。

（注1）　第83条は自然人のみに適用されます。法人や団体に対しては、法人や団体の代表者、従業者等が法人や団体の業務に関して違反した場合に、行為者を罰するほか法人や団体に対しても罰金刑を科すものとしている両罰規定（第87条）の適用により、刑罰が科されることとなります。

（注2）　第83条における「従業者」とは、事業者の組織内において、当該事業者の指揮命令系統に属し、当該事業者の業務に従事している者であれば足り、雇用関係にあることは要件としていません。これは、従業者に対する監督義務を定める第21条で用いている概念と同じものです。

（注3）　本罪に係る罰則規定の適用まで除外する必要があるかについては、そもそもこ

の報道機関等に対する適用除外の規定の趣旨は、憲法上保障された自由の下で行われると通常解釈されている活動を継続的に行う事業主体については、行政機関による関与や本人からの求め等によってその活動が妨げられることがないようにする点にあり、通常憲法により保障されているとはいえないような犯罪に当たる不正な行為についてまで、罰則規定の適用を除外することは必要ではないと考えられます。

Q103 法定刑を「1年以下の懲役又は50万円以下の罰金」としたのは、どのような理由によるものですか。

A 1 本罪の法定刑は、個人情報取扱事業者（以下「事業者」といいます。）が本法の義務に違反し、その是正のために発せられる命令に違反した場合に適用される罰則規定（第84条）や、他法令における同種の罰則規定との均衡を考慮したものです。

2 すなわち、本法は、事業者が義務に違反した場合に直接罰則を適用することとせず、その違反の是正のために個人情報保護委員会から出された命令に従わなかった場合にはじめて、間接罰として6か月以下の懲役又は30万円以下の罰金に処せられることとしています（同条）。本罪は、間接罰を基本とする本法の法体系の中に新たに直罰規定を設けるものであり、また、事業者のみならず、その内部に勤務する個人にも適用されるものです。そのため、事業者が命令に違反した行為に対して適用される本条との均衡を考慮する必要がありました。

3 また、本罪と同種の罰則規定が設けられている行政機関個人情報保護法及び独立行政法人等個人情報保護法においては、いずれもその法定刑が1年以下の懲役又は50万円以下の罰金とされています（行政機関個人情報保護法第54条、独立行政法人等個人情報保護法第51条）。

さらに、本罪は、氏名や住所等の既に公になっているような情報のみを不正に提供する場合も含む個人情報一般に関する不正提供罪であり、その不正な提供によって直ちに具体的な被害が発生するおそれが高いとはいえない点で、特殊な情報のみを対象とする番号利用法（個人番号）や割賦販売法（クレジットカード情報）等とは事情が異なるといえます。

これらの罰則規定との均衡も考慮し、法定刑を「1年以下の懲役又は50万円以下の罰金」としたものです。

第22節　名簿業者規制

Q104　不正な名簿の販売等を行う悪質な「いわゆる名簿業者」は、今回の改正で規制されますか。

A　1　個人情報の大量漏えい事案(注)の発生をきっかけとして、不正に持ち出された個人情報が、いわゆる名簿業者を介在して転々流通することに対する国民からの不安の声は大きくなっています。

2　そこで、今回の改正においては、以下の3点において、名簿業者に対しても一定の規制を及ぼすことができるようにしています。

① オプトアウト手続の厳格化として、本人に通知し又は容易に知り得る状態に置くべき事項として「本人の求めを受け付ける方法」を加え、これらの事項を個人情報保護委員会に届け出なければならないこととするとともに、同委員会がその内容を公表することとしています（Q47参照）。

名簿業者は、通常オプトアウト手続を利用して名簿を販売していると考えられることから、この改正により、同委員会が名簿業者を把握することができるようになり、また、消費者にとっても、同委員会が公表しているものを確認すれば、オプトアウト手続を利用している名簿業者の名称や第三者提供の停止を求める方法を知ることができるようになります（Q50参照）。なお、オプトアウト手続を利用しているのに届出を怠り、又は必要な事項について通知等をしなかった個人情報取扱事業者は、違法に第三者提供を行ったものとして同委員会から指導や勧告・命令等を受けることが考えられます（Q51参照）。

② 個人情報の提供に関するトレーサビリティを確保する観点から、個人情報取扱事業者は、個人データを第三者に提供し又は第三者から受領する場合において、確認や記録の作成・保存をしなければならないこととしています（Q57参照）。

これにより、名簿業者は、名簿を販売する場合には誰にいつどのような個人データを販売したのかを記録し保存することが必要になるため、販売され

ている名簿が不正に流出した個人情報に由来するものであることが後に分かった場合には、その記録を用いて同委員会が流通経路をたどることができるようになります。また、名簿業者は、名簿を買い取る場合には、記録の作成・保存のほかに、提供者による個人データの取得の経緯について確認することが必要となるため、この確認によって、名簿業者が、持ち込まれた名簿が不正に流出した個人情報であることを認識した場合には、その名簿を取得することが制限されることとなります（Q61参照）。

③ 個人情報取扱事業者又はその従業者等が個人情報データベース等を不正な利益を得る目的で提供・盗用した場合の罰則規定を新設することとしています（Q101参照）。

この罰則規定は、名簿業者に対する直接の規制となるものではありませんが、これにより、不正な利益を得る目的で名簿を提供する行為自体が制限されることになります。

（注） 2014年7月に、大手通信教育会社の委託先従業員により、同会社の管理するデータベースから約2,895万件の個人情報が不正に持ち出され、いわゆる名簿業者に販売されていたことが発覚しました。この事案においては、不正競争防止法違反の容疑により立件されましたが、この事案をきっかけとして、個人情報をいわゆる名簿業者に不正に売却する行為が問題視されるようになりました。

Q105 情報漏えいや悪質な「いわゆる名簿業者」により不正に流通した個人情報について、本人が消去を求めることはできますか。

A 1 本人が保有個人データについて消去を請求することができるのは、利用目的の制限に違反して取り扱われている場合（第16条違反）か、不正の手段により取得され、又は同意なく要配慮個人情報が取得された場合（第17条違反）であることが必要です（第30条第1項）。

2 情報漏えいや悪質ないわゆる名簿業者により個人情報が不正に流通した場合、流通した個人情報を取り扱っている個人情報取扱事業者（以下「事業者」といいます。）に上記の違反行為があれば、本人はその情報の消去を請求することができますが、事業者に何ら違反行為がない場合には請求することはできません。この点については、何ら違反行為がない場合にまで消去に応じなければならないこととすることは、事業者にとって負担が大きいこと等も踏まえて、今回の改正においても変更しませんでした。

3 なお、このように事業者に上記の違反行為がない場合であっても、個人情報保護委員会がその事業者に対して報告徴収や立入検査を行って（第40条）不正に流通した個人情報の流通経路を確認し、必要に応じて、その個人情報の取扱いについて指導や助言（第41条）を行うことできることとしており、これにより本人の権利利益の保護が期待されます（Q62参照）。また、事業者に上記の違反行為がある場合には、上記で説明した本人による消去請求や同委員会による報告徴収・立入検査、指導・助言に加え、同委員会が当該事業者に対し、その違反を是正するために必要な措置として個人情報の消去を含めた措置を勧告・命令することが考えられます（第42条）。

第23節　附則・経過措置（附則第1条－附則第12条関係）

> **Q106**　改正法の施行日はどのようになっていますか。

A　1　今回の改正では、個人情報保護委員会を設置するとともに、個人情報取扱事業者や匿名加工情報取扱事業者の義務及びそれに対する監督の規律について規定の修正・追加を行っており、施行日がそれぞれ異なります。

2　具体的には、

① 改正後の規律の中にはその詳細を規則で定めることとしているものもあるため、同委員会が全面施行に先行して規則を制定する必要があることから、まずは2016年1月1日に同委員会を設置し（改正法附則第1条第2号）、

② オプトアウト手続による個人データの第三者提供に係る経過措置（Q107参照）については、全面施行前に同委員会への届出等を行うことを可能とすることで、継続的に第三者提供を行っている個人情報取扱事業者の活動に支障を来さないようにする必要があることから、全面施行より前に、改正法の公布から1年6か月以内の政令で定める日に当該経過措置に関する改正法附則第2条を施行し（改正法附則第1条第4号）、

③ 改正後の規律の詳細が規則で定められた後、事業者における円滑な施行準備のために、十分な周知期間を設けることが必要であることから、改正法の公布から2年以内の政令で定める日に、その他の義務や監督に関する規定を全面的に施行する

こととしています。

Q107 改正法の施行前に取得している個人情報の取扱いに関する経過措置の概要は、どのようなものですか。

A　1　改正法附則第2条の経過措置について

改正法附則第2条は、今回、いわゆるオプトアウト手続に関する規定（第23条第2項）を改正し、本人に通知し、又は容易に知り得る状態に置くべき事項として「本人の求めを受け付ける方法」を加え、さらに、同事項について個人情報保護委員会に届け出なければならないこととするに当たり（Q47、Q48参照）、この改正法の施行が円滑に行われるよう、施行前であっても、「本人の求めを受け付ける方法」について本人に通知するとともに、同事項に相当する事項について同委員会に届け出ることができることとするものです。

特に経過措置を置かなければ、改正法の施行後に初めて同委員会に届け出ることができるようになり、その届出が受理されるのを待ってオプトアウト手続による個人データの第三者提供を行わなければならないことになりますが、それでは継続的に第三者提供を行っている事業者の活動に支障を来すおそれがあります。また、施行前に「本人の求めを受け付ける方法」について本人への通知が行われているとしても、施行後においてその通知が第23条第2項に基づくものとして有効かどうかは必ずしも明らかではないと考えられます（本法制定当時の附則第4条[注]）。

このため、改正法附則第2条の規定を設けることにより、施行前にした通知及び届出は、施行後において第23条第2項に基づく通知及び届出が行われたものとみなされることとなり、施行後に改めてこれらを行うことなく、個人データを第三者に提供することができるようになります（Q49参照）。

2　改正法附則第3条の経過措置について

改正法附則第3条は、今回の改正で外国の第三者への提供に関する規定（第24条）を新設するに当たり、施行前に既にされた同意が、第24条の規定による外国の第三者への提供を認める旨の本人の同意に相当するものである場合には、施行後、同条の同意があったものとみなすこととするものです。

これは、本法制定時の附則第2条及び第3条[注]と同じ趣旨の規定であり、施行前に既に第24条に規定する同意に相当する同意がされていること

も想定されるところ、施行後にこの同意が有効であるかどうか疑義が生じ得るため、その有効性を明確にしておくものです。

(注)　本法制定時の附則
　　　（本人の同意に関する経過措置）
　　第2条　この法律の施行前になされた本人の個人情報の取扱いに関する同意がある場合において、その同意が第15条第1項の規定により特定される利用目的以外の目的で個人情報を取り扱うことを認める旨の同意に相当するものであるときは、第16条第1項又は第2項の同意があったものとみなす。
　　第3条　この法律の施行前になされた本人の個人情報の取扱いに関する同意がある場合において、その同意が第23条第1項の規定による個人データの第三者への提供を認める旨の同意に相当するものであるときは、同項の同意があったものとみなす。
　　（通知に関する経過措置）
　　第4条　第23条第2項の規定により本人に通知し、又は本人が容易に知り得る状態に置かなければならない事項に相当する事項について、この法律の施行前に、本人に通知されているときは、当該通知は、同項の規定により行われたものとみなす。

Q108

改正法の施行前に主務大臣が行った処分や主務大臣に対してした行為の効力はどのようになりますか。また、罰則の適用に関する経過措置の概要は、どのようなものですか。

A

1 主務大臣がした処分等に関する経過措置

改正法附則第4条第1項は、改正法の施行前に既に主務大臣が勧告、命令等の処分を行っていた場合には、改正法の施行後はその勧告、命令等の処分を改正後の本法に基づいて個人情報保護委員会がした勧告、命令等の処分とみなすこととしています。この規定により、例えば施行前に既に勧告がされていた場合には、施行後に改めて勧告を行わなくても、依然として違反の状態があれば直ちに同委員会は命令をすることができることとなります。また、施行前に既に主務大臣から報告の求めがされ、施行後に報告の懈怠があった場合には、その報告の懈怠が主務大臣ではなく同委員会に対して行われたものとして改正後の罰則規定が適用されることとなります。

同条第2項は、改正法の施行の際、現に主務大臣に対して申請、届出等がされている場合は、その申請、届出等を改正後の本法に基づいて同委員会に対してされた申請、届出等とみなすこととしています。この規定により、例えば、認定個人情報保護団体になろうとする者が主務大臣に対して認定の申請を行っていた場合には、改正後に改めて申請を行わなくても同申請は同委員会にされたものとみなされ、同委員会がその申請について判断することとなります(注)。

2 罰則の適用に関する経過措置

改正法附則第9条は、施行前にした行為に対する罰則の適用については、なお従前の例によることとしています。この規定により、例えば、主務大臣から報告の求めを受け、施行前に既に報告の懈怠や虚偽報告がされていた場合には、施行後においても、改正前の本法の罰則規定(改正前の第57条)が適用されます。

同様に、主務大臣による命令に対して施行前に既に違反していた場合には、施行後においても、改正前の本法の罰則規定(改正前の第56条)が適用されます。

このように、改正法附則第9条が適用されるのは、施行前に既に罰則規定

の適用を受ける違法な行為が行われていた場合であり、施行前に報告の求めや命令を受けていたものの、違反自体は施行後にされた場合には、改正法附則第4条第1項が適用された上、改正後の本法の罰則規定が適用されることとなります。

（注） 改正法附則第4条は、これらのほかに第3項を設け、施行前に改正前の本法や施行令により主務大臣への届出等が必要とされている事項について、施行前にその手続がされていないものについては、施行後は改正後の本法に基づいて届出等がされていないものとみなしてその規定を適用することとしています。この規定により、例えば、認定個人情報保護団体が主務大臣に対して廃止の届出（改正前の第40条第1項・施行令第10条）をしなければならない場合、施行後は個人情報保護委員会に対して同届出（第50条）がされていないものとみなされ過料に処せられることが考えられます。

Q109 行政機関や独立行政法人等が保有している個人情報の取扱いも、この改正に合わせて今後改正されますか。

A 1　今回の改正法の附則では、行政機関及び独立行政法人等が保有している個人情報の取扱い関する規制について検討を求める規定を2つ設けています。

2　まず、改正法附則第12条第1項において、政府は、改正法の施行日（改正法の公布から2年以内の政令で定める日）までに、行政機関及び独立行政法人等が保有する個人情報の取扱いに関する規制の在り方について、行政機関等における匿名加工情報の取扱いに対する指導、助言等を統一的かつ横断的に個人情報保護委員会に行わせることを含めて検討を加え、その結果に基づいて所要の措置を講ずることとされています。

3　また、改正法附則第12条第6項において、政府は、本法の施行の状況、同条第1項に規定する検討の結果に基づいて講じられた行政機関や独立行政法人等における匿名加工情報の仕組みの状況等を踏まえ、官民の個人情報の保護に関する規定を集約し、一体的に規定することを含め、個人情報の保護に関する法制の在り方について検討することとされています。

資料1　個人情報の保護に関する法律（平成15年法律第57号）
【平成28年1月1日時点】

目次
　第1章　総則（第1条―第3条）
　第2章　国及び地方公共団体の責務等（第4条―第6条）
　第3章　個人情報の保護に関する施策等
　　第1節　個人情報の保護に関する基本方針（第7条）
　　第2節　国の施策（第8条―第10条）
　　第3節　地方公共団体の施策（第11条―第13条）
　　第4節　国及び地方公共団体の協力（第14条）
　第4章　個人情報取扱事業者の義務等
　　第1節　個人情報取扱事業者の義務（第15条―第36条）
　　第2節　民間団体による個人情報の保護の推進（第37条―第49条）
　第5章　個人情報保護委員会（第50条―第65条）
　第6章　雑則（第66条―第72条）
　第7章　罰則（第73条―第78条）
　附則

　　　　第1章　総則
　（目的）
第1条　この法律は、高度情報通信社会の進展に伴い個人情報の利用が著しく拡大していることに鑑み、個人情報の適正な取扱いに関し、基本理念及び政府による基本方針の作成その他の個人情報の保護に関する施策の基本となる事項を定め、国及び地方公共団体の責務等を明らかにするとともに、個人情報を取り扱う事業者の遵守すべき義務等を定めることにより、個人情報の適正かつ効果的な活用が新たな産業の創出並びに活力ある経済社会及び豊かな国民生活の実現に資するものであることその他の個人情報の有用性に配慮しつつ、個人の権利利益を保護することを目的とする。
　（定義）
第2条　この法律において「個人情報」とは、生存する個人に関する情報であって、当該情報に含まれる氏名、生年月日その他の記述等により特定の個人を識別することができるもの（他の情報と容易に照合することができ、それにより特定の個人を識別することができることとなるものを含む。）をいう。
２　この法律において「個人情報データベース等」とは、個人情報を含む情報の集合物であって、次に掲げるものをいう。

資料1　個人情報の保護に関する法律（平成15年法律第57号）
【平成28年1月1日時点】

　一　特定の個人情報を電子計算機を用いて検索することができるように体系的に構成したもの
　二　前号に掲げるもののほか、特定の個人情報を容易に検索することができるように体系的に構成したものとして政令で定めるもの
3　この法律において「個人情報取扱事業者」とは、個人情報データベース等を事業の用に供している者をいう。ただし、次に掲げる者を除く。
　一　国の機関
　二　地方公共団体
　三　独立行政法人等（独立行政法人等の保有する個人情報の保護に関する法律（平成15年法律第59号）第2条第1項に規定する独立行政法人等をいう。以下同じ。）
　四　地方独立行政法人（地方独立行政法人法（平成15年法律第118号）第2条第1項に規定する地方独立行政法人をいう。以下同じ。）
　五　その取り扱う個人情報の量及び利用方法からみて個人の権利利益を害するおそれが少ないものとして政令で定める者
4　この法律において「個人データ」とは、個人情報データベース等を構成する個人情報をいう。
5　この法律において「保有個人データ」とは、個人情報取扱事業者が、開示、内容の訂正、追加又は削除、利用の停止、消去及び第三者への提供の停止を行うことのできる権限を有する個人データであって、その存否が明らかになることにより公益その他の利益が害されるものとして政令で定めるもの又は1年以内の政令で定める期間以内に消去することとなるもの以外のものをいう。
6　この法律において個人情報について「本人」とは、個人情報によって識別される特定の個人をいう。
　（基本理念）
第3条　個人情報は、個人の人格尊重の理念の下に慎重に取り扱われるべきものであることにかんがみ、その適正な取扱いが図られなければならない。
　　第2章　国及び地方公共団体の責務等
　（国の責務）
第4条　国は、この法律の趣旨にのっとり、個人情報の適正な取扱いを確保するために必要な施策を総合的に策定し、及びこれを実施する責務を有する。
　（地方公共団体の責務）
第5条　地方公共団体は、この法律の趣旨にのっとり、その地方公共団体の区域の特性に応じて、個人情報の適正な取扱いを確保するために必要な施策を策定し、及びこれを実施する責務を有する。
　（法制上の措置等）

資料1　個人情報の保護に関する法律（平成15年法律第57号）
【平成28年1月1日時点】

第6条　政府は、個人情報の性質及び利用方法にかんがみ、個人の権利利益の一層の保護を図るため特にその適正な取扱いの厳格な実施を確保する必要がある個人情報について、保護のための格別の措置が講じられるよう必要な法制上の措置その他の措置を講ずるものとする。

第3章　個人情報の保護に関する施策等
第1節　個人情報の保護に関する基本方針

第7条　政府は、個人情報の保護に関する施策の総合的かつ一体的な推進を図るため、個人情報の保護に関する基本方針（以下「基本方針」という。）を定めなければならない。

2　基本方針は、次に掲げる事項について定めるものとする。
　一　個人情報の保護に関する施策の推進に関する基本的な方向
　二　国が講ずべき個人情報の保護のための措置に関する事項
　三　地方公共団体が講ずべき個人情報の保護のための措置に関する基本的な事項
　四　独立行政法人等が講ずべき個人情報の保護のための措置に関する基本的な事項
　五　地方独立行政法人が講ずべき個人情報の保護のための措置に関する基本的な事項
　六　個人情報取扱事業者及び第40条第1項に規定する認定個人情報保護団体が講ずべき個人情報の保護のための措置に関する基本的な事項
　七　個人情報の取扱いに関する苦情の円滑な処理に関する事項
　八　その他個人情報の保護に関する施策の推進に関する重要事項

3　内閣総理大臣は、個人情報保護委員会が作成した基本方針の案について閣議の決定を求めなければならない。

4　内閣総理大臣は、前項の規定による閣議の決定があったときは、遅滞なく、基本方針を公表しなければならない。

5　前二項の規定は、基本方針の変更について準用する。

第2節　国の施策

（地方公共団体等への支援）

第8条　国は、地方公共団体が策定し、又は実施する個人情報の保護に関する施策及び国民又は事業者等が個人情報の適正な取扱いの確保に関して行う活動を支援するため、情報の提供、事業者等が講ずべき措置の適切かつ有効な実施を図るための指針の策定その他の必要な措置を講ずるものとする。

（苦情処理のための措置）

第9条　国は、個人情報の取扱いに関し事業者と本人との間に生じた苦情の適切かつ迅速な処理を図るために必要な措置を講ずるものとする。

（個人情報の適正な取扱いを確保するための措置）

第10条　国は、地方公共団体との適切な役割分担を通じ、次章に規定する個人情報取

資料1　個人情報の保護に関する法律（平成15年法律第57号）
【平成28年1月1日時点】

扱事業者による個人情報の適正な取扱いを確保するために必要な措置を講ずるものとする。

　　　　第3節　地方公共団体の施策
（地方公共団体等が保有する個人情報の保護）
第11条　地方公共団体は、その保有する個人情報の性質、当該個人情報を保有する目的等を勘案し、その保有する個人情報の適正な取扱いが確保されるよう必要な措置を講ずることに努めなければならない。
2　地方公共団体は、その設立に係る地方独立行政法人について、その性格及び業務内容に応じ、その保有する個人情報の適正な取扱いが確保されるよう必要な措置を講ずることに努めなければならない。
（区域内の事業者等への支援）
第12条　地方公共団体は、個人情報の適正な取扱いを確保するため、その区域内の事業者及び住民に対する支援に必要な措置を講ずるよう努めなければならない。
（苦情の処理のあっせん等）
第13条　地方公共団体は、個人情報の取扱いに関し事業者と本人との間に生じた苦情が適切かつ迅速に処理されるようにするため、苦情の処理のあっせんその他必要な措置を講ずるよう努めなければならない。
　　　　第4節　国及び地方公共団体の協力
第14条　国及び地方公共団体は、個人情報の保護に関する施策を講ずるにつき、相協力するものとする。
　　　第4章　個人情報取扱事業者の義務等
　　　　第1節　個人情報取扱事業者の義務
（利用目的の特定）
第15条　個人情報取扱事業者は、個人情報を取り扱うに当たっては、その利用の目的（以下「利用目的」という。）をできる限り特定しなければならない。
2　個人情報取扱事業者は、利用目的を変更する場合には、変更前の利用目的と相当の関連性を有すると合理的に認められる範囲を超えて行ってはならない。
（利用目的による制限）
第16条　個人情報取扱事業者は、あらかじめ本人の同意を得ないで、前条の規定により特定された利用目的の達成に必要な範囲を超えて、個人情報を取り扱ってはならない。
2　個人情報取扱事業者は、合併その他の事由により他の個人情報取扱事業者から事業を承継することに伴って個人情報を取得した場合は、あらかじめ本人の同意を得ないで、承継前における当該個人情報の利用目的の達成に必要な範囲を超えて、当該個人情報を取り扱ってはならない。
3　前二項の規定は、次に掲げる場合については、適用しない。

資料1　個人情報の保護に関する法律（平成15年法律第57号）
【平成28年1月1日時点】

　一　法令に基づく場合
　二　人の生命、身体又は財産の保護のために必要がある場合であって、本人の同意を得ることが困難であるとき。
　三　公衆衛生の向上又は児童の健全な育成の推進のために特に必要がある場合であって、本人の同意を得ることが困難であるとき。
　四　国の機関若しくは地方公共団体又はその委託を受けた者が法令の定める事務を遂行することに対して協力する必要がある場合であって、本人の同意を得ることにより当該事務の遂行に支障を及ぼすおそれがあるとき。
　（適正な取得）
第17条　個人情報取扱事業者は、偽りその他不正の手段により個人情報を取得してはならない。
　（取得に際しての利用目的の通知等）
第18条　個人情報取扱事業者は、個人情報を取得した場合は、あらかじめその利用目的を公表している場合を除き、速やかに、その利用目的を、本人に通知し、又は公表しなければならない。
2　個人情報取扱事業者は、前項の規定にかかわらず、本人との間で契約を締結することに伴って契約書その他の書面（電子的方式、磁気的方式その他人の知覚によっては認識することができない方式で作られる記録を含む。以下この項において同じ。）に記載された当該本人の個人情報を取得する場合その他本人から直接書面に記載された当該本人の個人情報を取得する場合は、あらかじめ、本人に対し、その利用目的を明示しなければならない。ただし、人の生命、身体又は財産の保護のために緊急に必要がある場合は、この限りでない。
3　個人情報取扱事業者は、利用目的を変更した場合は、変更された利用目的について、本人に通知し、又は公表しなければならない。
4　前三項の規定は、次に掲げる場合については、適用しない。
　一　利用目的を本人に通知し、又は公表することにより本人又は第三者の生命、身体、財産その他の権利利益を害するおそれがある場合
　二　利用目的を本人に通知し、又は公表することにより当該個人情報取扱事業者の権利又は正当な利益を害するおそれがある場合
　三　国の機関又は地方公共団体が法令の定める事務を遂行することに対して協力する必要がある場合であって、利用目的を本人に通知し、又は公表することにより当該事務の遂行に支障を及ぼすおそれがあるとき。
　四　取得の状況からみて利用目的が明らかであると認められる場合
　（データ内容の正確性の確保）
第19条　個人情報取扱事業者は、利用目的の達成に必要な範囲内において、個人データを正確かつ最新の内容に保つよう努めなければならない。

資料1　個人情報の保護に関する法律（平成15年法律第57号）
【平成28年1月1日時点】

（安全管理措置）
第20条　個人情報取扱事業者は、その取り扱う個人データの漏えい、滅失又はき損の防止その他の個人データの安全管理のために必要かつ適切な措置を講じなければならない。

（従業者の監督）
第21条　個人情報取扱事業者は、その従業者に個人データを取り扱わせるに当たっては、当該個人データの安全管理が図られるよう、当該従業者に対する必要かつ適切な監督を行わなければならない。

（委託先の監督）
第22条　個人情報取扱事業者は、個人データの取扱いの全部又は一部を委託する場合は、その取扱いを委託された個人データの安全管理が図られるよう、委託を受けた者に対する必要かつ適切な監督を行わなければならない。

（第三者提供の制限）
第23条　個人情報取扱事業者は、次に掲げる場合を除くほか、あらかじめ本人の同意を得ないで、個人データを第三者に提供してはならない。
　一　法令に基づく場合
　二　人の生命、身体又は財産の保護のために必要がある場合であって、本人の同意を得ることが困難であるとき。
　三　公衆衛生の向上又は児童の健全な育成の推進のために特に必要がある場合であって、本人の同意を得ることが困難であるとき。
　四　国の機関若しくは地方公共団体又はその委託を受けた者が法令の定める事務を遂行することに対して協力する必要がある場合であって、本人の同意を得ることにより当該事務の遂行に支障を及ぼすおそれがあるとき。
2　個人情報取扱事業者は、第三者に提供される個人データについて、本人の求めに応じて当該本人が識別される個人データの第三者への提供を停止することとしている場合であって、次に掲げる事項について、あらかじめ、本人に通知し、又は本人が容易に知り得る状態に置いているときは、前項の規定にかかわらず、当該個人データを第三者に提供することができる。
　一　第三者への提供を利用目的とすること。
　二　第三者に提供される個人データの項目
　三　第三者への提供の手段又は方法
　四　本人の求めに応じて当該本人が識別される個人データの第三者への提供を停止すること。
3　個人情報取扱事業者は、前項第2号又は第3号に掲げる事項を変更する場合は、変更する内容について、あらかじめ、本人に通知し、又は本人が容易に知り得る状態に置かなければならない。

4　次に掲げる場合において、当該個人データの提供を受ける者は、前三項の規定の適用については、第三者に該当しないものとする。
　一　個人情報取扱事業者が利用目的の達成に必要な範囲内において個人データの取扱いの全部又は一部を委託する場合
　二　合併その他の事由による事業の承継に伴って個人データが提供される場合
　三　個人データを特定の者との間で共同して利用する場合であって、その旨並びに共同して利用される個人データの項目、共同して利用する者の範囲、利用する者の利用目的及び当該個人データの管理について責任を有する者の氏名又は名称について、あらかじめ、本人に通知し、又は本人が容易に知り得る状態に置いているとき。
5　個人情報取扱事業者は、前項第3号に規定する利用する者の利用目的又は個人データの管理について責任を有する者の氏名若しくは名称を変更する場合は、変更する内容について、あらかじめ、本人に通知し、又は本人が容易に知り得る状態に置かなければならない。

（保有個人データに関する事項の公表等）

第24条　個人情報取扱事業者は、保有個人データに関し、次に掲げる事項について、本人の知り得る状態（本人の求めに応じて遅滞なく回答する場合を含む。）に置かなければならない。
　一　当該個人情報取扱事業者の氏名又は名称
　二　すべての保有個人データの利用目的（第18条第4項第1号から第3号までに該当する場合を除く。）
　三　次項、次条第1項、第26条第1項又は第27条第1項若しくは第2項の規定による求めに応じる手続（第30条第2項の規定により手数料の額を定めたときは、その手数料の額を含む。）
　四　前三号に掲げるもののほか、保有個人データの適正な取扱いの確保に関し必要な事項として政令で定めるもの
2　個人情報取扱事業者は、本人から、当該本人が識別される保有個人データの利用目的の通知を求められたときは、本人に対し、遅滞なく、これを通知しなければならない。ただし、次の各号のいずれかに該当する場合は、この限りでない。
　一　前項の規定により当該本人が識別される保有個人データの利用目的が明らかな場合
　二　第18条第4項第1号から第3号までに該当する場合
3　個人情報取扱事業者は、前項の規定に基づき求められた保有個人データの利用目的を通知しない旨の決定をしたときは、本人に対し、遅滞なく、その旨を通知しなければならない。

（開示）

資料1　個人情報の保護に関する法律（平成15年法律第57号）
　　　　【平成28年1月1日時点】

第25条　個人情報取扱事業者は、本人から、当該本人が識別される保有個人データの開示（当該本人が識別される保有個人データが存在しないときにその旨を知らせることを含む。以下同じ。）を求められたときは、本人に対し、政令で定める方法により、遅滞なく、当該保有個人データを開示しなければならない。ただし、開示することにより次の各号のいずれかに該当する場合は、その全部又は一部を開示しないことができる。
　一　本人又は第三者の生命、身体、財産その他の権利利益を害するおそれがある場合
　二　当該個人情報取扱事業者の業務の適正な実施に著しい支障を及ぼすおそれがある場合
　三　他の法令に違反することとなる場合
2　個人情報取扱事業者は、前項の規定に基づき求められた保有個人データの全部又は一部について開示しない旨の決定をしたときは、本人に対し、遅滞なく、その旨を通知しなければならない。
3　他の法令の規定により、本人に対し第1項本文に規定する方法に相当する方法により当該本人が識別される保有個人データの全部又は一部を開示することとされている場合には、当該全部又は一部の保有個人データについては、同項の規定は、適用しない。
　（訂正等）
第26条　個人情報取扱事業者は、本人から、当該本人が識別される保有個人データの内容が事実でないという理由によって当該保有個人データの内容の訂正、追加又は削除（以下この条において「訂正等」という。）を求められた場合には、その内容の訂正等に関して他の法令の規定により特別の手続が定められている場合を除き、利用目的の達成に必要な範囲内において、遅滞なく必要な調査を行い、その結果に基づき、当該保有個人データの内容の訂正等を行わなければならない。
2　個人情報取扱事業者は、前項の規定に基づき求められた保有個人データの内容の全部若しくは一部について訂正等を行ったとき、又は訂正等を行わない旨の決定をしたときは、本人に対し、遅滞なく、その旨（訂正等を行ったときは、その内容を含む。）を通知しなければならない。
　（利用停止等）
第27条　個人情報取扱事業者は、本人から、当該本人が識別される保有個人データが第16条の規定に違反して取り扱われているという理由又は第17条の規定に違反して取得されたものであるという理由によって、当該保有個人データの利用の停止又は消去（以下この条において「利用停止等」という。）を求められた場合であって、その求めに理由があることが判明したときは、違反を是正するために必要な限度で、遅滞なく、当該保有個人データの利用停止等を行わなければならない。ただし、当

該保有個人データの利用停止等に多額の費用を要する場合その他の利用停止等を行うことが困難な場合であって、本人の権利利益を保護するため必要なこれに代わるべき措置をとるときは、この限りでない。
2 　個人情報取扱事業者は、本人から、当該本人が識別される保有個人データが第23条第1項の規定に違反して第三者に提供されているという理由によって、当該保有個人データの第三者への提供の停止を求められた場合であって、その求めに理由があることが判明したときは、遅滞なく、当該保有個人データの第三者への提供を停止しなければならない。ただし、当該保有個人データの第三者への提供の停止に多額の費用を要する場合その他の第三者への提供を停止することが困難な場合であって、本人の権利利益を保護するため必要なこれに代わるべき措置をとるときは、この限りでない。
3 　個人情報取扱事業者は、第1項の規定に基づき求められた保有個人データの全部若しくは一部について利用停止等を行ったとき若しくは利用停止等を行わない旨の決定をしたとき、又は前項の規定に基づき求められた保有個人データの全部若しくは一部について第三者への提供を停止したとき若しくは第三者への提供を停止しない旨の決定をしたときは、本人に対し、遅滞なく、その旨を通知しなければならない。

（理由の説明）

第28条　個人情報取扱事業者は、第24条第3項、第25条第2項、第26条第2項又は前条第3項の規定により、本人から求められた措置の全部又は一部について、その措置をとらない旨を通知する場合又はその措置と異なる措置をとる旨を通知する場合は、本人に対し、その理由を説明するよう努めなければならない。

（開示等の求めに応じる手続）

第29条　個人情報取扱事業者は、第24条第2項、第25条第1項、第26条第1項又は第27条第1項若しくは第2項の規定による求め（以下この条において「開示等の求め」という。）に関し、政令で定めるところにより、その求めを受け付ける方法を定めることができる。この場合において、本人は、当該方法に従って、開示等の求めを行わなければならない。
2 　個人情報取扱事業者は、本人に対し、開示等の求めに関し、その対象となる保有個人データを特定するに足りる事項の提示を求めることができる。この場合において、個人情報取扱事業者は、本人が容易かつ的確に開示等の求めをすることができるよう、当該保有個人データの特定に資する情報の提供その他本人の利便を考慮した適切な措置をとらなければならない。
3 　開示等の求めは、政令で定めるところにより、代理人によってすることができる。
4 　個人情報取扱事業者は、前三項の規定に基づき開示等の求めに応じる手続を定めるに当たっては、本人に過重な負担を課するものとならないよう配慮しなければな

資料1　個人情報の保護に関する法律（平成15年法律第57号）
【平成28年1月1日時点】

らない。
（手数料）
第30条　個人情報取扱事業者は、第24条第2項の規定による利用目的の通知又は第25条第1項の規定による開示を求められたときは、当該措置の実施に関し、手数料を徴収することができる。
2　個人情報取扱事業者は、前項の規定により手数料を徴収する場合は、実費を勘案して合理的であると認められる範囲内において、その手数料の額を定めなければならない。
（個人情報取扱事業者による苦情の処理）
第31条　個人情報取扱事業者は、個人情報の取扱いに関する苦情の適切かつ迅速な処理に努めなければならない。
2　個人情報取扱事業者は、前項の目的を達成するために必要な体制の整備に努めなければならない。
（報告の徴収）
第32条　主務大臣は、この節の規定の施行に必要な限度において、個人情報取扱事業者に対し、個人情報の取扱いに関し報告をさせることができる。
（助言）
第33条　主務大臣は、この節の規定の施行に必要な限度において、個人情報取扱事業者に対し、個人情報の取扱いに関し必要な助言をすることができる。
（勧告及び命令）
第34条　主務大臣は、個人情報取扱事業者が第16条から第18条まで、第20条から第27条まで又は第30条第2項の規定に違反した場合において個人の権利利益を保護するため必要があると認めるときは、当該個人情報取扱事業者に対し、当該違反行為の中止その他違反を是正するために必要な措置をとるべき旨を勧告することができる。
2　主務大臣は、前項の規定による勧告を受けた個人情報取扱事業者が正当な理由がなくてその勧告に係る措置をとらなかった場合において個人の重大な権利利益の侵害が切迫していると認めるときは、当該個人情報取扱事業者に対し、その勧告に係る措置をとるべきことを命ずることができる。
3　主務大臣は、前二項の規定にかかわらず、個人情報取扱事業者が第16条、第17条、第20条から第22条まで又は第23条第1項の規定に違反した場合において個人の重大な権利利益を害する事実があるため緊急に措置をとる必要があると認めるときは、当該個人情報取扱事業者に対し、当該違反行為の中止その他違反を是正するために必要な措置をとるべきことを命ずることができる。
（主務大臣の権限の行使の制限）
第35条　主務大臣は、前三条の規定により個人情報取扱事業者に対し報告の徴収、助言、勧告又は命令を行うに当たっては、表現の自由、学問の自由、信教の自由及び

政治活動の自由を妨げてはならない。
2 前項の規定の趣旨に照らし、主務大臣は、個人情報取扱事業者が第50条第1項各号第66条第1項各号に掲げる者（それぞれ当該各号に定める目的で個人情報を取り扱う場合に限る。）に対して個人情報を提供する行為については、その権限を行使しないものとする。
　（主務大臣）
第36条　この節の規定における主務大臣は、次のとおりとする。ただし、内閣総理大臣は、この節の規定の円滑な実施のため必要があると認める場合は、個人情報取扱事業者が行う個人情報の取扱いのうち特定のものについて、特定の大臣又は国家公安委員会（以下「大臣等」という。）を主務大臣に指定することができる。
　一　個人情報取扱事業者が行う個人情報の取扱いのうち雇用管理に関するものについては、厚生労働大臣（船員の雇用管理に関するものについては、国土交通大臣）及び当該個人情報取扱事業者が行う事業を所管する大臣等
　二　個人情報取扱事業者が行う個人情報の取扱いのうち前号に掲げるもの以外のものについては、当該個人情報取扱事業者が行う事業を所管する大臣等
2　内閣総理大臣は、前項ただし書の規定により主務大臣を指定したときは、その旨を公示しなければならない。
3　各主務大臣は、この節の規定の施行に当たっては、相互に緊密に連絡し、及び協力しなければならない。
　　　　第2節　民間団体による個人情報の保護の推進
　（認定）
第37条　個人情報取扱事業者の個人情報の適正な取扱いの確保を目的として次に掲げる業務を行おうとする法人（法人でない団体で代表者又は管理人の定めのあるものを含む。次条第3号ロにおいて同じ。）は、主務大臣の認定を受けることができる。
　一　業務の対象となる個人情報取扱事業者（以下「対象事業者」という。）の個人情報の取扱いに関する第42条の規定による苦情の処理
　二　個人情報の適正な取扱いの確保に寄与する事項についての対象事業者に対する情報の提供
　三　前二号に掲げるもののほか、対象事業者の個人情報の適正な取扱いの確保に関し必要な業務
2　前項の認定を受けようとする者は、政令で定めるところにより、主務大臣に申請しなければならない。
3　主務大臣は、第1項の認定をしたときは、その旨を公示しなければならない。
　（欠格条項）
第38条　次の各号のいずれかに該当する者は、前条第1項の認定を受けることができない。

資料1　個人情報の保護に関する法律（平成15年法律第57号）
【平成28年1月1日時点】

一　この法律の規定により刑に処せられ、その執行を終わり、又は執行を受けることがなくなった日から2年を経過しない者
二　第48条第1項の規定により認定を取り消され、その取消しの日から2年を経過しない者
三　その業務を行う役員（法人でない団体で代表者又は管理人の定めのあるものの代表者又は管理人を含む。以下この条において同じ。）のうちに、次のいずれかに該当する者があるもの
　　イ　禁錮以上の刑に処せられ、又はこの法律の規定により刑に処せられ、その執行を終わり、又は執行を受けることがなくなった日から2年を経過しない者
　　ロ　第48条第1項の規定により認定を取り消された法人において、その取消しの日前30日以内にその役員であった者でその取消しの日から2年を経過しない者

（認定の基準）
第39条　主務大臣は、第37条第1項の認定の申請が次の各号のいずれにも適合していると認めるときでなければ、その認定をしてはならない。
一　第37条第1項各号に掲げる業務を適正かつ確実に行うに必要な業務の実施の方法が定められているものであること。
二　第37条第1項各号に掲げる業務を適正かつ確実に行うに足りる知識及び能力並びに経理的基礎を有するものであること。
三　第37条第1項各号に掲げる業務以外の業務を行っている場合には、その業務を行うことによって同項各号に掲げる業務が不公正になるおそれがないものであること。

（廃止の届出）
第40条　第37条第1項の認定を受けた者（以下「認定個人情報保護団体」という。）は、その認定に係る業務（以下「認定業務」という。）を廃止しようとするときは、政令で定めるところにより、あらかじめ、その旨を主務大臣に届け出なければならない。
2　主務大臣は、前項の規定による届出があったときは、その旨を公示しなければならない。

（対象事業者）
第41条　認定個人情報保護団体は、当該認定個人情報保護団体の構成員である個人情報取扱事業者又は認定業務の対象となることについて同意を得た個人情報取扱事業者を対象事業者としなければならない。
2　認定個人情報保護団体は、対象事業者の氏名又は名称を公表しなければならない。

（苦情の処理）
第42条　認定個人情報保護団体は、本人等から対象事業者の個人情報の取扱いに関する苦情について解決の申出があったときは、その相談に応じ、申出人に必要な助言

資料1　個人情報の保護に関する法律（平成15年法律第57号）
【平成28年1月1日時点】

をし、その苦情に係る事情を調査するとともに、当該対象事業者に対し、その苦情の内容を通知してその迅速な解決を求めなければならない。
2　認定個人情報保護団体は、前項の申出に係る苦情の解決について必要があると認めるときは、当該対象事業者に対し、文書若しくは口頭による説明を求め、又は資料の提出を求めることができる。
3　対象事業者は、認定個人情報保護団体から前項の規定による求めがあったときは、正当な理由がないのに、これを拒んではならない。
（個人情報保護指針）
第43条　認定個人情報保護団体は、対象事業者の個人情報の適正な取扱いの確保のために、利用目的の特定、安全管理のための措置、本人の求めに応じる手続その他の事項に関し、この法律の規定の趣旨に沿った指針（以下「個人情報保護指針」という。）を作成し、公表するよう努めなければならない。
2　認定個人情報保護団体は、前項の規定により個人情報保護指針を公表したときは、対象事業者に対し、当該個人情報保護指針を遵守させるため必要な指導、勧告その他の措置をとるよう努めなければならない。
（目的外利用の禁止）
第44条　認定個人情報保護団体は、認定業務の実施に際して知り得た情報を認定業務の用に供する目的以外に利用してはならない。
（名称の使用制限）
第45条　認定個人情報保護団体でない者は、認定個人情報保護団体という名称又はこれに紛らわしい名称を用いてはならない。
（報告の徴収）
第46条　主務大臣は、この節の規定の施行に必要な限度において、認定個人情報保護団体に対し、認定業務に関し報告をさせることができる。
（命令）
第47条　主務大臣は、この節の規定の施行に必要な限度において、認定個人情報保護団体に対し、認定業務の実施の方法の改善、個人情報保護指針の変更その他の必要な措置をとるべき旨を命ずることができる。
（認定の取消し）
第48条　主務大臣は、認定個人情報保護団体が次の各号のいずれかに該当するときは、その認定を取り消すことができる。
　一　第38条第1号又は第3号に該当するに至ったとき。
　二　第39条各号のいずれかに適合しなくなったとき。
　三　第44条の規定に違反したとき。
　四　前条の命令に従わないとき。
　五　不正の手段により第37条第1項の認定を受けたとき。

資料1　個人情報の保護に関する法律（平成15年法律第57号）
　　　　【平成28年1月1日時点】

2　主務大臣は、前項の規定により認定を取り消したときは、その旨を公示しなければならない。
　（主務大臣）
第49条　この節の規定における主務大臣は、次のとおりとする。ただし、内閣総理大臣は、この節の規定の円滑な実施のため必要があると認める場合は、第37条第1項の認定を受けようとする者のうち特定のものについて、特定の大臣等を主務大臣に指定することができる。
　一　設立について許可又は認可を受けている認定個人情報保護団体（第37条第1項の認定を受けようとする者を含む。次号において同じ。）については、その設立の許可又は認可をした大臣等
　二　前号に掲げるもの以外の認定個人情報保護団体については、当該認定個人情報保護団体の対象事業者が行う事業を所管する大臣等
2　内閣総理大臣は、前項ただし書の規定により主務大臣を指定したときは、その旨を公示しなければならない。
　　　第5章　個人情報保護委員会
　（設置）
第50条　内閣府設置法（平成11年法律第89号）第49条第3項の規定に基づいて、個人情報保護委員会（以下「委員会」という。）を置く。
2　委員会は、内閣総理大臣の所轄に属する。
　（任務）
第51条　委員会は、個人情報の適正かつ効果的な活用が新たな産業の創出並びに活力ある経済社会及び豊かな国民生活の実現に資するものであることその他の個人情報の有用性に配慮しつつ、個人の権利利益を保護するため、個人情報の適正な取扱いの確保を図ること（個人番号利用事務等実施者（行政手続における特定の個人を識別するための番号の利用等に関する法律（平成25年法律第27号。以下「番号利用法」という。）第12条に規定する個人番号利用事務等実施者をいう。）に対する指導及び助言その他の措置を講ずることを含む。）を任務とする。
　（所掌事務）
第52条　委員会は、前条の任務を達成するため、次に掲げる事務をつかさどる。
　一　基本方針の策定及び推進に関すること。
　二　特定個人情報（番号利用法第2条第8項に規定する特定個人情報をいう。第54条第4項において同じ。）の取扱いに関する監視又は監督並びに苦情の申出についての必要なあっせん及びその処理を行う事業者への協力に関すること。
　三　特定個人情報保護評価（番号利用法第26条第1項に規定する特定個人情報保護評価をいう。）に関すること。
　四　個人情報の保護及び適正かつ効果的な活用についての広報及び啓発に関するこ

資料1　個人情報の保護に関する法律（平成15年法律第57号）
【平成28年1月1日時点】

　　と。
　五　前各号に掲げる事務を行うために必要な調査及び研究に関すること。
　六　所掌事務に係る国際協力に関すること。
　七　前各号に掲げるもののほか、法律（法律に基づく命令を含む。）に基づき委員会に属させられた事務

（職権行使の独立性）
第53条　委員会の委員長及び委員は、独立してその職権を行う。

（組織等）
第54条　委員会は、委員長及び委員8人をもって組織する。
2　委員のうち4人は、非常勤とする。
3　委員長及び委員は、人格が高潔で識見の高い者のうちから、両議院の同意を得て、内閣総理大臣が任命する。
4　委員長及び委員には、個人情報の保護及び適正かつ効果的な活用に関する学識経験のある者、消費者の保護に関して十分な知識と経験を有する者、情報処理技術に関する学識経験のある者、特定個人情報が利用される行政分野に関する学識経験のある者、民間企業の実務に関して十分な知識と経験を有する者並びに連合組織（地方自治法（昭和22年法律第67号）第263条の3第1項の連合組織で同項の規定による届出をしたものをいう。）の推薦する者が含まれるものとする

（任期等）
第55条　委員長及び委員の任期は、5年とする。ただし、補欠の委員長又は委員の任期は、前任者の残任期間とする。
2　委員長及び委員は、再任されることができる。
3　委員長及び委員の任期が満了したときは、当該委員長及び委員は、後任者が任命されるまで引き続きその職務を行うものとする。
4　委員長又は委員の任期が満了し、又は欠員を生じた場合において、国会の閉会又は衆議院の解散のために両議院の同意を得ることができないときは、内閣総理大臣は、前条第3項の規定にかかわらず、同項に定める資格を有する者のうちから、委員長又は委員を任命することができる。
5　前項の場合においては、任命後最初の国会において両議院の事後の承認を得なければならない。この場合において、両議院の事後の承認が得られないときは、内閣総理大臣は、直ちに、その委員長又は委員を罷免しなければならない。

（身分保障）
第56条　委員長及び委員は、次の各号のいずれかに該当する場合を除いては、在任中、その意に反して罷免されることがない。
　一　破産手続開始の決定を受けたとき。
　二　この法律又は番号利用法の規定に違反して刑に処せられたとき。

資料1　個人情報の保護に関する法律（平成15年法律第57号）
【平成28年1月1日時点】

　　三　禁錮以上の刑に処せられたとき。
　　四　委員会により、心身の故障のため職務を執行することができないと認められたとき、又は職務上の義務違反その他委員長若しくは委員たるに適しない非行があると認められたとき。
　　（罷免）
第57条　内閣総理大臣は、委員長又は委員が前条各号のいずれかに該当するときは、その委員長又は委員を罷免しなければならない。
　　（委員長）
第58条　委員長は、委員会の会務を総理し、委員会を代表する。
2　委員会は、あらかじめ常勤の委員のうちから、委員長に事故がある場合に委員長を代理する者を定めておかなければならない。
　　（会議）
第59条　委員会の会議は、委員長が招集する。
2　委員会は、委員長及び4人以上の委員の出席がなければ、会議を開き、議決をすることができない。
3　委員会の議事は、出席者の過半数でこれを決し、可否同数のときは、委員長の決するところによる。
4　第56条第4号の規定による認定をするには、前項の規定にかかわらず、本人を除く全員の一致がなければならない。
5　委員長に事故がある場合の第2項の規定の適用については、前条第2項に規定する委員長を代理する者は、委員長とみなす。
　　（専門委員）
第60条　委員会に、専門の事項を調査させるため、専門委員を置くことができる。
2　専門委員は、委員会の申出に基づいて内閣総理大臣が任命する。
3　専門委員は、当該専門の事項に関する調査が終了したときは、解任されるものとする。
4　専門委員は、非常勤とする。
　　（事務局）
第61条　委員会の事務を処理させるため、委員会に事務局を置く。
2　事務局に、事務局長その他の職員を置く。
3　事務局長は、委員長の命を受けて、局務を掌理する。
　　（政治運動等の禁止）
第62条　委員長及び委員は、在任中、政党その他の政治団体の役員となり、又は積極的に政治運動をしてはならない。
2　委員長及び常勤の委員は、在任中、内閣総理大臣の許可のある場合を除くほか、報酬を得て他の職務に従事し、又は営利事業を営み、その他金銭上の利益を目的と

する業務を行ってはならない。
　（秘密保持義務）
第63条　委員長、委員、専門委員及び事務局の職員は、職務上知ることのできた秘密を漏らし、又は盗用してはならない。その職務を退いた後も、同様とする。
　（給与）
第64条　委員長及び委員の給与は、別に法律で定める。
　（規則の制定）
第65条　委員会は、その所掌事務について、法律若しくは政令を実施するため、又は法律若しくは政令の特別の委任に基づいて、個人情報保護委員会規則を制定することができる。

　　　第6章　雑則
（適用除外）
第66条　個人情報取扱事業者のうち次の各号に掲げる者については、その個人情報を取り扱う目的の全部又は一部がそれぞれ当該各号に規定する目的であるときは、第4章の規定は、適用しない。
　一　放送機関、新聞社、通信社その他の報道機関（報道を業として行う個人を含む。）　報道の用に供する目的
　二　著述を業として行う者　著述の用に供する目的
　三　大学その他の学術研究を目的とする機関若しくは団体又はそれらに属する者　学術研究の用に供する目的
　四　宗教団体　宗教活動（これに付随する活動を含む。）の用に供する目的
　五　政治団体　政治活動（これに付随する活動を含む。）の用に供する目的
2　前項第1号に規定する「報道」とは、不特定かつ多数の者に対して客観的事実を事実として知らせること（これに基づいて意見又は見解を述べることを含む。）をいう。
3　第1項各号に掲げる個人情報取扱事業者は、個人データの安全管理のために必要かつ適切な措置、個人情報の取扱いに関する苦情の処理その他の個人情報の適正な取扱いを確保するために必要な措置を自ら講じ、かつ、当該措置の内容を公表するよう努めなければならない。
　（地方公共団体が処理する事務）
第67条　この法律に規定する主務大臣の権限に属する事務は、政令で定めるところにより、地方公共団体の長その他の執行機関が行うこととすることができる。
　（権限又は事務の委任）
第68条　この法律により主務大臣の権限又は事務に属する事項は、政令で定めるところにより、その所属の職員に委任することができる。
　（施行の状況の公表）

資料1　個人情報の保護に関する法律（平成15年法律第57号）
【平成28年1月1日時点】

第69条　委員会は、関係する行政機関（法律の規定に基づき内閣に置かれる機関（内閣府を除く。）及び内閣の所轄の下に置かれる機関、内閣府、宮内庁、内閣府設置法第49条第1項及び第2項に規定する機関並びに国家行政組織法（昭和23年法律第120号）第3条第2項に規定する機関をいう。第71条において同じ。）の長に対し、この法律の施行の状況について報告を求めることができる。
2　委員会は、毎年、前項の報告を取りまとめるものとする。
　　（国会に対する報告）
第70条　委員会は、毎年、内閣総理大臣を経由して国会に対し所掌事務の処理状況を報告するとともに、その概要を公表しなければならない。
　　（連絡及び協力）
第71条　内閣総理大臣及びこの法律の施行に関係する行政機関の長は、相互に緊密に連絡し、及び協力しなければならない。
　　（政令への委任）
第72条　この法律に定めるもののほか、この法律の実施のため必要な事項は、政令で定める。
　　　　第7章　罰則
第73条　第63条の規定に違反して秘密を漏らし、又は盗用した者は、2年以下の懲役又は100万円以下の罰金に処する。
第74条　第34条第2項又は第3項の規定による命令に違反した者は、6月以下の懲役又は30万円以下の罰金に処する。
第75条　第32条又は第46条の規定による報告をせず、又は虚偽の報告をした者は、3010万円以下の罰金に処する。
第76条　第73条の規定は、日本国外において同条の罪を犯した者にも適用する。
第77条　法人（法人でない団体で代表者又は管理人の定めのあるものを含む。以下この項において同じ。）の代表者又は法人若しくは人の代理人、使用人その他の従業者が、その法人又は人の業務に関して、第74条及び第75条の違反行為をしたときは、行為者を罰するほか、その法人又は人に対しても、各本条の罰金刑を科する。
2　法人でない団体について前項の規定の適用がある場合には、その代表者又は管理人が、その訴訟行為につき法人でない団体を代表するほか、法人を被告人又は被疑者とする場合の刑事訴訟に関する法律の規定を準用する。
第78条　次の各号のいずれかに該当する者は、10万円以下の過料に処する。
　一　第40条第1項の規定による届出をせず、又は虚偽の届出をした者
　二　第45条の規定に違反した者

資料2 個人情報の保護に関する法律（平成15年法律第57号）
【公布の日から起算して2年を超えない範囲内において政令で定める日時点】

目次
　第1章　総則（第1条—第3条）
　第2章　国及び地方公共団体の責務等（第4条—第6条）
　第3章　個人情報の保護に関する施策等
　　第1節　個人情報の保護に関する基本方針（第7条）
　　第2節　国の施策（第8条—第10条）
　　第3節　地方公共団体の施策（第11条—第13条）
　　第4節　国及び地方公共団体の協力（第14条）
　第4章　個人情報取扱事業者の義務等
　　第1節　個人情報取扱事業者の義務（第15条—第35条）
　　第2節　匿名加工情報取扱事業者等の義務（第36条—第39条）
　　第3節　監督（第40条—第46条）
　　第4節　民間団体による個人情報の保護の推進（第47条—第58条）
　第5章　個人情報保護委員会（第59条—第74条）
　第6章　雑則（第75条—第81条）
　第7章　罰則（第82条—第88条）
　附則

　　　　第1章　総則
　（目的）
第1条　この法律は、高度情報通信社会の進展に伴い個人情報の利用が著しく拡大していることに鑑み、個人情報の適正な取扱いに関し、基本理念及び政府による基本方針の作成その他の個人情報の保護に関する施策の基本となる事項を定め、国及び地方公共団体の責務等を明らかにするとともに、個人情報を取り扱う事業者の遵守すべき義務等を定めることにより、個人情報の適正かつ効果的な活用が新たな産業の創出並びに活力ある経済社会及び豊かな国民生活の実現に資するものであることその他の個人情報の有用性に配慮しつつ、個人の権利利益を保護することを目的とする。
　（定義）
第2条　この法律において「個人情報」とは、生存する個人に関する情報であって、次の各号のいずれかに該当するものをいう。
　一　当該情報に含まれる氏名、生年月日その他の記述等（文書、図画若しくは電磁的記録（電磁的方式（電子的方式、磁気的方式その他人の知覚によっては認

資料2　個人情報の保護に関する法律（平成15年法律第57号）
　　　　【公布の日から起算して2年を超えない範囲内において政令で定める日時点】

　　識することができない方式をいう。次項第2号において同じ。）で作られる記
　　録をいう。第18条第2項において同じ。）に記載され、若しくは記録され、又
　　は音声、動作その他の方法を用いて表された一切の事項（個人識別符号を除く。
　　）をいう。以下同じ。）により特定の個人を識別することができるもの（他の
　　情報と容易に照合することができ、それにより特定の個人を識別することがで
　　きることとなるものを含む。）
　　二　個人識別符号が含まれるもの
2　この法律において「個人識別符号」とは、次の各号のいずれかに該当する文字、
　番号、記号その他の符号のうち、政令で定めるものをいう。
　　一　特定の個人の身体の一部の特徴を電子計算機の用に供するために変換した文
　　字、番号、記号その他の符号であって、当該特定の個人を識別することができ
　　るもの
　　二　個人に提供される役務の利用若しくは個人に販売される商品の購入に関し割
　　り当てられ、又は個人に発行されるカードその他の書類に記載され、若しくは
　　電磁的方式により記録された文字、番号、記号その他の符号であって、その利
　　用者若しくは購入者又は発行を受ける者ごとに異なるものとなるように割り当
　　てられ、又は記載され、若しくは記録されることにより、特定の利用者若しく
　　は購入者又は発行を受ける者を識別することができるもの
3　この法律において「要配慮個人情報」とは、本人の人種、信条、社会的身分、
　病歴、犯罪の経歴、犯罪により害を被った事実その他本人に対する不当な差別、
　偏見その他の不利益が生じないようにその取扱いに特に配慮を要するものとして
　政令で定める記述等が含まれる個人情報をいう。
4　この法律において「個人情報データベース等」とは、個人情報を含む情報の集
　合物であって、次に掲げるもの（利用方法からみて個人の権利利益を害するおそ
　れが少ないものとして政令で定めるものを除く。）をいう。
　　一　特定の個人情報を電子計算機を用いて検索することができるように体系的に
　　構成したもの
　　二　前号に掲げるもののほか、特定の個人情報を容易に検索することができるよ
　　うに体系的に構成したものとして政令で定めるもの
5　この法律において「個人情報取扱事業者」とは、個人情報データベース等を事
　業の用に供している者をいう。ただし、次に掲げる者を除く。
　　一　国の機関
　　二　地方公共団体
　　三　独立行政法人等（独立行政法人等の保有する個人情報の保護に関する法律（
　　　平成15年法律第59号）第2条1項に規定する独立行政法人等をいう。以下同じ。）

資料2　個人情報の保護に関する法律（平成15年法律第57号）
【公布の日から起算して2年を超えない範囲内において政令で定める日時点】

　　　）

　　四　地方独立行政法人（地方独立行政法人法（平成15年法律第118号）第2条第1項に規定する地方独立行政法人をいう。以下同じ。）

6　この法律において「個人データ」とは、個人情報データベース等を構成する個人情報をいう。

7　この法律において「保有個人データ」とは、個人情報取扱事業者が、開示、内容の訂正、追加又は削除、利用の停止、消去及び第三者への提供の停止を行うことのできる権限を有する個人データであって、その存否が明らかになることにより公益その他の利益が害されるものとして政令で定めるもの又は1年以内の政令で定める期間以内に消去することとなるもの以外のものをいう。

8　この法律において個人情報について「本人」とは、個人情報によって識別される特定の個人をいう。

9　この法律において「匿名加工情報」とは、次の各号に掲げる個人情報の区分に応じて当該各号に定める措置を講じて特定の個人を識別することができないように個人情報を加工して得られる個人に関する情報であって、当該個人情報を復元することができないようにしたものをいう。

　　一　第1項第1号に該当する個人情報　当該個人情報に含まれる記述等の一部を削除すること（当該一部の記述等を復元することのできる規則性を有しない方法により他の記述等に置き換えることを含む。）。

　　二　第1項第2号に該当する個人情報　当該個人情報に含まれる個人識別符号の全部を削除すること（当該個人識別符号を復元することのできる規則性を有しない方法により他の記述等に置き換えることを含む。）。

10　この法律において「匿名加工情報取扱事業者」とは、匿名加工情報を含む情報の集合物であって、特定の匿名加工情報を電子計算機を用いて検索することができるように体系的に構成したものその他特定の匿名加工情報を容易に検索することができるように体系的に構成したものとして政令で定めるもの（第36条第1項において「匿名加工情報データベース等」という。）を事業の用に供している者をいう。ただし、第5項各号に掲げる者を除く。

　（基本理念）

第3条　個人情報は、個人の人格尊重の理念の下に慎重に取り扱われるべきものであることにかんがみ、その適正な取扱いが図られなければならない。

　　　　第2章　国及び地方公共団体の責務等

　（国の責務）

第4条　国は、この法律の趣旨にのっとり、個人情報の適正な取扱いを確保するために必要な施策を総合的に策定し、及びこれを実施する責務を有する。

資料2　個人情報の保護に関する法律（平成15年法律第57号）
【公布の日から起算して2年を超えない範囲内において政令で定める日時点】

（地方公共団体の責務）
第5条　地方公共団体は、この法律の趣旨にのっとり、その地方公共団体の区域の特性に応じて、個人情報の適正な取扱いを確保するために必要な施策を策定し、及びこれを実施する責務を有する。
（法制上の措置等）
第6条　政府は、個人情報の性質及び利用方法に鑑み、個人の権利利益の一層の保護を図るため特にその適正な取扱いの厳格な実施を確保する必要がある個人情報について、保護のための格別の措置が講じられるよう必要な法制上の措置その他の措置を講ずるとともに、国際機関その他の国際的な枠組みへの協力を通じて、各国政府と共同して国際的に整合のとれた個人情報に係る制度を構築するために必要な措置を講ずるものとする。

　　　　第3章　個人情報の保護に関する施策等
　　　　　第1節　個人情報の保護に関する基本方針
第7条　政府は、個人情報の保護に関する施策の総合的かつ一体的な推進を図るため、個人情報の保護に関する基本方針（以下「基本方針」という。）を定めなければならない。
2　基本方針は、次に掲げる事項について定めるものとする。
　一　個人情報の保護に関する施策の推進に関する基本的な方向
　二　国が講ずべき個人情報の保護のための措置に関する事項
　三　地方公共団体が講ずべき個人情報の保護のための措置に関する基本的な事項
　四　独立行政法人等が講ずべき個人情報の保護のための措置に関する基本的な事項
　五　地方独立行政法人が講ずべき個人情報の保護のための措置に関する基本的な事項
　六　個人情報取扱事業者及び匿名加工情報取扱事業者並びに第50条第1項に規定する認定個人情報保護団体が講ずべき個人情報の保護のための措置に関する基本的な事項
　七　個人情報の取扱いに関する苦情の円滑な処理に関する事項
　八　その他個人情報の保護に関する施策の推進に関する重要事項
3　内閣総理大臣は、個人情報保護委員会が作成した基本方針の案について閣議の決定を求めなければならない。
4　内閣総理大臣は、前項の規定による閣議の決定があったときは、遅滞なく、基本方針を公表しなければならない。
5　前二項の規定は、基本方針の変更について準用する。
　　　　　第2節　国の施策

（地方公共団体等への支援）

第8条　国は、地方公共団体が策定し、又は実施する個人情報の保護に関する施策及び国民又は事業者等が個人情報の適正な取扱いの確保に関して行う活動を支援するため、情報の提供、事業者等が講ずべき措置の適切かつ有効な実施を図るための指針の策定その他の必要な措置を講ずるものとする。

（苦情処理のための措置）

第9条　国は、個人情報の取扱いに関し事業者と本人との間に生じた苦情の適切かつ迅速な処理を図るために必要な措置を講ずるものとする。

（個人情報の適正な取扱いを確保するための措置）

第10条　国は、地方公共団体との適切な役割分担を通じ、次章に規定する個人情報取扱事業者による個人情報の適正な取扱いを確保するために必要な措置を講ずるものとする。

第3節　地方公共団体の施策

（地方公共団体等が保有する個人情報の保護）

第11条　地方公共団体は、その保有する個人情報の性質、当該個人情報を保有する目的等を勘案し、その保有する個人情報の適正な取扱いが確保されるよう必要な措置を講ずることに努めなければならない。

2　地方公共団体は、その設立に係る地方独立行政法人について、その性格及び業務内容に応じ、その保有する個人情報の適正な取扱いが確保されるよう必要な措置を講ずることに努めなければならない。

（区域内の事業者等への支援）

第12条　地方公共団体は、個人情報の適正な取扱いを確保するため、その区域内の事業者及び住民に対する支援に必要な措置を講ずるよう努めなければならない。

（苦情の処理のあっせん等）

第13条　地方公共団体は、個人情報の取扱いに関し事業者と本人との間に生じた苦情が適切かつ迅速に処理されるようにするため、苦情の処理のあっせんその他必要な措置を講ずるよう努めなければならない。

第4節　国及び地方公共団体の協力

第14条　国及び地方公共団体は、個人情報の保護に関する施策を講ずるにつき、相協力するものとする。

第4章　個人情報取扱事業者の義務等

第1節　個人情報取扱事業者の義務

（利用目的の特定）

第15条　個人情報取扱事業者は、個人情報を取り扱うに当たっては、その利用の目的（以下「利用目的」という。）をできる限り特定しなければならない。

資料2　個人情報の保護に関する法律（平成15年法律第57号）
【公布の日から起算して2年を超えない範囲内において政令で定める日時点】

2　個人情報取扱事業者は、利用目的を変更する場合には、変更前の利用目的と関連性を有すると合理的に認められる範囲を超えて行ってはならない。
（利用目的による制限）
第16条　個人情報取扱事業者は、あらかじめ本人の同意を得ないで、前条の規定により特定された利用目的の達成に必要な範囲を超えて、個人情報を取り扱ってはならない。
2　個人情報取扱事業者は、合併その他の事由により他の個人情報取扱事業者から事業を承継することに伴って個人情報を取得した場合は、あらかじめ本人の同意を得ないで、承継前における当該個人情報の利用目的の達成に必要な範囲を超えて、当該個人情報を取り扱ってはならない。
3　前二項の規定は、次に掲げる場合については、適用しない。
一　法令に基づく場合
二　人の生命、身体又は財産の保護のために必要がある場合であって、本人の同意を得ることが困難であるとき。
三　公衆衛生の向上又は児童の健全な育成の推進のために特に必要がある場合であって、本人の同意を得ることが困難であるとき。
四　国の機関若しくは地方公共団体又はその委託を受けた者が法令の定める事務を遂行することに対して協力する必要がある場合であって、本人の同意を得ることにより当該事務の遂行に支障を及ぼすおそれがあるとき。
（適正な取得）
第17条　個人情報取扱事業者は、偽りその他不正の手段により個人情報を取得してはならない。
2　個人情報取扱事業者は、次に掲げる場合を除くほか、あらかじめ本人の同意を得ないで、要配慮個人情報を取得してはならない。
一　法令に基づく場合
二　人の生命、身体又は財産の保護のために必要がある場合であって、本人の同意を得ることが困難であるとき。
三　公衆衛生の向上又は児童の健全な育成の推進のために特に必要がある場合であって、本人の同意を得ることが困難であるとき。
四　国の機関若しくは地方公共団体又はその委託を受けた者が法令の定める事務を遂行することに対して協力する必要がある場合であって、本人の同意を得ることにより当該事務の遂行に支障を及ぼすおそれがあるとき。
五　当該要配慮個人情報が、本人、国の機関、地方公共団体、第76条第1項各号に掲げる者その他個人情報保護委員会規則で定める者により公開されている場合

資料2　個人情報の保護に関する法律（平成15年法律第57号）
　　　　【公布の日から起算して2年を超えない範囲内において政令で定める日時点】

六　その他前各号に掲げる場合に準ずるものとして政令で定める場合
（取得に際しての利用目的の通知等）
第18条　個人情報取扱事業者は、個人情報を取得した場合は、あらかじめその利用目的を公表している場合を除き、速やかに、その利用目的を、本人に通知し、又は公表しなければならない。
2　個人情報取扱事業者は、前項の規定にかかわらず、本人との間で契約を締結することに伴って契約書その他の書面（電磁的記録を含む。以下この項において同じ。）に記載された当該本人の個人情報を取得する場合その他本人から直接書面に記載された当該本人の個人情報を取得する場合は、あらかじめ、本人に対し、その利用目的を明示しなければならない。ただし、人の生命、身体又は財産の保護のために緊急に必要がある場合は、この限りでない。
3　個人情報取扱事業者は、利用目的を変更した場合は、変更された利用目的について、本人に通知し、又は公表しなければならない。
4　前三項の規定は、次に掲げる場合については、適用しない。
一　利用目的を本人に通知し、又は公表することにより本人又は第三者の生命、身体、財産その他の権利利益を害するおそれがある場合
二　利用目的を本人に通知し、又は公表することにより当該個人情報取扱事業者の権利又は正当な利益を害するおそれがある場合
三　国の機関又は地方公共団体が法令の定める事務を遂行することに対して協力する必要がある場合であって、利用目的を本人に通知し、又は公表することにより当該事務の遂行に支障を及ぼすおそれがあるとき。
四　取得の状況からみて利用目的が明らかであると認められる場合
（データ内容の正確性の確保等）
第19条　個人情報取扱事業者は、利用目的の達成に必要な範囲内において、個人データを正確かつ最新の内容に保つとともに、利用する必要がなくなったときは、当該個人データを遅滞なく消去するよう努めなければならない。
（安全管理措置）
第20条　個人情報取扱事業者は、その取り扱う個人データの漏えい、滅失又はき損の防止その他の個人データの安全管理のために必要かつ適切な措置を講じなければならない。
（従業者の監督）
第21条　個人情報取扱事業者は、その従業者に個人データを取り扱わせるに当たっては、当該個人データの安全管理が図られるよう、当該従業者に対する必要かつ適切な監督を行わなければならない。
（委託先の監督）

資料2　個人情報の保護に関する法律（平成15年法律第57号）
【公布の日から起算して2年を超えない範囲内において政令で定める日時点】

第22条　個人情報取扱事業者は、個人データの取扱いの全部又は一部を委託する場合は、その取扱いを委託された個人データの安全管理が図られるよう、委託を受けた者に対する必要かつ適切な監督を行わなければならない。
　（第三者提供の制限）
第23条　個人情報取扱事業者は、次に掲げる場合を除くほか、あらかじめ本人の同意を得ないで、個人データを第三者に提供してはならない。
　一　法令に基づく場合
　二　人の生命、身体又は財産の保護のために必要がある場合であって、本人の同意を得ることが困難であるとき。
　三　公衆衛生の向上又は児童の健全な育成の推進のために特に必要がある場合であって、本人の同意を得ることが困難であるとき。
　四　国の機関若しくは地方公共団体又はその委託を受けた者が法令の定める事務を遂行することに対して協力する必要がある場合であって、本人の同意を得ることにより当該事務の遂行に支障を及ぼすおそれがあるとき。
2　個人情報取扱事業者は、第三者に提供される個人データ（要配慮個人情報を除く。以下この項において同じ。）について、本人の求めに応じて当該本人が識別される個人データの第三者への提供を停止することとしている場合であって、次に掲げる事項について、個人情報保護委員会規則で定めるところにより、あらかじめ、本人に通知し、又は本人が容易に知り得る状態に置くとともに、個人情報保護委員会に届け出たときは、前項の規定にかかわらず、当該個人データを第三者に提供することができる。
　一　第三者への提供を利用目的とすること。
　二　第三者に提供される個人データの項目
　三　第三者への提供の方法
　四　本人の求めに応じて当該本人が識別される個人データの第三者への提供を停止すること。
　五　本人の求めを受け付ける方法
3　個人情報取扱事業者は、前項第2号、第3号又は第5号に掲げる事項を変更する場合は、変更する内容について、個人情報保護委員会規則で定めるところにより、あらかじめ、本人に通知し、又は本人が容易に知り得る状態に置くとともに、個人情報保護委員会に届け出なければならない。
4　個人情報保護委員会は、第2項の規定による届出があったときは、個人情報保護委員会規則で定めるところにより、当該届出に係る事項を公表しなければならない。前項の規定による届出があったときも、同様とする。
5　次に掲げる場合において、当該個人データの提供を受ける者は、前各項の規定

資料2　個人情報の保護に関する法律（平成15年法律第57号）
【公布の日から起算して2年を超えない範囲内において政令で定める日時点】

の適用については、第三者に該当しないものとする。
　一　個人情報取扱事業者が利用目的の達成に必要な範囲内において個人データの取扱いの全部又は一部を委託することに伴って当該個人データが提供される場合
　二　合併その他の事由による事業の承継に伴って個人データが提供される場合
　三　特定の者との間で共同して利用される個人データが当該特定の者に提供される場合であって、その旨並びに共同して利用される個人データの項目、共同して利用する者の範囲、利用する者の利用目的及び当該個人データの管理について責任を有する者の氏名又は名称について、あらかじめ、本人に通知し、又は本人が容易に知り得る状態に置いているとき。
6　個人情報取扱事業者は、前項第3号に規定する利用する者の利用目的又は個人データの管理について責任を有する者の氏名若しくは名称を変更する場合は、変更する内容について、あらかじめ、本人に通知し、又は本人が容易に知り得る状態に置かなければならない。
　（外国にある第三者への提供の制限）
第24条　個人情報取扱事業者は、外国（本邦の域外にある国又は地域をいう。以下同じ。）（個人の権利利益を保護する上で我が国と同等の水準にあると認められる個人情報の保護に関する制度を有している外国として個人情報保護委員会規則で定めるものを除く。以下この条において同じ。）にある第三者（個人データの取扱いについてこの節の規定により個人情報取扱事業者が講ずべきこととされている措置に相当する措置を継続的に講ずるために必要なものとして個人情報保護委員会規則で定める基準に適合する体制を整備している者を除く。以下この条において同じ。）に個人データを提供する場合には、前条第1項各号に掲げる場合を除くほか、あらかじめ外国にある第三者への提供を認める旨の本人の同意を得なければならない。この場合においては、同条の規定は、適用しない。
　（第三者提供に係る記録の作成等）
第25条　個人情報取扱事業者は、個人データを第三者（第2条第5項各号に掲げる者を除く。以下この条及び次条において同じ。）に提供したときは、個人情報保護委員会規則で定めるところにより、当該個人データを提供した年月日、当該第三者の氏名又は名称その他の個人情報保護委員会規則で定める事項に関する記録を作成しなければならない。ただし、当該個人データの提供が第23条第1項各号又は第5項各号のいずれか（前条の規定による個人データの提供にあっては、第23条第1項各号のいずれか）に該当する場合は、この限りでない。
2　個人情報取扱事業者は、前項の記録を、当該記録を作成した日から個人情報保護委員会規則で定める期間保存しなければならない。

資料2　個人情報の保護に関する法律（平成15年法律第57号）
【公布の日から起算して2年を超えない範囲内において政令で定める日時点】

（第三者提供を受ける際の確認等）

第26条　個人情報取扱事業者は、第三者から個人データの提供を受けるに際しては、個人情報保護委員会規則で定めるところにより、次に掲げる事項の確認を行わなければならない。ただし、当該個人データの提供が第23条第1項各号又は第5項各号のいずれかに該当する場合は、この限りでない。

一　当該第三者の氏名又は名称及び住所並びに法人にあっては、その代表者（法人でない団体で代表者又は管理人の定めのあるものにあっては、その代表者又は管理人）の氏名

二　当該第三者による当該個人データの取得の経緯

2　前項の第三者は、個人情報取扱事業者が同項の規定による確認を行う場合において、当該個人情報取扱事業者に対して、当該確認に係る事項を偽ってはならない。

3　個人情報取扱事業者は、第1項の規定による確認を行ったときは、個人情報保護委員会規則で定めるところにより、当該個人データの提供を受けた年月日、当該確認に係る事項その他の個人情報保護委員会規則で定める事項に関する記録を作成しなければならない。

4　個人情報取扱事業者は、前項の記録を、当該記録を作成した日から個人情報保護委員会規則で定める期間保存しなければならない。

（保有個人データに関する事項の公表等）

第27条　個人情報取扱事業者は、保有個人データに関し、次に掲げる事項について、本人の知り得る状態（本人の求めに応じて遅滞なく回答する場合を含む。）に置かなければならない。

一　当該個人情報取扱事業者の氏名又は名称

二　全ての保有個人データの利用目的（第18条第4項第1号から第3号までに該当する場合を除く。）

三　次項の規定による求め又は次条第1項、第29条第1項若しくは第30条第1項若しくは第3項の規定による請求に応じる手続（第33条第2項の規定により手数料の額を定めたときは、その手数料の額を含む。）

四　前三号に掲げるもののほか、保有個人データの適正な取扱いの確保に関し必要な事項として政令で定めるもの

2　個人情報取扱事業者は、本人から、当該本人が識別される保有個人データの利用目的の通知を求められたときは、本人に対し、遅滞なく、これを通知しなければならない。ただし、次の各号のいずれかに該当する場合は、この限りでない。

一　前項の規定により当該本人が識別される保有個人データの利用目的が明らかな場合

二　第18条第4項第1号から第3号までに該当する場合
3　個人情報取扱事業者は、前項の規定に基づき求められた保有個人データの利用目的を通知しない旨の決定をしたときは、本人に対し、遅滞なく、その旨を通知しなければならない。
　（開示）
第28条　本人は、個人情報取扱事業者に対し、当該本人が識別される保有個人データの開示を請求することができる。
2　個人情報取扱事業者は、前項の規定による請求を受けたときは、本人に対し、政令で定める方法により、遅滞なく、当該保有個人データを開示しなければならない。ただし、開示することにより次の各号のいずれかに該当する場合は、その全部又は一部を開示しないことができる。
　一　本人又は第三者の生命、身体、財産その他の権利利益を害するおそれがある場合
　二　当該個人情報取扱事業者の業務の適正な実施に著しい支障を及ぼすおそれがある場合
　三　他の法令に違反することとなる場合
3　個人情報取扱事業者は、第1項の規定による請求に係る保有個人データの全部又は一部について開示しない旨の決定をしたとき又は当該保有個人データが存在しないときは、本人に対し、遅滞なく、その旨を通知しなければならない。
4　他の法令の規定により、本人に対し第2項本文に規定する方法に相当する方法により当該本人が識別される保有個人データの全部又は一部を開示することとされている場合には、当該全部又は一部の保有個人データについては、第1項及び第2項の規定は、適用しない。
　（訂正等）
第29条　本人は、個人情報取扱事業者に対し、当該本人が識別される保有個人データの内容が事実でないときは、当該保有個人データの内容の訂正、追加又は削除（以下この条において「訂正等」という。）を請求することができる。
2　個人情報取扱事業者は、前項の規定による請求を受けた場合には、その内容の訂正等に関して他の法令の規定により特別の手続が定められている場合を除き、利用目的の達成に必要な範囲内において、遅滞なく必要な調査を行い、その結果に基づき、当該保有個人データの内容の訂正等を行わなければならない。
3　個人情報取扱事業者は、第1項の規定による請求に係る保有個人データの内容の全部若しくは一部について訂正等を行ったとき、又は訂正等を行わない旨の決定をしたときは、本人に対し、遅滞なく、その旨（訂正等を行ったときは、その内容を含む。）を通知しなければならない。

資料2　個人情報の保護に関する法律（平成15年法律第57号）
【公布の日から起算して2年を超えない範囲内において政令で定める日時点】

（利用停止等）

第30条　本人は、個人情報取扱事業者に対し、当該本人が識別される保有個人データが第16条の規定に違反して取り扱われているとき又は第17条の規定に違反して取得されたものであるときは、当該保有個人データの利用の停止又は消去（以下この条において「利用停止等」という。）を請求することができる。

2　個人情報取扱事業者は、前項の規定による請求を受けた場合であって、その請求に理由があることが判明したときは、違反を是正するために必要な限度で、遅滞なく、当該保有個人データの利用停止等を行なわなければならない。ただし、当該保有個人データの利用停止等に多額の費用を要する場合その他の利用停止等を行うことが困難な場合であって、本人の権利利益を保護するため必要なこれに代わるべき措置をとるときは、この限りでない。

3　本人は、個人情報取扱事業者に対し、当該本人が識別される保有個人データが第23条第1項又は第24条の規定に違反して第三者に提供されているときは、当該保有個人データの第三者への提供の停止を請求することができる。

4　個人情報取扱事業者は、前項の規定による請求を受けた場合であって、その請求に理由があることが判明したときは、遅滞なく、当該保有個人データの第三者への提供を停止しなければならない。ただし、当該保有個人データの第三者への提供の停止に多額の費用を要する場合その他の第三者への提供を停止することが困難な場合であって、本人の権利利益を保護するため必要なこれに代わるべき措置をとるときは、この限りでない。

5　個人情報取扱事業者は、第1項の規定による請求に係る保有個人データの全部若しくは一部について利用停止等を行ったとき若しくは利用停止等を行わない旨の決定をしたとき、又は第3項の規定による請求に係る保有個人データの全部若しくは一部について第三者への提供を停止したとき若しくは第三者への提供を停止しない旨の決定をしたときは、本人に対し、遅滞なく、その旨を通知しなければならない。

（理由の説明）

第31条　個人情報取扱事業者は、第27条第3項、第28条第3項、第29条第3項又は前条第5項の規定により、本人から求められ、又は請求された措置の全部又は一部について、その措置をとらない旨を通知する場合又はその措置と異なる措置をとる旨を通知する場合は、本人に対し、その理由を説明するよう努めなければならない。

（開示等の請求等に応じる手続）

第32条　個人情報取扱事業者は、第27条第2項の規定による求め又は第28条第1項、第29条第1項若しくは第30条第1項若しくは第3項の規定による請求（以下この

資料2　個人情報の保護に関する法律（平成15年法律第57号）
　　　【公布の日から起算して2年を超えない範囲内において政令で定める日時点】

条及び第53条第1項において「開示等の請求等」という。）に関し、政令で定めるところにより、その求め又は請求を受け付ける方法を定めることができる。この場合において、本人は、当該方法に従って、開示等の請求等を行わなければならない。

2　個人情報取扱事業者は、本人に対し、開示等の請求等に関し、その対象となる保有個人データを特定するに足りる事項の提示を求めることができる。この場合において、個人情報取扱事業者は、本人が容易かつ的確に開示等の請求等をすることができるよう、当該保有個人データの特定に資する情報の提供その他本人の利便を考慮した適切な措置をとらなければならない。

3　開示等の請求等は、政令で定めるところにより、代理人によってすることができる。

4　個人情報取扱事業者は、前三項の規定に基づき開示等の請求等に応じる手続を定めるに当たっては、本人に過重な負担を課するものとならないよう配慮しなければならない。

（手数料）

第33条　個人情報取扱事業者は、第27条第2項の規定による利用目的の通知を求められたとき又は第28条第1項の規定による開示の請求を受けたときは、当該措置の実施に関し、手数料を徴収することができる。

2　個人情報取扱事業者は、前項の規定により手数料を徴収する場合は、実費を勘案して合理的であると認められる範囲内において、その手数料の額を定めなければならない。

（事前の請求）

第34条　本人は、第28条第1項、第29条第1項又は第30条第1項若しくは第3項の規定による請求に係る訴えを提起しようとするときは、その訴えの被告となるべき者に対し、あらかじめ、当該請求を行い、かつ、その到達した日から2週間を経過した後でなければ、その訴えを提起することができない。ただし、当該訴えの被告となるべき者がその請求を拒んだときは、この限りでない。

2　前項の請求は、その請求が通常到達すべきであった時に、到達したものとみなす。

3　前二項の規定は、第28条第1項、第29条第1項又は第30条第1項若しくは第3項の規定による請求に係る仮処分命令の申立てについて準用する。

（個人情報取扱事業者による苦情の処理）

第35条　個人情報取扱事業者は、個人情報の取扱いに関する苦情の適切かつ迅速な処理に努めなければならない。

2　個人情報取扱事業者は、前項の目的を達成するために必要な体制の整備に努め

資料2　個人情報の保護に関する法律（平成15年法律第57号）
【公布の日から起算して2年を超えない範囲内において政令で定める日時点】

なければならない。
　　　　　　第2節　匿名加工情報取扱事業者等の義務
　（匿名加工情報の作成等）
第36条　個人情報取扱事業者は、匿名加工情報（匿名加工情報データベース等を構成するものに限る。以下同じ。）を作成するときは、特定の個人を識別すること及びその作成に用いる個人情報を復元することができないようにするために必要なものとして個人情報保護委員会規則で定める基準に従い、当該個人情報を加工しなければならない。
2　個人情報取扱事業者は、匿名加工情報を作成したときは、その作成に用いた個人情報から削除した記述等及び個人識別符号並びに前項の規定により行った加工の方法に関する情報の漏えいを防止するために必要なものとして個人情報保護委員会規則で定める基準に従い、これらの情報の安全管理のための措置を講じなければならない。
3　個人情報取扱事業者は、匿名加工情報を作成したときは、個人情報保護委員会規則で定めるところにより、当該匿名加工情報に含まれる個人に関する情報の項目を公表しなければならない。
4　個人情報取扱事業者は、匿名加工情報を作成して当該匿名加工情報を第三者に提供するときは、個人情報保護委員会規則で定めるところにより、あらかじめ、第三者に提供される匿名加工情報に含まれる個人に関する情報の項目及びその提供の方法について公表するとともに、当該第三者に対して、当該提供に係る情報が匿名加工情報である旨を明示しなければならない。
5　個人情報取扱事業者は、匿名加工情報を作成して自ら当該匿名加工情報を取り扱うに当たっては、当該匿名加工情報の作成に用いられた個人情報に係る本人を識別するために、当該匿名加工情報を他の情報と照合してはならない。
6　個人情報取扱事業者は、匿名加工情報を作成したときは、当該匿名加工情報の安全管理のために必要かつ適切な措置、当該匿名加工情報の作成その他の取扱いに関する苦情の処理その他の当該匿名加工情報の適正な取扱いを確保するために必要な措置を自ら講じ、かつ、当該措置の内容を公表するよう努めなければならない。
　（匿名加工情報の提供）
第37条　匿名加工情報取扱事業者は、匿名加工情報（自ら個人情報を加工して作成したものを除く。以下この節において同じ。）を第三者に提供するときは、個人情報保護委員会規則で定めるところにより、あらかじめ、第三者に提供される匿名加工情報に含まれる個人に関する情報の項目及びその提供の方法について公表するとともに、当該第三者に対して、当該提供に係る情報が匿名加工情報である

資料2 個人情報の保護に関する法律（平成15年法律第57号）
【公布の日から起算して2年を超えない範囲内において政令で定める日時点】

旨を明示しなければならない。
　（識別行為の禁止）
第38条　匿名加工情報取扱事業者は、匿名加工情報を取り扱うに当たっては、当該匿名加工情報の作成に用いられた個人情報に係る本人を識別するために、当該個人情報から削除された記述等若しくは個人識別符号若しくは第36条第1項の規定により行われた加工の方法に関する情報を取得し、又は当該匿名加工情報を他の情報と照合してはならない。
　（安全管理措置等）
第39条　匿名加工情報取扱事業者は、匿名加工情報の安全管理のために必要かつ適切な措置、匿名加工情報の取扱いに関する苦情の処理その他の匿名加工情報の適正な取扱いを確保するために必要な措置を自ら講じ、かつ、当該措置の内容を公表するよう努めなければならない。
　　　　第3節　監督
　（報告及び立入検査）
第40条　個人情報保護委員会は、前二節及びこの節の規定の施行に必要な限度において、個人情報取扱事業者又は匿名加工情報取扱事業者（以下「個人情報取扱事業者等」という。）に対し、個人情報又は匿名加工情報（以下「個人情報等」という。）の取扱いに関し、必要な報告若しくは資料の提出を求め、又はその職員に、当該個人情報取扱事業者等の事務所その他必要な場所に立ち入らせ、個人情報等の取扱いに関し質問させ、若しくは帳簿書類その他の物件を検査させることができる。
2　前項の規定により立入検査をする職員は、その身分を示す証明書を携帯し、関係人の請求があったときは、これを提示しなければならない。
3　第1項の規定による立入検査の権限は、犯罪捜査のために認められたものと解釈してはならない。
　（指導及び助言）
第41条　個人情報保護委員会は、前二節の規定の施行に必要な限度において、個人情報取扱事業者等に対し、個人情報等の取扱いに関し必要な指導及び助言をすることができる。
　（勧告及び命令）
第42条　個人情報保護委員会は、個人情報取扱事業者が第16条から第18条まで、第20条から第22条まで、第23条（第4項を除く。）、第24条、第25条、第26条（第2項を除く。）、第27条、第28条（第1項を除く。）、第29条第2項若しくは第3項、第30条第2項、第4項若しくは第5項、第33条第2項若しくは第36条（第6項を除く。）の規定に違反した場合又は匿名加工情報取扱事業者が第37条若しく

資料2　個人情報の保護に関する法律（平成15年法律第57号）
【公布の日から起算して2年を超えない範囲内において政令で定める日時点】

は第38条の規定に違反した場合において個人の権利利益を保護するため必要があると認めるときは、当該個人情報取扱事業者等に対し、当該違反行為の中止その他違反を是正するために必要な措置をとるべき旨を勧告することができる。

2　個人情報保護委員会は、前項の規定による勧告を受けた個人情報取扱事業者等が正当な理由がなくてその勧告に係る措置をとらなかった場合において個人の重大な権利利益の侵害が切迫していると認めるときは、当該個人情報取扱事業者等に対し、その勧告に係る措置をとるべきことを命ずることができる。

3　個人情報保護委員会は、前二項の規定にかかわらず、個人情報取扱事業者が第16条、第17条、第20条から第22条まで、第23条第1項、第24条若しくは第36条第1項、第2項若しくは第5項の規定に違反した場合又は匿名加工情報取扱事業者が第38条の規定に違反した場合において個人の重大な権利利益を害する事実があるため緊急に措置をとる必要があると認めるときは、当該個人情報取扱事業者等に対し、当該違反行為の中止その他違反を是正するために必要な措置をとるべきことを命ずることができる。

（個人情報保護委員会の権限の行使の制限）

第43条　個人情報保護委員会は、前三条の規定により個人情報取扱事業者等に対し報告若しくは資料の提出の要求、立入検査、指導、助言、勧告又は命令を行うに当たっては、表現の自由、学問の自由、信教の自由及び政治活動の自由を妨げてはならない。

2　前項の規定の趣旨に照らし、個人情報保護委員会は、個人情報取扱事業者等が第76条第1項各号に掲げる者（それぞれ当該各号に定める目的で個人情報等を取り扱う場合に限る。）に対して個人情報等を提供する行為については、その権限を行使しないものとする。

（権限の委任）

第44条　個人情報保護委員会は、緊急かつ重点的に個人情報等の適正な取扱いの確保を図る必要があることその他の政令で定める事情があるため、個人情報取扱事業者等に対し、第42条の規定による勧告又は命令を効果的に行う上で必要があると認めるときは、政令で定めるところにより、第40条第1項の規定による権限を事業所管大臣に委任することができる。

2　事業所管大臣は、前項の規定により委任された権限を行使したときは、政令で定めるところにより、その結果について個人情報保護委員会に報告するものとする。

3　事業所管大臣は、政令で定めるところにより、第1項の規定により委任された権限及び前項の規定による権限について、その全部又は一部を内閣府設置法（平成11年法律第89号）第43条の地方支分部局その他の政令で定める部局又は機関の

資料2　個人情報の保護に関する法律（平成15年法律第57号）
【公布の日から起算して2年を超えない範囲内において政令で定める日時点】　199

　　　長に委任することができる。
　4　内閣総理大臣は、第1項の規定により委任された権限及び第2項の規定による権限（金融庁の所掌に係るものに限り、政令で定めるものを除く。）を金融庁長官に委任する。
　5　金融庁長官は、政令で定めるところにより、前項の規定により委任された権限について、その一部を証券取引等監視委員会に委任することができる。
　6　金融庁長官は、政令で定めるところにより、第4項の規定により委任された権限（前項の規定により証券取引等監視委員会に委任されたものを除く。）の一部を財務局長又は財務支局長に委任することができる。
　7　証券取引等監視委員会は、政令で定めるところにより、第5項の規定により委任された権限の一部を財務局長又は財務支局長に委任することができる。
　8　前項の規定により財務局長又は財務支局長に委任された権限に係る事務に関しては、証券取引等監視委員会が財務局長又は財務支局長を指揮監督する。
　9　第5項の場合において、証券取引等監視委員会が行う報告又は資料の提出の要求（第7項の規定により財務局長又は財務支局長が行う場合を含む。）についての審査請求は、証券取引等監視委員会に対してのみ行うことができる。
　　（事業所管大臣の請求）
第45条　事業所管大臣は、個人情報取扱事業者等に前二節の規定に違反する行為があると認めるときその他個人情報取扱事業者等による個人情報等の適正な取扱いを確保するために必要があると認めるときは、個人情報保護委員会に対し、この法律の規定に従い適当な措置をとるべきことを求めることができる。
　　（事業所管大臣）
第46条　この節の規定における事業所管大臣は、次のとおりとする。
　一　個人情報取扱事業者等が行う個人情報等の取扱いのうち雇用管理に関するものについては、厚生労働大臣（船員の雇用管理に関するものについては、国土交通大臣）及び当該個人情報取扱事業者等が行う事業を所管する大臣又は国家公安委員会（次号において「大臣等」という。）
　二　個人情報取扱事業者等が行う個人情報等の取扱いのうち前号に掲げるもの以外のものについては、当該個人情報取扱事業者等が行う事業を所管する大臣等
　　　　第4節　民間団体による個人情報の保護の推進
　　（認定）
第47条　個人情報取扱事業者等の個人情報等の適正な取扱いの確保を目的として次に掲げる業務を行おうとする法人（法人でない団体で代表者又は管理人の定めのあるものを含む。次条第3号ロにおいて同じ。）は、個人情報保護委員会の認定を受けることができる。

資料2　個人情報の保護に関する法律（平成15年法律第57号）
【公布の日から起算して2年を超えない範囲内において政令で定める日時点】

　　一　業務の対象となる個人情報取扱事業者等（以下「対象事業者」という。）の個人情報等の取扱いに関する第52条の規定による苦情の処理
　　二　個人情報等の適正な取扱いの確保に寄与する事項についての対象事業者に対する情報の提供
　　三　前二号に掲げるもののほか、対象事業者の個人情報等の適正な取扱いの確保に関し必要な業務
2　前項の認定を受けようとする者は、政令で定めるところにより、個人情報保護委員会に申請しなければならない。
3　個人情報保護委員会は、第1項の認定をしたときは、その旨を公示しなければならない。
　（欠格条項）
第48条　次の各号のいずれかに該当する者は、前条第1項の認定を受けることができない。
　　一　この法律の規定により刑に処せられ、その執行を終わり、又は執行を受けることがなくなった日から2年を経過しない者
　　二　第58条第1項の規定により認定を取り消され、その取消しの日から2年を経過しない者
　　三　その業務を行う役員（法人でない団体で代表者又は管理人の定めのあるものの代表者又は管理人を含む。以下この条において同じ。）のうちに、次のいずれかに該当する者があるもの
　　　イ　禁錮以上の刑に処せられ、又はこの法律の規定により刑に処せられ、その執行を終わり、又は執行を受けることがなくなった日から2年を経過しない者
　　　ロ　第58条第1項の規定により認定を取り消された法人において、その取消しの日前30日以内にその役員であった者でその取消しの日から2年を経過しない者
　（認定の基準）
第49条　個人情報保護委員会は、第47条第1項の認定の申請が次の各号のいずれにも適合していると認めるときでなければ、その認定をしてはならない。
　　一　第47条第1項各号に掲げる業務を適正かつ確実に行うに必要な業務の実施の方法が定められているものであること。
　　二　第47条第1項各号に掲げる業務を適正かつ確実に行うに足りる知識及び能力並びに経理的基礎を有するものであること。
　　三　第47条第1項各号に掲げる業務以外の業務を行っている場合には、その業務を行うことによって同項各号に掲げる業務が不公正になるおそれがないもので

あること。
（廃止の届出）
第50条　第47条第1項の認定を受けた者（以下「認定個人情報保護団体」という。）は、その認定に係る業務（以下「認定業務」という。）を廃止しようとするときは、政令で定めるところにより、あらかじめ、その旨を個人情報保護委員会に届け出なければならない。
2　個人情報保護委員会は、前項の規定による届出があったときは、その旨を公示しなければならない。
（対象事業者）
第51条　認定個人情報保護団体は、当該認定個人情報保護団体の構成員である個人情報取扱事業者等又は認定業務の対象となることについて同意を得た個人情報取扱事業者等を対象事業者としなければならない。
2　認定個人情報保護団体は、対象事業者の氏名又は名称を公表しなければならない。
（苦情の処理）
第52条　認定個人情報保護団体は、本人その他の関係者から対象事業者の個人情報等の取扱いに関する苦情について解決の申出があったときは、その相談に応じ、申出人に必要な助言をし、その苦情に係る事情を調査するとともに、当該対象事業者に対し、その苦情の内容を通知してその迅速な解決を求めなければならない。
2　認定個人情報保護団体は、前項の申出に係る苦情の解決について必要があると認めるときは、当該対象事業者に対し、文書若しくは口頭による説明を求め、又は資料の提出を求めることができる。
3　対象事業者は、認定個人情報保護団体から前項の規定による求めがあったときは、正当な理由がないのに、これを拒んではならない。
（個人情報保護指針）
第53条　認定個人情報保護団体は、対象事業者の個人情報等の適正な取扱いの確保のために、個人情報に係る利用目的の特定、安全管理のための措置、開示等の請求等に応じる手続その他の事項又は匿名加工情報に係る作成の方法、その情報の安全管理のための措置その他の事項に関し、消費者の意見を代表する者その他の関係者の意見を聴いて、この法律の規定の趣旨に沿った指針（以下「個人情報保護指針」という。）を作成するよう努めなければならない。
2　認定個人情報保護団体は、前項の規定により個人情報保護指針を作成したときは、個人情報保護委員会規則で定めるところにより、遅滞なく、当該個人情報保護指針を個人情報保護委員会に届け出なければならない。これを変更したときも、同様とする。

資料2　個人情報の保護に関する法律（平成15年法律第57号）
【公布の日から起算して2年を超えない範囲内において政令で定める日時点】

3　個人情報保護委員会は、前項の規定による個人情報保護指針の届出があったときは、個人情報保護委員会規則で定めるところにより、当該個人情報保護指針を公表しなければならない。

4　認定個人情報保護団体は、前項の規定により個人情報保護指針が公表されたときは、対象事業者に対し、当該個人情報保護指針を遵守させるため必要な指導、勧告その他の措置をとらなければならない。

（目的外利用の禁止）

第54条　認定個人情報保護団体は、認定業務の実施に際して知り得た情報を認定業務の用に供する目的以外に利用してはならない。

（名称の使用制限）

第55条　認定個人情報保護団体でない者は、認定個人情報保護団体という名称又はこれに紛らわしい名称を用いてはならない。

（報告の徴収）

第56条　個人情報保護委員会は、この節の規定の施行に必要な限度において、認定個人情報保護団体に対し、認定業務に関し報告をさせることができる。

（命令）

第57条　個人情報保護委員会は、この節の規定の施行に必要な限度において、認定個人情報保護団体に対し、認定業務の実施の方法の改善、個人情報保護指針の変更その他の必要な措置をとるべき旨を命ずることができる。

（認定の取消し）

第58条　個人情報保護委員会は、認定個人情報保護団体が次の各号のいずれかに該当するときは、その認定を取り消すことができる。

一　第48条第1号又は第3号に該当するに至ったとき。
二　第49条各号のいずれかに適合しなくなったとき。
三　第54条の規定に違反したとき。
四　前条の命令に従わないとき。
五　不正の手段により第47条第1項の認定を受けたとき。

2　個人情報保護委員会は、前項の規定により認定を取り消したときは、その旨を公示しなければならない。

第5章　個人情報保護委員会

（設置）

第59条　内閣府設置法第49条第3項の規定に基づいて、個人情報保護委員会（以下「委員会」という。）を置く。

2　委員会は、内閣総理大臣の所轄に属する。

（任務）

第60条　委員会は、個人情報の適正かつ効果的な活用が新たな産業の創出並びに活力ある経済社会及び豊かな国民生活の実現に資するものであることその他の個人情報の有用性に配慮しつつ、個人の権利利益を保護するため、個人情報の適正な取扱いの確保を図ること（個人番号利用事務等実施者（行政手続における特定の個人を識別するための番号の利用等に関する法律（平成25年法律第27号。以下「番号利用法」という。）第12条に規定する個人番号利用事務等実施者をいう。）に対する指導及び助言その他の措置を講ずることを含む。）を任務とする。
　　（所掌事務）
第61条　委員会は、前条の任務を達成するため、次に掲げる事務をつかさどる。
　一　基本方針の策定及び推進に関すること。
　二　個人情報及び匿名加工情報の取扱いに関する監督並びに苦情の申出についての必要なあっせん及びその処理を行う事業者への協力に関すること（第4号に掲げるものを除く。）。
　三　認定個人情報保護団体に関すること。
　四　特定個人情報（番号利用法第2条第8項に規定する特定個人情報をいう。第63条第4項において同じ。）の取扱いに関する監視又は監督並びに苦情の申出についての必要なあっせん及びその処理を行う事業者への協力に関すること。
　五　特定個人情報保護評価（番号利用法<u>第26条第1項</u>に規定する特定個人情報保護評価をいう。）に関すること。
　　※　下線部は、番号利用法附則第1条第5号に掲げる規定の施行の日以降「第27条第1項」となります。
　六　個人情報の保護及び適正かつ効果的な活用についての広報及び啓発に関すること。
　七　前各号に掲げる事務を行うために必要な調査及び研究に関すること。
　八　所掌事務に係る国際協力に関すること。
　九　前各号に掲げるもののほか、法律（法律に基づく命令を含む。）に基づき委員会に属させられた事務
　　（職権行使の独立性）
第62条　委員会の委員長及び委員は、独立してその職権を行う。
　　（組織等）
第63条　委員会は、委員長及び委員8人をもって組織する。
2　委員のうち4人は、非常勤とする。
3　委員長及び委員は、人格が高潔で識見の高い者のうちから、両議院の同意を得て、内閣総理大臣が任命する。
4　委員長及び委員には、個人情報の保護及び適正かつ効果的な活用に関する学識

資料2　個人情報の保護に関する法律（平成15年法律第57号）
【公布の日から起算して2年を超えない範囲内において政令で定める日時点】

経験のある者、消費者の保護に関して十分な知識と経験を有する者、情報処理技術に関する学識経験のある者、特定個人情報が利用される行政分野に関する学識経験のある者、民間企業の実務に関して十分な知識と経験を有する者並びに連合組織（地方自治法（昭和22年法律第67号）第263条の3第1項の連合組織で同項の規定による届出をしたものをいう。）の推薦する者が含まれるものとする。

（任期等）

第64条　委員長及び委員の任期は、5年とする。ただし、補欠の委員長又は委員の任期は、前任者の残任期間とする。

2　委員長及び委員は、再任されることができる。

3　委員長及び委員の任期が満了したときは、当該委員長及び委員は、後任者が任命されるまで引き続きその職務を行うものとする。

4　委員長又は委員の任期が満了し、又は欠員を生じた場合において、国会の閉会又は衆議院の解散のために両議院の同意を得ることができないときは、内閣総理大臣は、前条第3項の規定にかかわらず、同項に定める資格を有する者のうちから、委員長又は委員を任命することができる。

5　前項の場合においては、任命後最初の国会において両議院の事後の承認を得なければならない。この場合において、両議院の事後の承認が得られないときは、内閣総理大臣は、直ちに、その委員長又は委員を罷免しなければならない。

（身分保障）

第65条　委員長及び委員は、次の各号のいずれかに該当する場合を除いては、在任中、その意に反して罷免されることがない。

一　破産手続開始の決定を受けたとき。
二　この法律又は番号利用法の規定に違反して刑に処せられたとき。
三　禁錮以上の刑に処せられたとき。
四　委員会により、心身の故障のため職務を執行することができないと認められたとき、又は職務上の義務違反その他委員長若しくは委員たるに適しない非行があると認められたとき。

（罷免）

第66条　内閣総理大臣は、委員長又は委員が前条各号のいずれかに該当するときは、その委員長又は委員を罷免しなければならない。

（委員長）

第67条　委員長は、委員会の会務を総理し、委員会を代表する。

2　委員会は、あらかじめ常勤の委員のうちから、委員長に事故がある場合に委員長を代理する者を定めておかなければならない。

（会議）

第68条　委員会の会議は、委員長が招集する。
2　委員会は、委員長及び4人以上の委員の出席がなければ、会議を開き、議決をすることができない。
3　委員会の議事は、出席者の過半数でこれを決し、可否同数のときは、委員長の決するところによる。
4　第65条第4号の規定による認定をするには、前項の規定にかかわらず、本人を除く全員の一致がなければならない。
5　委員長に事故がある場合の第2項の規定の適用については、前条第2項に規定する委員長を代理する者は、委員長とみなす。
　　（専門委員）
第69条　委員会に、専門の事項を調査させるため、専門委員を置くことができる。
2　専門委員は、委員会の申出に基づいて内閣総理大臣が任命する。
3　専門委員は、当該専門の事項に関する調査が終了したときは、解任されるものとする。
4　専門委員は、非常勤とする。
　　（事務局）
第70条　委員会の事務を処理させるため、委員会に事務局を置く。
2　事務局に、事務局長その他の職員を置く。
3　事務局長は、委員長の命を受けて、局務を掌理する。
　　（政治運動等の禁止）
第71条　委員長及び委員は、在任中、政党その他の政治団体の役員となり、又は積極的に政治運動をしてはならない。
2　委員長及び常勤の委員は、在任中、内閣総理大臣の許可のある場合を除くほか、報酬を得て他の職務に従事し、又は営利事業を営み、その他金銭上の利益を目的とする業務を行ってはならない。
　　（秘密保持義務）
第72条　委員長、委員、専門委員及び事務局の職員は、職務上知ることのできた秘密を漏らし、又は盗用してはならない。その職務を退いた後も、同様とする。
　　（給与）
第73条　委員長及び委員の給与は、別に法律で定める。
　　（規則の制定）
第74条　委員会は、その所掌事務について、法律若しくは政令を実施するため、又は法律若しくは政令の特別の委任に基づいて、個人情報保護委員会規則を制定することができる。
　　　第6章　雑則

資料2　個人情報の保護に関する法律（平成15年法律第57号）
【公布の日から起算して2年を超えない範囲内において政令で定める日時点】

（適用範囲）
第75条　第15条、第16条、第18条（第2項を除く。）、第19条から第25条まで、第27条から第36条まで、第41条、第42条第1項、第43条及び次条の規定は、国内にある者に対する物品又は役務の提供に関連してその者を本人とする個人情報を取得した個人情報取扱事業者が、外国において当該個人情報又は当該個人情報を用いて作成した匿名加工情報を取り扱う場合についても、適用する。

（適用除外）
第76条　個人情報取扱事業者等のうち次の各号に掲げる者については、その個人情報等を取り扱う目的の全部又は一部がそれぞれ当該各号に規定する目的であるときは、第4章の規定は、適用しない。
　一　放送機関、新聞社、通信社その他の報道機関（報道を業として行う個人を含む。）　報道の用に供する目的
　二　著述を業として行う者　著述の用に供する目的
　三　大学その他の学術研究を目的とする機関若しくは団体又はそれらに属する者　学術研究の用に供する目的
　四　宗教団体　宗教活動（これに付随する活動を含む。）の用に供する目的
　五　政治団体　政治活動（これに付随する活動を含む。）の用に供する目的
2　前項第1号に規定する「報道」とは、不特定かつ多数の者に対して客観的事実を事実として知らせること（これに基づいて意見又は見解を述べることを含む。）をいう。
3　第1項各号に掲げる個人情報取扱事業者等は、個人データ又は匿名加工情報の安全管理のために必要かつ適切な措置、個人情報等の取扱いに関する苦情の処理その他の個人情報等の適正な取扱いを確保するために必要な措置を自ら講じ、かつ、当該措置の内容を公表するよう努めなければならない。

（地方公共団体が処理する事務）
第77条　この法律に規定する委員会の権限及び第44条第1項又は第4項の規定により事業所管大臣又は金融庁長官に委任された権限に属する事務は、政令で定めるところにより、地方公共団体の長その他の執行機関が行うこととすることができる。

（外国執行当局への情報提供）
第78条　委員会は、この法律に相当する外国の法令を執行する外国の当局（以下この条において「外国執行当局」という。）に対し、その職務（この法律に規定する委員会の職務に相当するものに限る。次項において同じ。）の遂行に資すると認める情報の提供を行うことができる。
2　前項の規定による情報の提供については、当該情報が当該外国執行当局の職務

の遂行以外に使用されず、かつ、次項の規定による同意がなければ外国の刑事事件の捜査（その対象たる犯罪事実が特定された後のものに限る。）又は審判（同項において「捜査等」という。）に使用されないよう適切な措置がとられなければならない。
3　委員会は、外国執行当局からの要請があったときは、次の各号のいずれかに該当する場合を除き、第1項の規定により提供した情報を当該要請に係る外国の刑事事件の捜査等に使用することについて同意をすることができる。
　一　当該要請に係る刑事事件の捜査等の対象とされている犯罪が政治犯罪であるとき、又は当該要請が政治犯罪について捜査等を行う目的で行われたものと認められるとき。
　二　当該要請に係る刑事事件の捜査等の対象とされている犯罪に係る行為が日本国内において行われたとした場合において、その行為が日本国の法令によれば罪に当たるものでないとき。
　三　日本国が行う同種の要請に応ずる旨の要請国の保証がないとき。
4　委員会は、前項の同意をする場合においては、あらかじめ、同項第1号及び第2号に該当しないことについて法務大臣の確認を、同項第3号に該当しないことについて外務大臣の確認を、それぞれ受けなければならない。
　（国会に対する報告）
第79条　委員会は、毎年、内閣総理大臣を経由して国会に対し所掌事務の処理状況を報告するとともに、その概要を公表しなければならない。
　（連絡及び協力）
第80条　内閣総理大臣及びこの法律の施行に関係する行政機関（法律の規定に基づき内閣に置かれる機関（内閣府を除く。）及び内閣の所轄の下に置かれる機関、内閣府、宮内庁、内閣府設置法第49条第1項及び第2項に規定する機関並びに国家行政組織法（昭和23年法律第120号）第3条第2項に規定する機関をいう。）の長は、相互に緊密に連絡し、及び協力しなければならない。
　（政令への委任）
第81条　この法律に定めるもののほか、この法律の実施のため必要な事項は、政令で定める。
　　　　　第7章　罰則
第82条　第72条の規定に違反して秘密を漏らし、又は盗用した者は、2年以下の懲役又は100万円以下の罰金に処する。
第83条　個人情報取扱事業者（その者が法人（法人でない団体で代表者又は管理人の定めのあるものを含む。第87条第1項において同じ。）である場合にあっては、その役員、代表者又は管理人）若しくはその従業者又はこれらであった者が、そ

資料2　個人情報の保護に関する法律（平成15年法律第57号）
【公布の日から起算して2年を超えない範囲内において政令で定める日時点】

の業務に関して取り扱った個人情報データベース等（その全部又は一部を複製し、又は加工したものを含む。）を自己若しくは第三者の不正な利益を図る目的で提供し、又は盗用したときは、1年以下の懲役又は50万円以下の罰金に処する。

第84条　第42条第2項又は第3項の規定による命令に違反した者は、6月以下の懲役又は30万円以下の罰金に処する。

第85条　次の各号のいずれかに該当する者は、30万円以下の罰金に処する。
　一　第40条第1項の規定による報告若しくは資料の提出をせず、若しくは虚偽の報告をし、若しくは虚偽の資料を提出し、又は当該職員の質問に対して答弁をせず、若しくは虚偽の答弁をし、若しくは検査を拒み、妨げ、若しくは忌避した者
　二　第56条の規定による報告をせず、又は虚偽の報告をした者

第86条　第82条及び第83条の規定は、日本国外においてこれらの条の罪を犯した者にも適用する。

第87条　法人の代表者又は法人若しくは人の代理人、使用人その他の従業者が、その法人又は人の業務に関して、第83条から第85条までの違反行為をしたときは、行為者を罰するほか、その法人又は人に対しても、各本条の罰金刑を科する。

2　法人でない団体について前項の規定の適用がある場合には、その代表者又は管理人が、その訴訟行為につき法人でない団体を代表するほか、法人を被告人又は被疑者とする場合の刑事訴訟に関する法律の規定を準用する。

第88条　次の各号のいずれかに該当する者は、10万円以下の過料に処する。
　一　第26条第2項又は第55条の規定に違反した者
　二　第50条第1項の規定による届出をせず、又は虚偽の届出をした者

資料3　個人情報の保護に関する法律　新旧対照表

新旧対照表①

個人情報の保護に関する法律（平成15年法律第57号）　　　　　　（傍線の部分は改正部分）

新　法 （平成28年1月1日時点）	旧　法
目次	目次
第1章　総則（第1条―第3条）	第1章　総則（第1条―第3条）
第2章　国及び地方公共団体の責務等（第4条―第6条）	第2章　国及び地方公共団体の責務等（第4条―第6条）
第3章　個人情報の保護に関する施策等	第3章　個人情報の保護に関する施策等
第1節　個人情報の保護に関する基本方針（第7条）	第1節　個人情報の保護に関する基本方針（第7条）
第2節　国の施策（第8条―第10条）	第2節　国の施策（第8条―第10条）
第3節　地方公共団体の施策（第11条―第13条）	第3節　地方公共団体の施策（第11条―第13条）
第4節　国及び地方公共団体の協力（第14条）	第4節　国及び地方公共団体の協力（第14条）
第4章　個人情報取扱事業者の義務等	第4章　個人情報取扱事業者の義務等
第1節　個人情報取扱事業者の義務（第15条―第36条）	第1節　個人情報取扱事業者の義務（第15条―第36条）
第2節　民間団体による個人情報の保護の推進（第37条―第49条）	第2節　民間団体による個人情報の保護の推進（第37条―第49条）
<u>第5章　個人情報保護委員会（第50条―第65条）</u>	（新設）
<u>第6章</u>　雑則（<u>第66条―第72条</u>）	<u>第5章</u>　雑則（<u>第50条―第55条</u>）
<u>第7章</u>　罰則（<u>第73条―第78条</u>）	<u>第6章</u>　罰則（<u>第56条―第59条</u>）
附則	附則
（目的）	（目的）
第1条　この法律は、高度情報通信社会の進展に伴い個人情報の利用が著しく拡大していることに<u>鑑み</u>、個人情報の適正な取扱いに関し、基本理念及び政府による基本方針の作成その他の個人情報の保護に関する施策の基本となる事項を定め、国及び地方公共団体の責務等を明らかに	第1条　この法律は、高度情報通信社会の進展に伴い個人情報の利用が著しく拡大していることに<u>かんがみ</u>、個人情報の適正な取扱いに関し、基本理念及び政府による基本方針の作成その他の個人情報の保護に関する施策の基本となる事項を定め、国及び地方公共団体の責務等を明ら

するとともに、個人情報を取り扱う事業者の遵守すべき義務等を定めることにより、個人情報の<u>適正かつ効果的な活用が新たな産業の創出並びに活力ある経済社会及び豊かな国民生活の実現に資するものであることその他の個人情報の有用性</u>に配慮しつつ、個人の権利利益を保護することを目的とする。	かにするとともに、個人情報を取り扱う事業者の遵守すべき義務等を定めることにより、個人情報の<u>有用性</u>に配慮しつつ、個人の権利利益を保護することを目的とする。
第7条　（略） 2　（略） 3　内閣総理大臣は、<u>個人情報保護委員会が作成した基本方針の案について</u>閣議の決定を求めなければならない。 4・5　（略）	第7条　（略） 2　（略） 3　内閣総理大臣は、<u>消費者委員会の意見を聴いて、基本方針の案を作成し、</u>閣議の決定を求めなければならない。 4・5　（略）
（主務大臣の権限の行使の制限） 第35条　（略） 2　前項の規定の趣旨に照らし、主務大臣は、個人情報取扱事業者が<u>第66条第1項各号</u>に掲げる者（それぞれ当該各号に定める目的で個人情報を取り扱う場合に限る。）に対して個人情報を提供する行為については、その権限を行使しないものとする。	（主務大臣の権限の行使の制限） 第35条　（略） 2　前項の規定の趣旨に照らし、主務大臣は、個人情報取扱事業者が<u>第50条第1項各号</u>に掲げる者（それぞれ当該各号に定める目的で個人情報を取り扱う場合に限る。）に対して個人情報を提供する行為については、その権限を行使しないものとする。
<u>　　第5章　個人情報保護委員会</u>	（新設）
<u>（設置）</u> <u>第50条　内閣府設置法（平成11年法律第89号）第49条第3項の規定に基づいて、個人情報保護委員会（以下「委員会」という。）を置く。</u> <u>2　委員会は、内閣総理大臣の所轄に属する。</u>	（新設）
<u>（任務）</u> <u>第51条　委員会は、個人情報の適正かつ効果的な活用が新たな産業の創出並びに活力ある経済社</u>	（新設）

会及び豊かな国民生活の実現に資するものであることその他の個人情報の有用性に配慮しつつ、個人の権利利益を保護するため、個人情報の適正な取扱いの確保を図ること（個人番号利用事務等実施者（行政手続における特定の個人を識別するための番号の利用等に関する法律（平成25年法律第27号。以下「番号利用法」という。）第12条に規定する個人番号利用事務等実施者をいう。）に対する指導及び助言その他の措置を講ずることを含む。）を任務とする。 （所掌事務） 第52条　委員会は、前条の任務を達成するため、次に掲げる事務をつかさどる。 　一　基本方針の策定及び推進に関すること。 　二　特定個人情報（番号利用法第２条第８項に規定する特定個人情報をいう。第54条第４項において同じ。）の取扱いに関する監視又は監督並びに苦情の申出についての必要なあっせん及びその処理を行う事業者への協力に関すること。 　三　特定個人情報保護評価（番号利用法第26条第１項に規定する特定個人情報保護評価をいう。）に関すること。 　四　個人情報の保護及び適正かつ効果的な活用についての広報及び啓発に関すること。 　五　前各号に掲げる事務を行うために必要な調査及び研究に関すること。 　六　所掌事務に係る国際協力に関すること。 　七　前各号に掲げるもののほか、法律（法律に基づく命令を含む。）に基づき委員会に属させられた事務 （職権行使の独立性） 第53条　委員会の委員長及び委員は、独立してそ	（新設） （新設） （新設）

の職権を行う。 （組織等） <u>第54条</u>　委員会は、委員長及び委員８人をもって組織する。 <u>２</u>　委員のうち４人は、非常勤とする。 <u>３</u>　委員長及び委員は、人格が高潔で識見の高い者のうちから、両議院の同意を得て、内閣総理大臣が任命する。 <u>４</u>　委員長及び委員には、個人情報の保護及び適正かつ効果的な活用に関する学識経験のある者、消費者の保護に関して十分な知識と経験を有する者、情報処理技術に関する学識経験のある者、特定個人情報が利用される行政分野に関する学識経験のある者、民間企業の実務に関して十分な知識と経験を有する者並びに連合組織（地方自治法（昭和22年法律第67号）第263条の３第１項の連合組織で同項の規定による届出をしたものをいう。）の推薦する者が含まれるものとする。 （任期等） <u>第55条</u>　委員長及び委員の任期は、５年とする。ただし、補欠の委員長又は委員の任期は、前任者の残任期間とする。 <u>２</u>　委員長及び委員は、再任されることができる。 <u>３</u>　委員長及び委員の任期が満了したときは、当該委員長及び委員は、後任者が任命されるまで引き続きその職務を行うものとする。 <u>４</u>　委員長又は委員の任期が満了し、又は欠員を生じた場合において、国会の閉会又は衆議院の解散のために両議院の同意を得ることができないときは、内閣総理大臣は、前条第３項の規定にかかわらず、同項に定める資格を有する者の	（新設） （新設）

うちから、委員長又は委員を任命することができる。

5　前項の場合においては、任命後最初の国会において両議院の事後の承認を得なければならない。この場合において、両議院の事後の承認が得られないときは、内閣総理大臣は、直ちに、その委員長又は委員を罷免しなければならない。

（身分保障）

第56条　委員長及び委員は、次の各号のいずれかに該当する場合を除いては、在任中、その意に反して罷免されることがない。

一　破産手続開始の決定を受けたとき。

二　この法律又は番号利用法の規定に違反して刑に処せられたとき。

三　禁錮以上の刑に処せられたとき。

四　委員会により、心身の故障のため職務を執行することができないと認められたとき、又は職務上の義務違反その他委員長若しくは委員たるに適しない非行があると認められたとき。

（罷免）

第57条　内閣総理大臣は、委員長又は委員が前条各号のいずれかに該当するときは、その委員長又は委員を罷免しなければならない。

（委員長）

第58条　委員長は、委員会の会務を総理し、委員会を代表する。

2　委員会は、あらかじめ常勤の委員のうちから、委員長に事故がある場合に委員長を代理する者を定めておかなければならない。

	（新設）
	（新設）
	（新設）

（会議） 第59条　委員会の会議は、委員長が招集する。 2　委員会は、委員長及び4人以上の委員の出席がなければ、会議を開き、議決をすることができない。 3　委員会の議事は、出席者の過半数でこれを決し、可否同数のときは、委員長の決するところによる。 4　第56条第4号の規定による認定をするには、前項の規定にかかわらず、本人を除く全員の一致がなければならない。 5　委員長に事故がある場合の第2項の規定の適用については、前条第2項に規定する委員長を代理する者は、委員長とみなす。	（新設）
（専門委員） 第60条　委員会に、専門の事項を調査させるため、専門委員を置くことができる。 2　専門委員は、委員会の申出に基づいて内閣総理大臣が任命する。 3　専門委員は、当該専門の事項に関する調査が終了したときは、解任されるものとする。 4　専門委員は、非常勤とする。	（新設）
（事務局） 第61条　委員会の事務を処理させるため、委員会に事務局を置く。 2　事務局に、事務局長その他の職員を置く。 3　事務局長は、委員長の命を受けて、局務を掌理する。	（新設）
（政治運動等の禁止） 第62条　委員長及び委員は、在任中、政党その他の政治団体の役員となり、又は積極的に政治運動をしてはならない。	（新設）

2　委員長及び常勤の委員は、在任中、内閣総理大臣の許可のある場合を除くほか、報酬を得て他の職務に従事し、又は営利事業を営み、その他金銭上の利益を目的とする業務を行ってはならない。 （秘密保持義務） 第63条　委員長、委員、専門委員及び事務局の職員は、職務上知ることのできた秘密を漏らし、又は盗用してはならない。その職務を退いた後も、同様とする。 （給与） 第64条　委員長及び委員の給与は、別に法律で定める。 （規則の制定） 第65条　委員会は、その所掌事務について、法律若しくは政令を実施するため、又は法律若しくは政令の特別の委任に基づいて、個人情報保護委員会規則を制定することができる。	（新設） （新設） （新設） （新設）
第6章　雑則	第5章　雑則
（適用除外） 第66条　個人情報取扱事業者のうち次の各号に掲げる者については、その個人情報を取り扱う目的の全部又は一部がそれぞれ当該各号に規定する目的であるときは、<u>第4章</u>の規定は、適用しない。 一〜五　（略） 2・3　（略） （地方公共団体が処理する事務） 第67条　（略）	（適用除外） 第50条　個人情報取扱事業者のうち次の各号に掲げる者については、その個人情報を取り扱う目的の全部又は一部がそれぞれ当該各号に規定する目的であるときは、<u>前章</u>の規定は、適用しない。 一〜五　（略） 2・3　（略） （地方公共団体が処理する事務） 第51条　（略）

（権限又は事務の委任） 第68条　（略）	（権限又は事務の委任） 第52条　（略）
（施行の状況の公表） 第69条　委員会は、関係する行政機関（法律の規定に基づき内閣に置かれる機関（内閣府を除く。）及び内閣の所轄の下に置かれる機関、内閣府、宮内庁、内閣府設置法第49条第１項及び第２項に規定する機関並びに国家行政組織法（昭和23年法律第120号）第３条第２項に規定する機関をいう。第71条において同じ。）の長に対し、この法律の施行の状況について報告を求めることができる。 ２　委員会は、毎年、前項の報告を取りまとめるものとする。	（施行の状況の公表） 第53条　内閣総理大臣は、関係する行政機関（法律の規定に基づき内閣に置かれる機関（内閣府を除く。）及び内閣の所轄の下に置かれる機関、内閣府、宮内庁、内閣府設置法（平成11年法律第89号）第49条第１項及び第２項に規定する機関並びに国家行政組織法（昭和23年法律第120号）第３条第２項に規定する機関をいう。次条において同じ。）の長に対し、この法律の施行の状況について報告を求めることができる。 ２　内閣総理大臣は、毎年度、前項の報告を取りまとめ、その概要を公表するものとする。
（国会に対する報告） 第70条　委員会は、毎年、内閣総理大臣を経由して国会に対し所掌事務の処理状況を報告するとともに、その概要を公表しなければならない。	（新設）
（連絡及び協力） 第71条　（略）	（連絡及び協力） 第54条　（略）
（政令への委任） 第72条　（略）	（政令への委任） 第55条　（略）
第７章　罰則	第６章　罰則
第73条　第63条の規定に違反して秘密を漏らし、又は盗用した者は、２年以下の懲役又は100万円以下の罰金に処する。	（新設）
第74条　（略）	第56条　（略）

第75条　（略）	第57条　（略）
第76条　第73条の規定は、日本国外において同条の罪を犯した者にも適用する。	（新設）
第77条　法人（法人でない団体で代表者又は管理人の定めのあるものを含む。以下この項において同じ。）の代表者又は法人若しくは人の代理人、使用人その他の従業者が、その法人又は人の業務に関して、第74条及び第75条の違反行為をしたときは、行為者を罰するほか、その法人又は人に対しても、各本条の罰金刑を科する。 2　（略）	第58条　法人（法人でない団体で代表者又は管理人の定めのあるものを含む。以下この項において同じ。）の代表者又は法人若しくは人の代理人、使用人その他の従業者が、その法人又は人の業務に関して、前二条の違反行為をしたときは、行為者を罰するほか、その法人又は人に対しても、各本条の罰金刑を科する。 2　（略）
第78条　（略）	第59条　（略）

新旧対照表②

個人情報の保護に関する法律（平成15年法律第57号）　　　（傍線の部分は改正部分）

新　法 （公布の日から起算して2年を超えない範囲内において政令で定める日時点）	旧　法 （平成28年1月1日時点）
目次 　第1章　総則（第1条―第3条） 　第2章　国及び地方公共団体の責務等（第4条―第6条） 　第3章　個人情報の保護に関する施策等 　　第1節　個人情報の保護に関する基本方針（第7条） 　　第2節　国の施策（第8条―第10条） 　　第3節　地方公共団体の施策（第11条―第13条）	目次 　第1章　総則（第1条―第3条） 　第2章　国及び地方公共団体の責務等（第4条―第6条） 　第3章　個人情報の保護に関する施策等 　　第1節　個人情報の保護に関する基本方針（第7条） 　　第2節　国の施策（第8条―第10条） 　　第3節　地方公共団体の施策（第11条―第13条）

第4節　国及び地方公共団体の協力（第14条）	第4節　国及び地方公共団体の協力（第14条）
第4章　個人情報取扱事業者の義務等	第4章　個人情報取扱事業者の義務等
第1節　個人情報取扱事業者の義務（第15条—<u>第35条</u>）	第1節　個人情報取扱事業者の義務（第15条—<u>第36条</u>）
<u>第2節　匿名加工情報取扱事業者等の義務（第36条—第39条）</u>	（新設）
<u>第3節　監督（第40条—第46条）</u>	（新設）
<u>第4</u>節　民間団体による個人情報の保護の推進（<u>第47条—第58条</u>）	<u>第2</u>節　民間団体による個人情報の保護の推進（<u>第37条—第49条</u>）
第5章　個人情報保護委員会（<u>第59条—第74条</u>）	第5章　個人情報保護委員会（<u>第50条—第65条</u>）
第6章　雑則（<u>第75条—第81条</u>）	第6章　雑則（<u>第66条—第72条</u>）
第7章　罰則（<u>第82条—第88条</u>）	第7章　罰則（<u>第73条—第78条</u>）
附則	附則
（定義）	（定義）
第2条　この法律において「個人情報」とは、生存する個人に関する情報であって、<u>次の各号のいずれかに該当するものをいう。</u>	第2条　この法律において「個人情報」とは、生存する個人に関する情報であって、<u>当該情報に含まれる氏名、生年月日その他の記述等により特定の個人を識別することができるもの（他の情報と容易に照合することができ、それにより特定の個人を識別することができることとなるものを含む。）</u>をいう。
<u>一　当該情報に含まれる氏名、生年月日その他の記述等（文書、図画若しくは電磁的記録（電磁的方式（電子的方式、磁気的方式その他人の知覚によっては認識することができない方式をいう。次項第2号において同じ。）で作られる記録をいう。第18条第2項において同じ。）に記載され、若しくは記録され、又は音声、動作その他の方法を用いて表された一切の事項（個人識別符号を除く。）をいう。以下同じ。）により特定の個人を識別することができるもの（他の情報と容易に照合す</u>	（新設）

ることができ、それにより特定の個人を識別することができることとなるものを含む。） 二　個人識別符号が含まれるもの	（新設）
2　この法律において「個人識別符号」とは、次の各号のいずれかに該当する文字、番号、記号その他の符号のうち、政令で定めるものをいう。 一　特定の個人の身体の一部の特徴を電子計算機の用に供するために変換した文字、番号、記号その他の符号であって、当該特定の個人を識別することができるもの 二　個人に提供される役務の利用若しくは個人に販売される商品の購入に関し割り当てられ、又は個人に発行されるカードその他の書類に記載され、若しくは電磁的方式により記録された文字、番号、記号その他の符号であって、その利用者若しくは購入者又は発行を受ける者ごとに異なるものとなるように割り当てられ、又は記載され、若しくは記録されることにより、特定の利用者若しくは購入者又は発行を受ける者を識別することができるもの	（新設）
3　この法律において「要配慮個人情報」とは、本人の人種、信条、社会的身分、病歴、犯罪の経歴、犯罪により害を被った事実その他本人に対する不当な差別、偏見その他の不利益が生じないようにその取扱いに特に配慮を要するものとして政令で定める記述等が含まれる個人情報をいう。	（新設）
4　この法律において「個人情報データベース等」とは、個人情報を含む情報の集合物であって、次に掲げるもの（利用方法からみて個人の権利利益を害するおそれが少ないものとして政令で定めるものを除く。）をいう。	2　この法律において「個人情報データベース等」とは、個人情報を含む情報の集合物であって、次に掲げるものをいう。
一・二　（略）	一・二　（略）

新	旧
5　この法律において「個人情報取扱事業者」とは、個人情報データベース等を事業の用に供している者をいう。ただし、次に掲げる者を除く。 一～四　（略） （削除）	3　この法律において「個人情報取扱事業者」とは、個人情報データベース等を事業の用に供している者をいう。ただし、次に掲げる者を除く。 一～四　（略） <u>五　その取り扱う個人情報の量及び利用方法からみて個人の権利利益を害するおそれが少ないものとして政令で定める者</u>
<u>6～8</u>　（略）	<u>4～6</u>　（略）
<u>9　この法律において「匿名加工情報」とは、次の各号に掲げる個人情報の区分に応じて当該各号に定める措置を講じて特定の個人を識別することができないように個人情報を加工して得られる個人に関する情報であって、当該個人情報を復元することができないようにしたものをいう。</u> <u>一　第1項第1号に該当する個人情報　当該個人情報に含まれる記述等の一部を削除すること（当該一部の記述等を復元することのできる規則性を有しない方法により他の記述等に置き換えることを含む。）。</u> <u>二　第1項第2号に該当する個人情報　当該個人情報に含まれる個人識別符号の全部を削除すること（当該個人識別符号を復元することのできる規則性を有しない方法により他の記述等に置き換えることを含む。）。</u>	（新設）
<u>10　この法律において「匿名加工情報取扱事業者」とは、匿名加工情報を含む情報の集合物であって、特定の匿名加工情報を電子計算機を用いて検索することができるように体系的に構成したものその他特定の匿名加工情報を容易に検索することができるように体系的に構成したものとして政令で定めるもの（第36条第1項において「匿名加工情報データベース等」という。）を事業の用に供している者をいう。ただし、第</u>	（新設）

5項各号に掲げる者を除く。	
（法制上の措置等）	（法制上の措置等）
第6条　政府は、個人情報の性質及び利用方法に<u>鑑み</u>、個人の権利利益の一層の保護を図るため特にその適正な取扱いの厳格な実施を確保する必要がある個人情報について、保護のための格別の措置が講じられるよう必要な法制上の措置その他の措置を講ずる<u>とともに、国際機関その他の国際的な枠組みへの協力を通じて、各国政府と共同して国際的に整合のとれた個人情報に係る制度を構築するために必要な措置を講ずる</u>ものとする。	第6条　政府は、個人情報の性質及び利用方法に<u>かんがみ</u>、個人の権利利益の一層の保護を図るため特にその適正な取扱いの厳格な実施を確保する必要がある個人情報について、保護のための格別の措置が講じられるよう必要な法制上の措置その他の措置を講ずるものとする。
第7条　（略） 2　基本方針は、次に掲げる事項について定めるものとする。 　一～五　（略） 　六　個人情報取扱事業者及び<u>匿名加工情報取扱事業者並びに第50条第1項</u>に規定する認定個人情報保護団体が講ずべき個人情報の保護のための措置に関する基本的な事項 　七・八　（略） 3～5　（略）	第7条　（略） 2　基本方針は、次に掲げる事項について定めるものとする。 　一～五　（略） 　六　個人情報取扱事業者及び<u>第40条第1項</u>に規定する認定個人情報保護団体が講ずべき個人情報の保護のための措置に関する基本的な事項 　七・八　（略） 3～5　（略）
（利用目的の特定）	（利用目的の特定）
第15条　（略） 2　個人情報取扱事業者は、利用目的を変更する場合には、変更前の利用目的と関連性を有すると合理的に認められる範囲を超えて行ってはならない。	第15条　（略） 2　個人情報取扱事業者は、利用目的を変更する場合には、変更前の利用目的と<u>相当の</u>関連性を有すると合理的に認められる範囲を超えて行ってはならない。
（適正な取得）	（適正な取得）
第17条　（略） <u>2　個人情報取扱事業者は、次に掲げる場合を除</u>	第17条　（略） （新設）

くほか、あらかじめ本人の同意を得ないで、要配慮個人情報を取得してはならない。 二　法令に基づく場合 二　人の生命、身体又は財産の保護のために必要がある場合であって、本人の同意を得ることが困難であるとき。 三　公衆衛生の向上又は児童の健全な育成の推進のために特に必要がある場合であって、本人の同意を得ることが困難であるとき。 四　国の機関若しくは地方公共団体又はその委託を受けた者が法令の定める事務を遂行することに対して協力する必要がある場合であって、本人の同意を得ることにより当該事務の遂行に支障を及ぼすおそれがあるとき。 五　当該要配慮個人情報が、本人、国の機関、地方公共団体、第76条第1項各号に掲げる者その他個人情報保護委員会規則で定める者により公開されている場合 六　その他前各号に掲げる場合に準ずるものとして政令で定める場合	
（取得に際しての利用目的の通知等） 第18条　（略） 2　個人情報取扱事業者は、前項の規定にかかわらず、本人との間で契約を締結することに伴って契約書その他の書面（電磁的記録を含む。以下この項において同じ。）に記載された当該本人の個人情報を取得する場合その他本人から直接書面に記載された当該本人の個人情報を取得する場合は、あらかじめ、本人に対し、その利用目的を明示しなければならない。ただし、人の生命、身体又は財産の保護のために緊急に必要がある場合は、この限りでない。	（取得に際しての利用目的の通知等） 第18条　（略） 2　個人情報取扱事業者は、前項の規定にかかわらず、本人との間で契約を締結することに伴って契約書その他の書面（電子的方式、磁気的方式その他人の知覚によっては認識することができない方式で作られる記録を含む。以下この項において同じ。）に記載された当該本人の個人情報を取得する場合その他本人から直接書面に記載された当該本人の個人情報を取得する場合は、あらかじめ、本人に対し、その利用目的を明示しなければならない。ただし、人の生命、身体又は財産の保護のために緊急に必要がある場合は、この限りでない。

3・4　（略）	3・4　（略）
（データ内容の正確性の確保等）	（データ内容の正確性の確保）
第19条　個人情報取扱事業者は、利用目的の達成に必要な範囲内において、個人データを正確かつ最新の内容に保つとともに、利用する必要がなくなったときは、当該個人データを遅滞なく消去するよう努めなければならない。	第19条　個人情報取扱事業者は、利用目的の達成に必要な範囲内において、個人データを正確かつ最新の内容に保つよう努めなければならない。
（第三者提供の制限）	（第三者提供の制限）
第23条　（略）	第23条　（略）
2　個人情報取扱事業者は、第三者に提供される個人データ（要配慮個人情報を除く。以下この項において同じ。）について、本人の求めに応じて当該本人が識別される個人データの第三者への提供を停止することとしている場合であって、次に掲げる事項について、個人情報保護委員会規則で定めるところにより、あらかじめ、本人に通知し、又は本人が容易に知り得る状態に置くとともに、個人情報保護委員会に届け出たときは、前項の規定にかかわらず、当該個人データを第三者に提供することができる。	2　個人情報取扱事業者は、第三者に提供される個人データについて、本人の求めに応じて当該本人が識別される個人データの第三者への提供を停止することとしている場合であって、次に掲げる事項について、あらかじめ、本人に通知し、又は本人が容易に知り得る状態に置いているときは、前項の規定にかかわらず、当該個人データを第三者に提供することができる。
一・二　（略）	一・二　（略）
三　第三者への提供の方法	三　第三者への提供の手段又は方法
四　（略）	四　（略）
五　本人の求めを受け付ける方法	（新設）
3　個人情報取扱事業者は、前項第2号、第3号又は第5号に掲げる事項を変更する場合は、変更する内容について、個人情報保護委員会規則で定めるところにより、あらかじめ、本人に通知し、又は本人が容易に知り得る状態に置くとともに、個人情報保護委員会に届け出なければならない。	3　個人情報取扱事業者は、前項第2号又は第3号に掲げる事項を変更する場合は、変更内容について、あらかじめ、本人に通知し、又は本人が容易に知り得る状態に置かなければならない。
4　個人情報保護委員会は、第2項の規定による届出があったときは、個人情報保護委員会規則	（新設）

新	旧
で定めるところにより、当該届出に係る事項を公表しなければならない。前項の規定による届出があったときも、同様とする。	
5 次に掲げる場合において、当該個人データの提供を受ける者は、<u>前各項</u>の規定の適用については、第三者に該当しないものとする。	4 次に掲げる場合において、当該個人データの提供を受ける者は、前三項の規定の適用については、第三者に該当しないものとする。
一 個人情報取扱事業者が利用目的の達成に必要な範囲内において個人データの取扱いの全部又は一部を委託<u>することに伴って当該個人データが提供される場合</u>	一 個人情報取扱事業者が利用目的の達成に必要な範囲内において個人データの取扱いの全部又は一部を委託する場合
二 （略）	二 （略）
三 <u>特定の者との間で共同して利用される個人データが当該特定の者に提供される場合</u>であって、その旨並びに共同して利用される個人データの項目、共同して利用する者の範囲、利用する者の利用目的及び当該個人データの管理について責任を有する者の<u>氏名又は名称</u>について、あらかじめ、本人に通知し、又は本人が容易に知り得る状態に置いているとき。	三 個人データを特定の者との間で共同して利用する場合であって、その旨並びに共同して利用される個人データの項目、共同して利用する者の範囲、利用する者の利用目的及び当該個人データの管理について責任を有する者の氏名又は名称について、あらかじめ、本人に通知し、又は本人が容易に知り得る状態に置いているとき。
6 （略）	5 （略）
<u>（外国にある第三者への提供の制限）</u> <u>第24条　個人情報取扱事業者は、外国（本邦の域外にある国又は地域をいう。以下同じ。）（個人の権利利益を保護する上で我が国と同等の水準にあると認められる個人情報の保護に関する制度を有している外国として個人情報保護委員会規則で定めるものを除く。以下この条において同じ。）にある第三者（個人データの取扱いについてこの節の規定により個人情報取扱事業者が講ずべきこととされている措置に相当する措置を継続的に講ずるために必要なものとして個人情報保護委員会規則で定める基準に適合する体制を整備している者を除く。以下この条に</u>	（新設）

おいて同じ。）に個人データを提供する場合には、前条第1項各号に掲げる場合を除くほか、あらかじめ外国にある第三者への提供を認める旨の本人の同意を得なければならない。この場合においては、同条の規定は、適用しない。

（第三者提供に係る記録の作成等）
第25条　個人情報取扱事業者は、個人データを第三者（第2条第5項各号に掲げる者を除く。以下この条及び次条において同じ。）に提供したときは、個人情報保護委員会規則で定めるところにより、当該個人データを提供した年月日、当該第三者の氏名又は名称その他の個人情報保護委員会規則で定める事項に関する記録を作成しなければならない。ただし、当該個人データの提供が第23条第1項各号又は第5項各号のいずれか（前条の規定による個人データの提供にあっては、第23条第1項各号のいずれか）に該当する場合は、この限りでない。

2　個人情報取扱事業者は、前項の記録を、当該記録を作成した日から個人情報保護委員会規則で定める期間保存しなければならない。

（第三者提供を受ける際の確認等）
第26条　個人情報取扱事業者は、第三者から個人データの提供を受けるに際しては、個人情報保護委員会規則で定めるところにより、次に掲げる事項の確認を行わなければならない。ただし、当該個人データの提供が第23条第1項各号又は第5項各号のいずれかに該当する場合は、この限りでない。
一　当該第三者の氏名又は名称及び住所並びに法人にあっては、その代表者（法人でない団体で代表者又は管理人の定めのあるものにあっては、その代表者又は管理人）の氏名

（新設）

（新設）

二　当該第三者による当該個人データの取得の経緯 2　前項の第三者は、個人情報取扱事業者が同項の規定による確認を行う場合において、当該個人情報取扱事業者に対して、当該確認に係る事項を偽ってはならない。 3　個人情報取扱事業者は、第1項の規定による確認を行ったときは、個人情報保護委員会規則で定めるところにより、当該個人データの提供を受けた年月日、当該確認に係る事項その他の個人情報保護委員会規則で定める事項に関する記録を作成しなければならない。 4　個人情報取扱事業者は、前項の記録を、当該記録を作成した日から個人情報保護委員会規則で定める期間保存しなければならない。	
（保有個人データに関する事項の公表等） 第27条　個人情報取扱事業者は、保有個人データに関し、次に掲げる事項について、本人の知り得る状態（本人の求めに応じて遅滞なく回答する場合を含む。）に置かなければならない。 一　（略） 二　全ての保有個人データの利用目的（第18条第4項第1号から第3号までに該当する場合を除く。） 三　次項の規定による求め又は次条第1項、第29条第1項若しくは第30条第1項若しくは第3項の規定による請求に応じる手続（第33条第2項の規定により手数料の額を定めたときは、その手数料の額を含む。） 四　（略） 2・3　（略） （開示） 第28条　本人は、個人情報取扱事業者に対し、当	（保有個人データに関する事項の公表等） 第24条　個人情報取扱事業者は、保有個人データに関し、次に掲げる事項について、本人の知り得る状態（本人の求めに応じて遅滞なく回答する場合を含む。）に置かなければならない。 一　（略） 二　すべての保有個人データの利用目的（第18条第4項第1号から第3号までに該当する場合を除く。） 三　次項、次条第1項、第26条第1項又は第27条第1項若しくは第2項の規定による求めに応じる手続（第30条第2項の規定により手数料の額を定めたときは、その手数料の額を含む。） 四　（略） 2・3　（略） （開示） （新設）

新	旧
該本人が識別される保有個人データの開示を請求することができる。 2　個人情報取扱事業者は、前項の規定による請求を受けたときは、本人に対し、政令で定める方法により、遅滞なく、当該保有個人データを開示しなければならない。ただし、開示することにより次の各号のいずれかに該当する場合は、その全部又は一部を開示しないことができる。 一～三　（略） 3　個人情報取扱事業者は、第1項の規定による請求に係る保有個人データの全部又は一部について開示しない旨の決定をしたとき又は当該保有個人データが存在しないときは、本人に対し、遅滞なく、その旨を通知しなければならない。 4　他の法令の規定により、本人に対し第2項本文に規定する方法に相当する方法により当該本人が識別される保有個人データの全部又は一部を開示することとされている場合には、当該全部又は一部の保有個人データについては、第1項及び第2項の規定は、適用しない。 （訂正等） 第29条　本人は、個人情報取扱事業者に対し、当該本人が識別される保有個人データの内容が事実でないときは、当該保有個人データの内容の訂正、追加又は削除（以下この条において「訂正等」という。）を請求することができる。 2　個人情報取扱事業者は、前項の規定による請求を受けた場合には、その内容の訂正等に関して他の法令の規定により特別の手続が定められ	第25条　個人情報取扱事業者は、本人から、当該本人が識別される保有個人データの開示（当該本人が識別される保有個人データが存在しないときにその旨を知らせることを含む。以下同じ。）を求められたときは、本人に対し、政令で定める方法により、遅滞なく、当該保有個人データを開示しなければならない。ただし、開示することにより次の各号のいずれかに該当する場合は、その全部又は一部を開示しないことができる。 一～三　（略） 2　個人情報取扱事業者は、前項の規定に基づき求められた保有個人データの全部又は一部について開示しない旨の決定をしたときは、本人に対し、遅滞なく、その旨を通知しなければならない。 3　他の法令の規定により、本人に対し第1項本文に規定する方法に相当する方法により当該本人が識別される保有個人データの全部又は一部を開示することとされている場合には、当該全部又は一部の保有個人データについては、同項の規定は、適用しない。 （訂正等） （新設） 第26条　個人情報取扱事業者は、本人から、当該本人が識別される保有個人データの内容が事実でないという理由によって当該保有個人データ

ている場合を除き、利用目的の達成に必要な範囲内において、遅滞なく必要な調査を行い、その結果に基づき、当該保有個人データの内容の訂正等を行わなければならない。	の内容の訂正、追加又は削除(以下この条において「訂正等」という。)を求められた場合には、その内容の訂正等に関して他の法令の規定により特別の手続が定められている場合を除き、利用目的の達成に必要な範囲内において、遅滞なく必要な調査を行い、その結果に基づき、当該保有個人データの内容の訂正等を行わなければならない。
3　個人情報取扱事業者は、<u>第1項の規定による請求に係る</u>保有個人データの内容の全部若しくは一部について訂正等を行ったとき、又は訂正等を行わない旨の決定をしたときは、本人に対し、遅滞なく、その旨(訂正等を行ったときは、その内容を含む。)を通知しなければならない。	2　個人情報取扱事業者は、<u>前項の規定に基づき求められた</u>保有個人データの内容の全部若しくは一部について訂正等を行ったとき、又は訂正等を行わない旨の決定をしたときは、本人に対し、遅滞なく、その旨(訂正等を行ったときは、その内容を含む。)を通知しなければならない。
(利用停止等)	(利用停止等)
第30条　<u>本人は、個人情報取扱事業者に対し、当該本人が識別される保有個人データが第16条の規定に違反して取り扱われているとき又は第17条の規定に違反して取得されたものであるときは、当該保有個人データの利用の停止又は消去(以下この条において「利用停止等」という。)を請求することができる。</u>	(新設)
2　個人情報取扱事業者は、<u>前項の規定による請求</u>を受けた場合であって、その請求に理由があることが判明したときは、違反を是正するために必要な限度で、遅滞なく、当該保有個人データの利用停止等を行わなければならない。ただし、当該保有個人データの利用停止等に多額の費用を要する場合その他の利用停止等を行うことが困難な場合であって、本人の権利利益を保護するため必要なこれに代わるべき措置をとるときは、この限りでない。	第27条　個人情報取扱事業者は、<u>本人から、当該本人が識別される保有個人データが第16条の規定に違反して取り扱われているという理由又は第17条の規定に違反して取得されたものであるという理由によって、当該保有個人データの利用の停止又は消去(以下この条において「利用停止等」という。)を求められた場合であって</u>、その求めに理由があることが判明したときは、違反を是正するために必要な限度で、遅滞なく、当該保有個人データの利用停止等を行わなければならない。ただし、当該保有個人データ

	の利用停止等に多額の費用を要する場合その他の利用停止等を行うことが困難な場合であって、本人の権利利益を保護するため必要なこれに代わるべき措置をとるときは、この限りでない。
3 本人は、個人情報取扱事業者に対し、当該本人が識別される保有個人データが第23条第1項又は第24条の規定に違反して第三者に提供されているときは、当該保有個人データの第三者への提供の停止を請求することができる。	(新設)
4 個人情報取扱事業者は、<u>前項の規定による請求</u>を受けた場合であって、その請求に理由があることが判明したときは、遅滞なく、当該保有個人データの第三者への提供を停止しなければならない。ただし、当該保有個人データの第三者への提供の停止に多額の費用を要する場合その他の第三者への提供を停止することが困難な場合であって、本人の権利利益を保護するため必要なこれに代わるべき措置をとるときは、この限りでない。	2 個人情報取扱事業者は、<u>本人から、当該本人が識別される保有個人データが第23条第1項の規定に違反して第三者に提供されているという理由によって、当該保有個人データの第三者への提供の停止を求められた場合</u>であって、その求めに理由があることが判明したときは、遅滞なく、当該保有個人データの第三者への提供を停止しなければならない。ただし、当該保有個人データの第三者への提供の停止に多額の費用を要する場合その他の第三者への提供を停止することが困難な場合であって、本人の権利利益を保護するため必要なこれに代わるべき措置をとるときは、この限りでない。
5 個人情報取扱事業者は、<u>第1項の規定による請求に係る</u>保有個人データの全部若しくは一部について利用停止等を行ったとき若しくは利用停止等を行わない旨の決定をしたとき、又は<u>第3項の規定による請求に係る</u>保有個人データの全部若しくは一部について第三者への提供を停止したとき若しくは第三者への提供を停止しない旨の決定をしたときは、本人に対し、遅滞なく、その旨を通知しなければならない。	3 個人情報取扱事業者は、<u>第1項の規定に基づき求められた</u>保有個人データの全部若しくは一部について利用停止等を行ったとき若しくは利用停止等を行わない旨の決定をしたとき、又は<u>前項の規定に基づき求められた</u>保有個人データの全部若しくは一部について第三者への提供を停止したとき若しくは第三者への提供を停止しない旨の決定をしたときは、本人に対し、遅滞なく、その旨を通知しなければならない。
(理由の説明)	(理由の説明)
第31条　個人情報取扱事業者は、<u>第27条第3項、</u>	第28条　個人情報取扱事業者は、<u>第24条第3項、</u>

第28条第3項、第29条第3項又は前条第5項の規定により、本人から求められ、又は請求された措置の全部又は一部について、その措置をとらない旨を通知する場合又はその措置と異なる措置をとる旨を通知する場合は、本人に対し、その理由を説明するよう努めなければならない。	第25条第2項、第26条第2項又は前条第3項の規定により、本人から求められた措置の全部又は一部について、その措置をとらない旨を通知する場合又はその措置と異なる措置をとる旨を通知する場合は、本人に対し、その理由を説明するよう努めなければならない。
（開示等の請求等に応じる手続）	（開示等の求めに応じる手続）
第32条　個人情報取扱事業者は、第27条第2項の規定による求め又は第28条第1項、第29条第1項若しくは第30条第1項若しくは第3項の規定による請求（以下この条及び第53条第1項において「開示等の請求等」という。）に関し、政令で定めるところにより、その求め又は請求を受け付ける方法を定めることができる。この場合において、本人は、当該方法に従って、開示等の請求等を行わなければならない。	第29条　個人情報取扱事業者は、第24条第2項、第25条第1項、第26条第1項又は第27条第1項若しくは第2項の規定による求め（以下この条において「開示等の求め」という。）に関し、政令で定めるところにより、その求めを受け付ける方法を定めることができる。この場合において、本人は、当該方法に従って、開示等の求めを行わなければならない。
2　個人情報取扱事業者は、本人に対し、開示等の請求等に関し、その対象となる保有個人データを特定するに足りる事項の提示を求めることができる。この場合において、個人情報取扱事業者は、本人が容易かつ的確に開示等の請求等をすることができるよう、当該保有個人データの特定に資する情報の提供その他本人の利便を考慮した適切な措置をとらなければならない。	2　個人情報取扱事業者は、本人に対し、開示等の求めに関し、その対象となる保有個人データを特定するに足りる事項の提示を求めることができる。この場合において、個人情報取扱事業者は、本人が容易かつ的確に開示等の求めをすることができるよう、当該保有個人データの特定に資する情報の提供その他本人の利便を考慮した適切な措置をとらなければならない。
3　開示等の請求等は、政令で定めるところにより、代理人によってすることができる。	3　開示等の求めは、政令で定めるところにより、代理人によってすることができる。
4　個人情報取扱事業者は、前三項の規定に基づき開示等の請求等に応じる手続を定めるに当たっては、本人に過重な負担を課するものとならないよう配慮しなければならない。	4　個人情報取扱事業者は、前三項の規定に基づき開示等の求めに応じる手続を定めるに当たっては、本人に過重な負担を課するものとならないよう配慮しなければならない。
（手数料）	（手数料）
第33条　個人情報取扱事業者は、第27条第2項の	第30条　個人情報取扱事業者は、第24条第2項の

規定による利用目的の通知を求められたとき又は第28条第1項の規定による開示の請求を受けたときは、当該措置の実施に関し、手数料を徴収することができる。	規定による利用目的の通知又は第25条第1項の規定による開示を求められたときは、当該措置の実施に関し、手数料を徴収することができる。
2　（略）	2　（略）
（事前の請求）	
第34条　本人は、第28条第1項、第29条第1項又は第30条第1項若しくは第3項の規定による請求に係る訴えを提起しようとするときは、その訴えの被告となるべき者に対し、あらかじめ、当該請求を行い、かつ、その到達した日から2週間を経過した後でなければ、その訴えを提起することができない。ただし、当該訴えの被告となるべき者がその請求を拒んだときは、この限りでない。	（新設）
2　前項の請求は、その請求が通常到達すべきであった時に、到達したものとみなす。	
3　前二項の規定は、第28条第1項、第29条第1項又は第30条第1項若しくは第3項の規定による請求に係る仮処分命令の申立てについて準用する。	
（個人情報取扱事業者による苦情の処理）	（個人情報取扱事業者による苦情の処理）
第35条　（略）	第31条　（略）
第2節　匿名加工情報取扱事業者等の義務	（新設）
（匿名加工情報の作成等）	
第36条　個人情報取扱事業者は、匿名加工情報（匿名加工情報データベース等を構成するものに限る。以下同じ。）を作成するときは、特定の個人を識別すること及びその作成に用いる個人情報を復元することができないようにするため	（新設）

に必要なものとして個人情報保護委員会規則で定める基準に従い、当該個人情報を加工しなければならない。
2　個人情報取扱事業者は、匿名加工情報を作成したときは、その作成に用いた個人情報から削除した記述等及び個人識別符号並びに前項の規定により行った加工の方法に関する情報の漏えいを防止するために必要なものとして個人情報保護委員会規則で定める基準に従い、これらの情報の安全管理のための措置を講じなければならない。
3　個人情報取扱事業者は、匿名加工情報を作成したときは、個人情報保護委員会規則で定めるところにより、当該匿名加工情報に含まれる個人に関する情報の項目を公表しなければならない。
4　個人情報取扱事業者は、匿名加工情報を作成して当該匿名加工情報を第三者に提供するときは、個人情報保護委員会規則で定めるところにより、あらかじめ、第三者に提供される匿名加工情報に含まれる個人に関する情報の項目及びその提供の方法について公表するとともに、当該第三者に対して、当該提供に係る情報が匿名加工情報である旨を明示しなければならない。
5　個人情報取扱事業者は、匿名加工情報を作成して自ら当該匿名加工情報を取り扱うに当たっては、当該匿名加工情報の作成に用いられた個人情報に係る本人を識別するために、当該匿名加工情報を他の情報と照合してはならない。
6　個人情報取扱事業者は、匿名加工情報を作成したときは、当該匿名加工情報の安全管理のために必要かつ適切な措置、当該匿名加工情報の作成その他の取扱いに関する苦情の処理その他の当該匿名加工情報の適正な取扱いを確保するために必要な措置を自ら講じ、かつ、当該措置

の内容を公表するよう努めなければならない。

（匿名加工情報の提供）

第37条　匿名加工情報取扱事業者は、匿名加工情報（自ら個人情報を加工して作成したものを除く。以下この節において同じ。）を第三者に提供するときは、個人情報保護委員会規則で定めるところにより、あらかじめ、第三者に提供される匿名加工情報に含まれる個人に関する情報の項目及びその提供の方法について公表するとともに、当該第三者に対して、当該提供に係る情報が匿名加工情報である旨を明示しなければならない。

（新設）

（識別行為の禁止）

第38条　匿名加工情報取扱事業者は、匿名加工情報を取り扱うに当たっては、当該匿名加工情報の作成に用いられた個人情報に係る本人を識別するために、当該個人情報から削除された記述等若しくは個人識別符号若しくは第36条第1項の規定により行われた加工の方法に関する情報を取得し、又は当該匿名加工情報を他の情報と照合してはならない。

（新設）

（安全管理措置等）

第39条　匿名加工情報取扱事業者は、匿名加工情報の安全管理のために必要かつ適切な措置、匿名加工情報の取扱いに関する苦情の処理その他の匿名加工情報の適正な取扱いを確保するために必要な措置を自ら講じ、かつ、当該措置の内容を公表するよう努めなければならない。

（新設）

第3節　監督

（新設）

（報告及び立入検査）

（報告の徴収）

新	旧
第40条　個人情報保護委員会は、前二節及びこの節の規定の施行に必要な限度において、個人情報取扱事業者又は匿名加工情報取扱事業者（以下「個人情報取扱事業者等」という。）に対し、個人情報又は匿名加工情報（以下「個人情報等」という。）の取扱いに関し、必要な報告若しくは資料の提出を求め、又はその職員に、当該個人情報取扱事業者等の事務所その他必要な場所に立ち入らせ、個人情報等の取扱いに関し質問させ、若しくは帳簿書類その他の物件を検査させることができる。	第32条　主務大臣は、この節の規定の施行に必要な限度において、個人情報取扱事業者に対し、個人情報の取扱いに関し報告をさせることができる。
2　前項の規定により立入検査をする職員は、その身分を示す証明書を携帯し、関係人の請求があったときは、これを提示しなければならない。	（新設）
3　第1項の規定による立入検査の権限は、犯罪捜査のために認められたものと解釈してはならない。	（新設）
（指導及び助言）	（助言）
第41条　個人情報保護委員会は、前二節の規定の施行に必要な限度において、個人情報取扱事業者等に対し、個人情報等の取扱いに関し必要な指導及び助言をすることができる。	第33条　主務大臣は、この節の規定の施行に必要な限度において、個人情報取扱事業者に対し、個人情報の取扱いに関し必要な助言をすることができる。
（勧告及び命令）	（勧告及び命令）
第42条　個人情報保護委員会は、個人情報取扱事業者が第16条から第18条まで、第20条から第22条まで、第23条（第4項を除く。）、第24条、第25条、第26条（第2項を除く。）、第27条、第28条（第1項を除く。）、第29条第2項若しくは第3項、第30条第2項、第4項若しくは第5項、第33条第2項若しくは第36条（第6項を除く。）の規定に違反した場合又は匿名加工情報取扱事業者が第37条若しくは第38条の規定に	第34条　主務大臣は、個人情報取扱事業者が第16条から第18条まで、第20条から第27条まで又は第30条第2項の規定に違反した場合において個人の権利利益を保護するため必要があると認めるときは、当該個人情報取扱事業者に対し、当該違反行為の中止その他違反を是正するために必要な措置をとるべき旨を勧告することができる。

違反した場合において個人の権利利益を保護するため必要があると認めるときは、<u>当該個人情報取扱事業者等</u>に対し、当該違反行為の中止その他違反を是正するために必要な措置をとるべき旨を勧告することができる。	
2　<u>個人情報保護委員会</u>は、前項の規定による勧告を受けた<u>個人情報取扱事業者等</u>が正当な理由がなくてその勧告に係る措置をとらなかった場合において個人の重大な権利利益の侵害が切迫していると認めるときは、<u>当該個人情報取扱事業者等</u>に対し、その勧告に係る措置をとるべきことを命ずることができる。	2　<u>主務大臣</u>は、前項の規定による勧告を受けた<u>個人情報取扱事業者</u>が正当な理由がなくてその勧告に係る措置をとらなかった場合において個人の重大な権利利益の侵害が切迫していると認めるときは、当該<u>個人情報取扱事業者</u>に対し、その勧告に係る措置をとるべきことを命ずることができる。
3　<u>個人情報保護委員会</u>は、前二項の規定にかかわらず、個人情報取扱事業者が第16条、第17条、第20条から第22条まで、<u>第23条第１項、第24条若しくは第36条第１項、第２項若しくは第５項</u>の規定に違反した場合又は<u>匿名加工情報取扱事業者が第38条の規定に違反した場合</u>において個人の重大な権利利益を害する事実があるため緊急に措置をとる必要があると認めるときは、<u>当該個人情報取扱事業者等</u>に対し、当該違反行為の中止その他違反を是正するために必要な措置をとるべきことを命ずることができる。	3　<u>主務大臣</u>は、前二項の規定にかかわらず、個人情報取扱事業者が第16条、第17条、第20条から第22条まで又は第23条第１項の規定に違反した場合において個人の重大な権利利益を害する事実があるため緊急に措置をとる必要があると認めるときは、<u>当該個人情報取扱事業者</u>に対し、当該違反行為の中止その他違反を是正するために必要な措置をとるべきことを命ずることができる。
（<u>個人情報保護委員会</u>の権限の行使の制限）	（<u>主務大臣</u>の権限の行使の制限）
<u>第43条</u>　<u>個人情報保護委員会</u>は、前三条の規定により<u>個人情報取扱事業者等</u>に対し<u>報告若しくは資料の提出の要求、立入検査、指導</u>、助言、勧告又は命令を行うに当たっては、表現の自由、学問の自由、信教の自由及び政治活動の自由を妨げてはならない。	<u>第35条</u>　<u>主務大臣</u>は、前三条の規定により<u>個人情報取扱事業者</u>に対し<u>報告の徴収</u>、助言、勧告又は命令を行うに当たっては、表現の自由、学問の自由、信教の自由及び政治活動の自由を妨げてはならない。
2　前項の規定の趣旨に照らし、<u>個人情報保護委員会</u>は、<u>個人情報取扱事業者等</u>が<u>第76条第１項</u>各号に掲げる者（それぞれ当該各号に定める目的で<u>個人情報等</u>を取り扱う場合に限る。）に対	2　前項の規定の趣旨に照らし、<u>主務大臣</u>は、<u>個人情報取扱事業者</u>が第66条第１項各号に掲げる者（それぞれ当該各号に定める目的で<u>個人情報</u>を取り扱う場合に限る。）に対して<u>個人情報</u>を

| して個人情報等を提供する行為については、その権限を行使しないものとする。 | 提供する行為については、その権限を行使しないものとする。 |

（権限の委任）
第44条　個人情報保護委員会は、緊急かつ重点的に個人情報等の適正な取扱いの確保を図る必要があることその他の政令で定める事情があるため、個人情報取扱事業者等に対し、第42条の規定による勧告又は命令を効果的に行う上で必要があると認めるときは、政令で定めるところにより、第40条第1項の規定による権限を事業所管大臣に委任することができる。

2　事業所管大臣は、前項の規定により委任された権限を行使したときは、政令で定めるところにより、その結果について個人情報保護委員会に報告するものとする。

3　事業所管大臣は、政令で定めるところにより、第1項の規定により委任された権限及び前項の規定による権限について、その全部又は一部を内閣府設置法（平成11年法律第89号）第43条の地方支分部局その他の政令で定める部局又は機関の長に委任することができる。

4　内閣総理大臣は、第1項の規定により委任された権限及び第2項の規定による権限（金融庁の所掌に係るものに限り、政令で定めるものを除く。）を金融庁長官に委任する。

5　金融庁長官は、政令で定めるところにより、前項の規定により委任された権限について、その一部を証券取引等監視委員会に委任することができる。

6　金融庁長官は、政令で定めるところにより、第4項の規定により委任された権限（前項の規定により証券取引等監視委員会に委任されたものを除く。）の一部を財務局長又は財務支局長に委任することができる。

（新設）

7　証券取引等監視委員会は、政令で定めるところにより、第５項の規定により委任された権限の一部を財務局長又は財務支局長に委任することができる。 8　前項の規定により財務局長又は財務支局長に委任された権限に係る事務に関しては、証券取引等監視委員会が財務局長又は財務支局長を指揮監督する。 9　第５項の場合において、証券取引等監視委員会が行う報告又は資料の提出の要求（第７項の規定により財務局長又は財務支局長が行う場合を含む。）についての審査請求は、証券取引等監視委員会に対してのみ行うことができる。	
（事業所管大臣の請求） 第45条　事業所管大臣は、個人情報取扱事業者等に前二節の規定に違反する行為があると認めるときその他個人情報取扱事業者等による個人情報等の適正な取扱いを確保するために必要があると認めるときは、個人情報保護委員会に対し、この法律の規定に従い適当な措置をとるべきことを求めることができる。	（新設）
（事業所管大臣） 第46条　この節の規定における事業所管大臣は、次のとおりとする。	（主務大臣） 第36条　この節の規定における主務大臣は、次のとおりとする。ただし、内閣総理大臣は、この節の規定の円滑な実施のため必要があると認める場合は、個人情報取扱事業者が行う個人情報の取扱いのうち特定のものについて、特定の大臣又は国家公安委員会（以下「大臣等」という。）を主務大臣に指定することができる。
一　個人情報取扱事業者等が行う個人情報等の取扱いのうち雇用管理に関するものについては、厚生労働大臣（船員の雇用管理に関するものについては、国土交通大臣）及び当該個	一　個人情報取扱事業者が行う個人情報の取扱いのうち雇用管理に関するものについては、厚生労働大臣（船員の雇用管理に関するものについては、国土交通大臣）及び当該個人情

人情報取扱事業者等が行う事業を所管する大臣又は国家公安委員会（次号において「大臣等」という。） 二　個人情報取扱事業者等が行う個人情報等の取扱いのうち前号に掲げるもの以外のものについては、当該個人情報取扱事業者等が行う事業を所管する大臣等 （削除） （削除）	報取扱事業者が行う事業を所管する大臣等 二　個人情報取扱事業者が行う個人情報の取扱いのうち前号に掲げるもの以外のものについては、当該個人情報取扱事業者が行う事業を所管する大臣等 2　内閣総理大臣は、前項ただし書の規定により主務大臣を指定したときは、その旨を公示しなければならない。 3　各主務大臣は、この節の規定の施行に当たっては、相互に緊密に連絡し、及び協力しなければならない。
（認定） 第47条　個人情報取扱事業者等の個人情報等の適正な取扱いの確保を目的として次に掲げる業務を行おうとする法人（法人でない団体で代表者又は管理人の定めのあるものを含む。次条第3号ロにおいて同じ。）は、個人情報保護委員会の認定を受けることができる。 一　業務の対象となる個人情報取扱事業者等（以下「対象事業者」という。）の個人情報等の取扱いに関する第52条の規定による苦情の処理 二　個人情報等の適正な取扱いの確保に寄与する事項についての対象事業者に対する情報の提供 三　前二号に掲げるもののほか、対象事業者の個人情報等の適正な取扱いの確保に関し必要な業務 2　前項の認定を受けようとする者は、政令で定めるところにより、個人情報保護委員会に申請しなければならない。 3　個人情報保護委員会は、第1項の認定をした	（認定） 第37条　個人情報取扱事業者の個人情報の適正な取扱いの確保を目的として次に掲げる業務を行おうとする法人（法人でない団体で代表者又は管理人の定めのあるものを含む。次条第3号ロにおいて同じ。）は、主務大臣の認定を受けることができる。 一　業務の対象となる個人情報取扱事業者（以下「対象事業者」という。）の個人情報の取扱いに関する第42条の規定による苦情の処理 二　個人情報の適正な取扱いの確保に寄与する事項についての対象事業者に対する情報の提供 三　前二号に掲げるもののほか、対象事業者の個人情報の適正な取扱いの確保に関し必要な業務 2　前項の認定を受けようとする者は、政令で定めるところにより、主務大臣に申請しなければならない。 3　主務大臣は、第1項の認定をしたときは、そ

ときは、その旨を公示しなければならない。	の旨を公示しなければならない。
(欠格条項)	(欠格条項)
第48条　次の各号のいずれかに該当する者は、前条第1項の認定を受けることができない。	第38条　次の各号のいずれかに該当する者は、前条第1項の認定を受けることができない。
一　(略)	一　(略)
二　第58条第1項の規定により認定を取り消され、その取消しの日から2年を経過しない者	二　第48条第1項の規定により認定を取り消され、その取消しの日から2年を経過しない者
三　(略)	三　(略)
イ　禁錮以上の刑に処せられ、又はこの法律の規定により刑に処せられ、その執行を終わり、又は執行を受けることがなくなった日から2年を経過しない者	イ　禁錮以上の刑に処せられ、又はこの法律の規定により刑に処せられ、その執行を終わり、又は執行を受けることがなくなった日から2年を経過しない者
ロ　第58条第1項の規定により認定を取り消された法人において、その取消しの日前30日以内にその役員であった者でその取消しの日から2年を経過しない者	ロ　第48条第1項の規定により認定を取り消された法人において、その取消しの日前30日以内にその役員であった者でその取消しの日から2年を経過しない者
(認定の基準)	(認定の基準)
第49条　個人情報保護委員会は、第47条第1項の認定の申請が次の各号のいずれにも適合していると認めるときでなければ、その認定をしてはならない。	第39条　主務大臣は、第37条第1項の認定の申請が次の各号のいずれにも適合していると認めるときでなければ、その認定をしてはならない。
一　第47条第1項各号に掲げる業務を適正かつ確実に行うに必要な業務の実施の方法が定められているものであること。	一　第37条第1項各号に掲げる業務を適正かつ確実に行うに必要な業務の実施の方法が定められているものであること。
二　第47条第1項各号に掲げる業務を適正かつ確実に行うに足りる知識及び能力並びに経理的基礎を有するものであること。	二　第37条第1項各号に掲げる業務を適正かつ確実に行うに足りる知識及び能力並びに経理的基礎を有するものであること。
三　第47条第1項各号に掲げる業務以外の業務を行っている場合には、その業務を行うことによって同項各号に掲げる業務が不公正になるおそれがないものであること。	三　第37条第1項各号に掲げる業務以外の業務を行っている場合には、その業務を行うことによって同項各号に掲げる業務が不公正になるおそれがないものであること。
(廃止の届出)	(廃止の届出)

第50条 第47条第1項の認定を受けた者（以下「認定個人情報保護団体」という。）は、その認定に係る業務（以下「認定業務」という。）を廃止しようとするときは、政令で定めるところにより、あらかじめ、その旨を<u>個人情報保護委員会</u>に届け出なければならない。 2 <u>個人情報保護委員会</u>は、前項の規定による届出があったときは、その旨を公示しなければならない。	第40条 第37条第1項の認定を受けた者（以下「認定個人情報保護団体」という。）は、その認定に係る業務（以下「認定業務」という。）を廃止しようとするときは、政令で定めるところにより、あらかじめ、その旨を<u>主務大臣</u>に届け出なければならない。 2 <u>主務大臣</u>は、前項の規定による届出があったときは、その旨を公示しなければならない。
（対象事業者）	（対象事業者）
<u>第51条</u> 認定個人情報保護団体は、当該認定個人情報保護団体の構成員である<u>個人情報取扱事業者等</u>又は認定業務の対象となることについて同意を得た<u>個人情報取扱事業者等</u>を対象事業者としなければならない。 2 （略）	<u>第41条</u> 認定個人情報保護団体は、当該認定個人情報保護団体の構成員である<u>個人情報取扱事業者</u>又は認定業務の対象となることについて同意を得た<u>個人情報取扱事業者</u>を対象事業者としなければならない。 2 （略）
（苦情の処理）	（苦情の処理）
<u>第52条</u> 認定個人情報保護団体は、<u>本人その他の関係者</u>から対象事業者の<u>個人情報等</u>の取扱いに関する苦情について解決の申出があったときは、その相談に応じ、申出人に必要な助言をし、その苦情に係る事情を調査するとともに、当該対象事業者に対し、その苦情の内容を通知してその迅速な解決を求めなければならない。 2・3 （略）	<u>第42条</u> 認定個人情報保護団体は、<u>本人等</u>から対象事業者の<u>個人情報</u>の取扱いに関する苦情について解決の申出があったときは、その相談に応じ、申出人に必要な助言をし、その苦情に係る事情を調査するとともに、当該対象事業者に対し、その苦情の内容を通知してその迅速な解決を求めなければならない。 2・3 （略）
（個人情報保護指針）	（個人情報保護指針）
<u>第53条</u> 認定個人情報保護団体は、対象事業者の<u>個人情報等</u>の適正な取扱いの確保のために、<u>個人情報に係る利用目的の特定、安全管理のための措置、開示等の請求等に応じる手続その他の事項又は匿名加工情報に係る作成の方法、同情報の安全管理のための措置その他の事項に関</u>	<u>第43条</u> 認定個人情報保護団体は、対象事業者の<u>個人情報</u>の適正な取扱いの確保のために、利用目的の特定、安全管理のための措置、<u>本人の求めに応じる手続その他の事項に関し、この法律の規定の趣旨に沿った指針（以下「個人情報保護指針」という。）を作成し、公表するよう努</u>

し、消費者の意見を代表する者その他の関係者の意見を聴いて、この法律の規定の趣旨に沿った指針（以下「個人情報保護指針」という。）を作成するよう努めなければならない。	めなければならない。
2　認定個人情報保護団体は、前項の規定により個人情報保護指針を作成したときは、個人情報保護委員会規則で定めるところにより、遅滞なく、当該個人情報保護指針を個人情報保護委員会に届け出なければならない。これを変更したときも、同様とする。	（新設）
3　個人情報保護委員会は、前項の規定による個人情報保護指針の届出があったときは、個人情報保護委員会規則で定めるところにより、当該個人情報保護指針を公表しなければならない。	（新設）
4　認定個人情報保護団体は、前項の規定により個人情報保護指針が公表されたときは、対象事業者に対し、当該個人情報保護指針を遵守させるため必要な指導、勧告その他の措置をとらなければならない。	2　認定個人情報保護団体は、前項の規定により個人情報保護指針を公表したときは、対象事業者に対し、当該個人情報保護指針を遵守させるため必要な指導、勧告その他の措置をとるよう努めなければならない。
（目的外利用の禁止）	（目的外利用の禁止）
第54条　（略）	第44条　（略）
（名称の使用制限）	（名称の使用制限）
第55条　（略）	第45条　（略）
（報告の徴収）	（報告の徴収）
第56条　個人情報保護委員会は、この節の規定の施行に必要な限度において、認定個人情報保護団体に対し、認定業務に関し報告をさせることができる。	第46条　主務大臣は、この節の規定の施行に必要な限度において、認定個人情報保護団体に対し、認定業務に関し報告をさせることができる。
（命令）	（命令）
第57条　個人情報保護委員会は、この節の規定の施行に必要な限度において、認定個人情報保護	第47条　主務大臣は、この節の規定の施行に必要な限度において、認定個人情報保護団体に対し

団体に対し、認定業務の実施の方法の改善、個人情報保護指針の変更その他の必要な措置をとるべき旨を命ずることができる。	、認定業務の実施の方法の改善、個人情報保護指針の変更その他の必要な措置をとるべき旨を命ずることができる。
(認定の取消し) 第58条　個人情報保護委員会は、認定個人情報保護団体が次の各号のいずれかに該当するときは、その認定を取り消すことができる。 一　第48条第1号又は第3号に該当するに至ったとき。 二　第49条各号のいずれかに適合しなくなったとき。 三　第54条の規定に違反したとき。 四　(略) 五　不正の手段により第47条第1項の認定を受けたとき。 2　個人情報保護委員会は、前項の規定により認定を取り消したときは、その旨を公示しなければならない。	(認定の取消し) 第48条　主務大臣は、認定個人情報保護団体が次の各号のいずれかに該当するときは、その認定を取り消すことができる。 一　第38条第1号又は第3号に該当するに至ったとき。 二　第39条各号のいずれかに適合しなくなったとき。 三　第44条の規定に違反したとき。 四　(略) 五　不正の手段により第37条第1項の認定を受けたとき。 2　主務大臣は、前項の規定により認定を取り消したときは、その旨を公示しなければならない。
(削除)	(主務大臣) 第49条　この節の規定における主務大臣は、次のとおりとする。ただし、内閣総理大臣は、この節の規定の円滑な実施のため必要があると認める場合は、第37条第1項の認定を受けようとする者のうち特定のものについて、特定の大臣等を主務大臣に指定することができる。 一　設立について許可又は認可を受けている認定個人情報保護団体（第37条第1項の認定を受けようとする者を含む。次号において同じ。）については、その設立の許可又は認可をした大臣等 二　前号に掲げるもの以外の認定個人情報保護団体については、当該認定個人情報保護団体の対象事業者が行う事業を所管する大臣等

	2　内閣総理大臣は、前項ただし書の規定により主務大臣を指定したときは、その旨を公示しなければならない。
第５章　個人情報保護委員会	第５章　個人情報保護委員会
（設置）	（設置）
<u>第59条</u>　内閣府設置法第49条第３項の規定に基づいて、個人情報保護委員会（以下「委員会」という。）を置く。 ２　（略）	<u>第50条</u>　内閣府設置法<u>（平成11年法律第89号）</u>第49条第３項の規定に基づいて、個人情報保護委員会（以下「委員会」という。）を置く。 ２　（略）
（任務）	（任務）
<u>第60条</u>　（略）	<u>第51条</u>　（略）
（所掌事務）	（所掌事務）
<u>第61条</u>　委員会は、前条の任務を達成するため、次に掲げる事務をつかさどる。 一　（略） 二　<u>個人情報及び匿名加工情報の取扱いに関する監督並びに苦情の申出についての必要なあっせん及びその処理を行う事業者への協力に関すること（第４号に掲げるものを除く。）</u> 三　<u>認定個人情報保護団体に関すること。</u> 四　特定個人情報（番号利用法第２条第８項に規定する特定個人情報をいう。<u>第63条第４項</u>において同じ。）の取扱いに関する監視又は監督並びに苦情の申出についての必要なあっせん及びその処理を行う事業者への協力に関すること。 <u>五～九</u>　（略）	<u>第52条</u>　委員会は、前条の任務を達成するため、次に掲げる事務をつかさどる。 一　（略） （新設） （新設） 二　特定個人情報（番号利用法第２条第８項に規定する特定個人情報をいう。<u>第54条第４項</u>において同じ。）の取扱いに関する監視又は監督並びに苦情の申出についての必要なあっせん及びその処理を行う事業者への協力に関すること。 <u>三～七</u>　（略）
（職権行使の独立性）	（職権行使の独立性）
<u>第62条</u>　（略）	<u>第53条</u>　（略）

（組織等） 第63条　（略） （任期等） 第64条　（略） （身分保障） 第65条　（略） （罷免） 第66条　（略） （委員長） 第67条　（略） （会議） 第68条　（略） 2・3　（略） 4　第65条第4号の規定による認定をするには、前項の規定にかかわらず、本人を除く全員の一致がなければならない。 5　（略） （専門委員） 第69条　（略） （事務局） 第70条　（略） （政治運動等の禁止） 第71条　（略） （秘密保持義務） 第72条　（略）	（組織等） 第54条　（略） （任期等） 第55条　（略） （身分保障） 第56条　（略） （罷免） 第57条　（略） （委員長） 第58条　（略） （会議） 第59条　（略） 2・3　（略） 4　第56条第4号の規定による認定をするには、前項の規定にかかわらず、本人を除く全員の一致がなければならない。 5　（略） （専門委員） 第60条　（略） （事務局） 第61条　（略） （政治運動等の禁止） 第62条　（略） （秘密保持義務） 第63条　（略）

（給与） 第73条　（略） （規則の制定） 第74条　（略） 　　　　第6章　雑則 （適用範囲） 第75条　第15条、第16条、第18条（第2項を除く。）、第19条から第25条まで、第27条から第36条まで、第41条、第42条第1項、第43条及び次条の規定は、国内にある者に対する物品又は役務の提供に関連してその者を本人とする個人情報を取得した個人情報取扱事業者が、外国において当該個人情報又は当該個人情報を用いて作成した匿名加工情報を取り扱う場合についても、適用する。 （適用除外） 第76条　個人情報取扱事業者等のうち次の各号に掲げる者については、その個人情報等を取り扱う目的の全部又は一部がそれぞれ当該各号に規定する目的であるときは、第4章の規定は、適用しない。 一〜五　（略） 2　（略） 3　第1項各号に掲げる個人情報取扱事業者等は、個人データ又は匿名加工情報の安全管理のために必要かつ適切な措置、個人情報等の取扱いに関する苦情の処理その他の個人情報等の適正な取扱いを確保するために必要な措置を自ら講じ、かつ、当該措置の内容を公表するよう努めなければならない。	（給与） 第64条　（略） （規則の制定） 第65条　（略） 　　　　第6章　雑則 （新設） （適用除外） 第66条　個人情報取扱事業者のうち次の各号に掲げる者については、その個人情報を取り扱う目的の全部又は一部がそれぞれ当該各号に規定する目的であるときは、第4章の規定は、適用しない。 一〜五　（略） 2　（略） 3　第1項各号に掲げる個人情報取扱事業者は、個人データの安全管理のために必要かつ適切な措置、個人情報の取扱いに関する苦情の処理その他の個人情報の適正な取扱いを確保するために必要な措置を自ら講じ、かつ、当該措置の内容を公表するよう努めなければならない。

（地方公共団体が処理する事務） 第77条　この法律に規定する委員会の権限及び第44条第1項又は第4項の規定により事業所管大臣又は金融庁長官に委任された権限に属する事務は、政令で定めるところにより、地方公共団体の長その他の執行機関が行うこととすることができる。	（地方公共団体が処理する事務） 第67条　この法律に規定する主務大臣の権限に属する事務は、政令で定めるところにより、地方公共団体の長その他の執行機関が行うこととすることができる。
（外国執行当局への情報提供） 第78条　委員会は、この法律に相当する外国の法令を執行する外国の当局（以下この条において「外国執行当局」という。）に対し、その職務（この法律に規定する委員会の職務に相当するものに限る。次項において同じ。）の遂行に資すると認める情報の提供を行うことができる。 2　前項の規定による情報の提供については、当該情報が当該外国執行当局の職務の遂行以外に使用されず、かつ、次項の規定による同意がなければ外国の刑事事件の捜査（その対象たる犯罪事実が特定された後のものに限る。）又は審判（同項において「捜査等」という。）に使用されないよう適切な措置がとられなければならない。 3　委員会は、外国執行当局からの要請があったときは、次の各号のいずれかに該当する場合を除き、第1項の規定により提供した情報を当該要請に係る外国の刑事事件の捜査等に使用することについて同意をすることができる。 　一　当該要請に係る刑事事件の捜査等の対象とされている犯罪が政治犯罪であるとき、又は当該要請が政治犯罪について捜査等を行う目的で行われたものと認められるとき。 　二　当該要請に係る刑事事件の捜査等の対象とされている犯罪に係る行為が日本国内におい	（新設）

て行われたとした場合において、その行為が日本国の法令によれば罪に当たるものでないとき。 三　日本国が行う同種の要請に応ずる旨の要請国の保証がないとき。 4　委員会は、前項の同意をする場合においては、あらかじめ、同項第１号及び第２号に該当しないことについて法務大臣の確認を、同項第３号に該当しないことについて外務大臣の確認を、それぞれ受けなければならない。	
（削除）	（権限又は事務の委任） 第68条　この法律により主務大臣の権限又は事務に属する事項は、政令で定めるところにより、その所属の職員に委任することができる。
（削除）	（施行の状況の公表） 第69条　委員会は、関係する行政機関（法律の規定に基づき内閣に置かれる機関（内閣府を除く。）及び内閣の所轄の下に置かれる機関、内閣府、宮内庁、内閣府設置法第49条第１項及び第２項に規定する機関並びに国家行政組織法（昭和23年法律第120号）第３条第２項に規定する機関をいう。第71条において同じ。）の長に対し、この法律の施行の状況について報告を求めることができる。 2　委員会は、毎年、前項の報告を取りまとめるものとする。
（国会に対する報告） 第79条　（略）	（国会に対する報告） 第70条　（略）
（連絡及び協力） 第80条　内閣総理大臣及びこの法律の施行に関係する行政機関（法律の規定に基づき内閣に置か	（連絡及び協力） 第71条　内閣総理大臣及びこの法律の施行に関係する行政機関の長は、相互に緊密に連絡し、及

れる機関（内閣府を除く。）及び内閣の所轄の下に置かれる機関、内閣府、宮内庁、内閣府設置法第49条第1項及び第2項に規定する機関並びに国家行政組織法（昭和23年法律第120号）第3条第2項に規定する機関をいう。）の長は、相互に緊密に連絡し、及び協力しなければならない。	び協力しなければならない。
（政令への委任） 第81条　（略）	（政令への委任） 第72条　（略）
第7章　罰則	第7章　罰則
第82条　第72条の規定に違反して秘密を漏らし、又は盗用した者は、2年以下の懲役又は100万円以下の罰金に処する。	第73条　第63条の規定に違反して秘密を漏らし、又は盗用した者は、2年以下の懲役又100万円以下の罰金に処する。
第83条　個人情報取扱事業者（その者が法人（法人でない団体で代表者又は管理人の定めのあるものを含む。第87条第1項において同じ。）である場合にあっては、その役員、代表者又は管理人）若しくはその従業者又はこれらであった者が、その業務に関して取り扱った個人情報データベース等（その全部又は一部を複製し、又は加工したものを含む。）を自己若しくは第三者の不正な利益を図る目的で提供し、又は盗用したときは、1年以下の懲役又は50万円以下の罰金に処する。	（新設）
第84条　第42条第2項又は第3項の規定による命令に違反した者は、6月以下の懲役又は30万円以下の罰金に処する。	第74条　第34条第2項又は第3項の規定による命令に違反した者は、6月以下の懲役又は30万円以下の罰金に処する。
第85条　次の各号のいずれかに該当する者は、30万円以下の罰金に処する。	第75条　第32条又は第46条の規定による報告をせず、又は虚偽の報告をした者は、30万円以下の

二 第40条第1項の規定による報告若しくは資料の提出をせず、若しくは虚偽の報告をし、若しくは虚偽の資料を提出し、又は当該職員の質問に対して答弁をせず、若しくは虚偽の答弁をし、若しくは検査を拒み、妨げ、若しくは忌避した者 二 第56条の規定による報告をせず、又は虚偽の報告をした者	罰金に処する。 （新設） （新設）
第86条 第82条及び第83条の規定は、日本国外においてこれらの条の罪を犯した者にも適用する。	第76条 第73条の規定は、日本国外において同条の罪を犯した者にも適用する。
第87条 法人の代表者又は法人若しくは人の代理人、使用人その他の従業者が、その法人又は人の業務に関して、第83条から第85条までの違反行為をしたときは、行為者を罰するほか、その法人又は人に対しても、各本条の罰金刑を科する。 2 （略）	第77条 法人（法人でない団体で代表者又は管理人の定めのあるものを含む。以下この項において同じ。）の代表者又は法人若しくは人の代理人、使用人その他の従業者が、その法人又は人の業務に関して、第74条及び第75条の違反行為をしたときは、行為者を罰するほか、その法人又は人に対しても、各本条の罰金刑を科する。 2 （略）
第88条 次の各号のいずれかに該当する者は、10万円以下の過料に処する。 一 第26条第2項又は第55条の規定に違反した者 二 第50条第1項の規定による届出をせず、又は虚偽の届出をした者 （削除）	第78条 次の各号のいずれかに該当する者は、10万円以下の過料に処する。 （新設） 一 第40条第1項の規定による届出をせず、又は虚偽の届出をした者 二 第45条の規定に違反した者
附　則	附　則
第5条 第23条第5項第3号の規定により本人に通知し、又は本人が容易に知り得る状態に置か	第5条 第23条第4項第3号の規定により本人に通知し、又は本人が容易に知り得る状態に置か

新　法 (番号利用法附則第1条第5号に掲げる規定の施行の日時点)	旧　法 (公布の日から起算して2年を超えない範囲内において政令で定める日時点)
なければならない事項に相当する事項について、この法律の施行前に、本人に通知されているときは、当該通知は、同号の規定により行われたものとみなす。	なければならない事項に相当する事項について、この法律の施行前に、本人に通知されているときは、当該通知は、同号の規定により行われたものとみなす。

新旧対照表③

個人情報の保護に関する法律（平成15年法律第57号）　　　　（傍線の部分は改正部分）

新　法 (番号利用法附則第1条第5号に掲げる規定の施行の日時点)	旧　法 (公布の日から起算して2年を超えない範囲内において政令で定める日時点)
（所掌事務） 第61条　（略） 一～四　（略） 五　特定個人情報保護評価（番号利用法第27条第1項に規定する特定個人情報保護評価をいう。）に関すること。 六～九　（略）	（所掌事務） 第61条　（略） 一～四　（略） 五　特定個人情報保護評価（番号利用法第26条第1項に規定する特定個人情報保護評価をいう。）に関すること。 六～九　（略）

資料4　個人情報の保護に関する法律及び行政手続における特定の個人を識別するための番号の利用等に関する法律の一部を改正する法律　附則（抜粋）

附　則

（施行期日）

第1条　この法律は、公布の日から起算して2年を超えない範囲内において政令で定める日から施行する。ただし、次の各号に掲げる規定は、当該各号に定める日から施行する。

一　附則第7条第2項、第10条及び第12条の規定　公布の日

二　第1条及び第4条並びに附則第5条、第6条、第7条第1項及び第3項、第8条、第9条、第13条、第22条、第25条から第27条まで、第30条、第32条、第34条並びに第37条の規定　平成28年1月1日

三　第6条（行政手続における特定の個人を識別するための番号の利用等に関する法律（以下「番号利用法」という。）第19条第1号及び別表第一の改正規定に限る。）並びに附則第15条、第16条、第19条及び第29条の規定　番号利用法附則第1条第4号に掲げる規定の施行の日

四　次条の規定　公布の日から起算して1年6月を超えない範囲内において政令で定める日

五　第3条及び第6条（番号利用法第19条第1号及び別表第一の改正規定を除く。）並びに附則第24条及び第36条の規定　番号利用法附則第1条第5号に掲げる規定の施行の日

六　第7条並びに附則第14条、第17条及び第20条の規定　公布の日から起算して3年を超えない範囲内において政令で定める日

（通知等に関する経過措置）

第2条　第2条の規定による改正後の個人情報の保護に関する法律（以下「新個人情報保護法」という。）第23条第2項の規定により個人データを第三者に提供しようとする者は、この法律の施行の日（以下「施行日」という。）前においても、個人情報保護委員会規則で定めるところにより、同項第5号に掲げる事項に相当する事項について本人に通知するとともに、同項各号に掲げる事項に相当する事項について個人情報保護委員会に届け出ることができる。この場合において、当該通知及び届出は、施行日以後は、同項の規定による通知及び届出とみなす。

（外国にある第三者への提供に係る本人の同意に関する経過措置）

第3条　施行日前になされた本人の個人情報の取扱いに関する同意がある場合において、その同意が新個人情報保護法第24条の規定による個人データの外国にある第三者への提供を認める旨の同意に相当するものであるときは、同条の同意があったものとみなす。

（主務大臣がした処分等に関する経過措置）

資料4　個人情報の保護に関する法律及び行政手続における特定の個人を識別するための番号の利用等に関する法律の一部を改正する法律　附則（抜粋）

第4条　施行日前に第2条の規定による改正前の個人情報の保護に関する法律（以下「旧個人情報保護法」という。）又はこれに基づく命令の規定により旧個人情報保護法第36条又は第49条に規定する主務大臣（以下この条において単に「主務大臣」という。）がした勧告、命令その他の処分又は通知その他の行為は、施行日以後は、新個人情報保護法又はこれに基づく命令の相当規定に基づいて、個人情報保護委員会がした勧告、命令その他の処分又は通知その他の行為とみなす。
2　この法律の施行の際に旧個人情報保護法又はこれに基づく命令の規定により主務大臣に対してされている申請、届出その他の行為は、施行日以後は、新個人情報保護法又はこれに基づく命令の相当規定に基づいて、個人情報保護委員会に対してされた申請、届出その他の行為とみなす。
3　施行日前に旧個人情報保護法又はこれに基づく命令の規定により主務大臣に対して届出その他の手続をしなければならない事項で、施行日前にその手続がされていないものについては、施行日以後は、これを、新個人情報保護法又はこれに基づく命令の相当規定により個人情報保護委員会に対してその手続をしなければならないとされた事項についてその手続がされていないものとみなして、当該相当規定を適用する。

　　　（特定個人情報保護委員会がした処分等に関する経過措置）
第5条　附則第1条第2号に掲げる規定の施行の日（以下「第2号施行日」という。）前に第4条の規定による改正前の番号利用法（以下この条において「旧番号利用法」という。）又はこれに基づく命令の規定により特定個人情報保護委員会がした勧告、命令その他の処分又は通知その他の行為は、第2号施行日以後は、第4条の規定による改正後の番号利用法（以下この条において「新番号利用法」という。）又はこれに基づく命令の相当規定に基づいて、個人情報保護委員会がした勧告、命令その他の処分又は通知その他の行為とみなす。
2　附則第1条第2号に掲げる規定の施行の際に旧番号利用法（旧番号利用法第29条第1項の規定により読み替えて適用する行政機関の保有する個人情報の保護に関する法律（平成15年法律第58号）を含む。次項において同じ。）又はこれに基づく命令の規定により特定個人情報保護委員会に対してされている申請、届出その他の行為は、第2号施行日以後は、新番号利用法（新番号利用法第29条第1項の規定により読み替えて適用する行政機関の保有する個人情報の保護に関する法律を含む。次項において同じ。）又はこれに基づく命令の相当規定に基づいて、個人情報保護委員会に対してされた申請、届出その他の行為とみなす。
3　第2号施行日前に旧番号利用法又はこれに基づく命令の規定により特定個人情報保護委員会に対して届出その他の手続をしなければならない事項で、第2号施行日前にその手続がされていないものについては、第2号施行日以後は、これを、新番号利用法又はこれに基づく命令の相当規定により個人情報保護委員会に対してその

資料4　個人情報の保護に関する法律及び行政手続における特定の個人を識別するための番号の利用等に関する法律の一部を改正する法律　附則（抜粋）

手続をしなければならないとされた事項についてその手続がされていないものとみなして、当該相当規定を適用する。

（特定個人情報保護委員会規則に関する経過措置）

第6条　附則第1条第2号に掲げる規定の施行の際現に効力を有する特定個人情報保護委員会規則は、第2号施行日以後は、個人情報保護委員会規則としての効力を有するものとする。

（委員長又は委員の任命等に関する経過措置）

第7条　附則第1条第2号に掲げる規定の施行の際現に従前の特定個人情報保護委員会の委員長又は委員である者は、それぞれ第2号施行日に、第1条の規定による改正後の個人情報の保護に関する法律（以下この条において「第2号新個人情報保護法」という。）第54条第3項の規定により、個人情報保護委員会の委員長又は委員として任命されたものとみなす。この場合において、その任命されたものとみなされる者の任期は、第2号新個人情報保護法第55条第1項の規定にかかわらず、第2号施行日における従前の特定個人情報保護委員会の委員長又は委員としてのそれぞれの任期の残任期間と同一の期間とする。

2　附則第1条第2号に掲げる規定の施行に伴い新たに任命されることとなる個人情報保護委員会の委員については、第2号新個人情報保護法第54条第3項に規定する委員の任命のために必要な行為は、第2号施行日前においても行うことができる。

3　附則第1条第2号に掲げる規定の施行の際現に従前の特定個人情報保護委員会の事務局の職員である者は、別に辞令を発せられない限り、第2号施行日に、同一の勤務条件をもって、個人情報保護委員会の事務局の相当の職員となるものとする。

（守秘義務に関する経過措置）

第8条　特定個人情報保護委員会の委員長、委員又は事務局の職員であった者に係るその職務上知ることのできた秘密を漏らし、又は盗用してはならない義務については、第2号施行日以後も、なお従前の例による。

（罰則の適用に関する経過措置）

第9条　この法律（附則第1条第2号に掲げる規定にあっては、当該規定）の施行前にした行為及び前条の規定によりなお従前の例によることとされる場合における第2号施行日以後にした行為に対する罰則の適用については、なお従前の例による。

（政令への委任）

第10条　この附則に定めるもののほか、この法律の施行に関し必要な経過措置は、政令で定める。

（事業者等が講ずべき措置の適切かつ有効な実施を図るための指針の策定に当たっての配慮）

第11条　個人情報保護委員会は、新個人情報保護法第8条に規定する事業者等が講ずべき措置の適切かつ有効な実施を図るための指針を策定するに当たっては、この法

資料4　個人情報の保護に関する法律及び行政手続における特定の個人を識別するための番号の利用等に関する法律の一部を改正する法律　附則（抜粋）

律の施行により旧個人情報保護法第2条第3項第5号に掲げる者が新たに個人情報取扱事業者となることに鑑み、特に小規模の事業者の事業活動が円滑に行われるよう配慮するものとする。

（検討）
第12条　政府は、施行日までに、新個人情報保護法の規定の趣旨を踏まえ、行政機関の保有する個人情報の保護に関する法律第2条第1項に規定する行政機関が保有する同条第2項に規定する個人情報及び独立行政法人等の保有する個人情報の保護に関する法律（平成15年法律第59号）第2条第1項に規定する独立行政法人等が保有する同条第2項に規定する個人情報（以下この条において「行政機関等保有個人情報」と総称する。）の取扱いに関する規制の在り方について、匿名加工情報（新個人情報保護法第2条第9項に規定する匿名加工情報をいい、行政機関等匿名加工情報（行政機関等保有個人情報を加工して得られる匿名加工情報をいう。以下この項において同じ。）を含む。）の円滑かつ迅速な利用を促進する観点から、行政機関等匿名加工情報の取扱いに対する指導、助言等を統一的かつ横断的に個人情報保護委員会に行わせることを含めて検討を加え、その結果に基づいて所要の措置を講ずるものとする。

2　政府は、この法律の施行後3年を目途として、個人情報の保護に関する基本方針の策定及び推進その他の個人情報保護委員会の所掌事務について、これを実効的に行うために必要な人的体制の整備、財源の確保その他の措置の状況を勘案し、その改善について検討を加え、必要があると認めるときは、その結果に基づいて所要の措置を講ずるものとする。

3　政府は、前項に定める事項のほか、この法律の施行後3年ごとに、個人情報の保護に関する国際的動向、情報通信技術の進展、それに伴う個人情報を活用した新たな産業の創出及び発展の状況等を勘案し、新個人情報保護法の施行の状況について検討を加え、必要があると認めるときは、その結果に基づいて所要の措置を講ずるものとする。

4　政府は、附則第1条第6号に掲げる規定の施行後3年を目途として、預金保険法（昭和46年法律第34号）第2条第1項に規定する金融機関が同条第3項に規定する預金者等から、又は農水産業協同組合貯金保険法（昭和48年法律第53号）第2条第1項に規定する農水産業協同組合が同条第3項に規定する貯金者等から、適切に個人番号の提供を受ける方策及び第7条の規定による改正後の番号利用法の施行の状況について検討を加え、必要があると認めるときは、その結果に基づいて、国民の理解を得つつ、所要の措置を講ずるものとする。

5　政府は、国の行政機関等が保有する個人情報の安全を確保する上でサイバーセキュリティ（サイバーセキュリティ基本法（平成26年法律第104号）第2条に規定するサイバーセキュリティをいう。）に関する対策の的確な策定及び実施が重要である

資料4　個人情報の保護に関する法律及び行政手続における特定の個人を識別するための番号の利用等に関する法律の一部を改正する法律　附則（抜粋）

　　ことに鑑み、国の行政機関等における同法第13条に規定する基準に基づく対策の策定及び実施に係る体制の整備等について検討を加え、その結果に基づいて所要の措置を講ずるものとする。
６　政府は、新個人情報保護法の施行の状況、第１項の措置の実施の状況その他の状況を踏まえ、新個人情報保護法第２条第１項に規定する個人情報及び行政機関等保有個人情報の保護に関する規定を集約し、一体的に規定することを含め、個人情報の保護に関する法制の在り方について検討するものとする。

　　（特別職の職員の給与に関する法律の一部改正）
第13条　特別職の職員の給与に関する法律（昭和24年法律第252号）の一部を次のように改正する。
　　第１条第14号の２及び第47号の２中「特定個人情報保護委員会」を「個人情報保護委員会」に改める。
　　別表第一官職名の欄中「特定個人情報保護委員会委員長」を「個人情報保護委員会委員長」に、「特定個人情報保護委員会の」を「個人情報保護委員会の」に改める。

第14条から第17条（省略）

　　（登録免許税法の一部改正）
第18条　登録免許税法（昭和42年法律第35号）の一部を次のように改正する。
　　別表第一第33号中「第37条第１項」を「第47条第１項」に改める。

第19条及び第20条（省略）

　　（エネルギーの使用の合理化等に関する法律の一部改正）
第21条　エネルギーの使用の合理化等に関する法律（昭和54年法律第49号）の一部を次のように改正する。
　　第81条の６中「第２条第５項」を「第２条第７項」に改める。

第22条から第24条まで（省略）

　　（行政機関が行う政策の評価に関する法律の一部改正）
第25条　行政機関が行う政策の評価に関する法律（平成13年法律第86号）の一部を次のように改正する。
　　第６条第１項中「特定個人情報保護委員会」を「個人情報保護委員会」に改める。

資料4　個人情報の保護に関する法律及び行政手続における特定の個人を識別するための番号の利用等に関する法律の一部を改正する法律　附則（抜粋）

（行政手続等における情報通信の技術の利用に関する法律の一部改正）

第26条　行政手続等における情報通信の技術の利用に関する法律（平成14年法律第151号）の一部を次のように改正する。

　　第12条本文中「特定個人情報保護委員会規則」を「個人情報保護委員会規則」に改め、同条ただし書中「特定個人情報保護委員会、」を「個人情報保護委員会、」に、「特定個人情報保護委員会規則」を「個人情報保護委員会規則」に改める。

（民間事業者等が行う書面の保存等における情報通信の技術の利用に関する法律の一部改正）

第27条　民間事業者等が行う書面の保存等における情報通信の技術の利用に関する法律（平成16年法律第149号）の一部を次のように改正する。

　　第9条本文中「国家公安委員会規則」の下に「、個人情報保護委員会規則」を加え、同条ただし書中「国家公安委員会、」の下に「個人情報保護委員会、」を、「国家公安委員会規則」の下に「、個人情報保護委員会規則」を加える。

（遺失物法の一部改正）

第28条　遺失物法（平成18年法律第73号）の一部を次のように改正する。

　　第35条第5号中「第2条第2項」を「第2条第4項」に改める。

第29条及び第30条（省略）

（金融庁設置法の一部改正）

第31条　金融庁設置法（平成10年法律第130号）の一部を次のように改正する。

　　第8条中「（平成13年法律第75号）」の下に「、個人情報の保護に関する法律（平成15年法律第57号）」を加える。

（内閣府設置法の一部改正）

第32条　内閣府設置法（平成11年法律第89号）の一部を次のように改正する。

　　第4条第3項第59号の2中「行政手続における特定の個人を識別するための番号の利用等に関する法律第38条」を「個人情報の保護に関する法律（平成15年法律第57号）第52条」に改める。

　　第16条第2項中「特定個人情報保護委員会」を「個人情報保護委員会」に改める。

　　第64条の表特定個人情報保護委員会の項を次のように改める。

| 個人情報保護委員会 | 個人情報の保護に関する法律 |

第33条　内閣府設置法の一部を次のように改正する。

　　第4条第3項第59号の2中「第52条」を「第61条」に改める。

第34条から第36条まで　（省略）

（消費者庁及び消費者委員会設置法の一部改正）
第37条 消費者庁及び消費者委員会設置法（平成21年法律第48号）の一部を次のように改正する。

第4条中第23号を削り、第24号を第23号とし、第25号から第27号までを一号ずつ繰り上げる。

第6条第2項第1号中ヘを削り、トをヘとし、同項第4号中「、国民生活安定緊急措置法」を「及び国民生活安定緊急措置法」に改め、「及び個人情報の保護に関する法律」を削る。

資料5　個人情報の保護に関する法律及び行政手続における特定の個人を識別するための番号の利用等に関する法律の一部を改正する法律案に対する附帯決議

第1　衆議院内閣委員会における附帯決議の内容

　政府は、本法の施行に当たっては、本法が個人情報の保護と利活用の均衡を図ることを目的としていることを踏まえ、我が国における個人情報の保護と利活用が進み、より良い情報通信社会が生じるよう、特に次の諸点につき適切な措置を講ずべきである。

1　個人情報の定義等を政令等で定めるに当たっては、消費者及び事業者等に分かりやすいものとなるよう、これらの者から広く丁寧な意見の聴取に努め、保護対象を可能な限り明確化する等の措置を講ずること。

2　情報通信分野における技術革新の著しい進展と高い専門性に円滑に対応できる制度設計とするため、民間の実態を十分把握し、関係事業者と十分に協議するとともに、認定個人情報保護団体が定める個人情報保護指針を活用すること。特に、匿名加工情報については、その規定の趣旨が利活用を促進するものであることに鑑み、個人情報保護委員会規則で基準を定めるに当たっては、効果的な利活用に配慮すること。

3　国境を越えた個人情報の移転は、合理的で安全なサービスの提供を可能にし、社会に裨益するものであることを踏まえ、海外における個人情報の保護を図りつつ、国境を越えた個人情報の移転を不当に阻害しないよう必要な措置を講ずること。

4　第三者提供に係る記録の作成等の義務については、その目的と実効性を確保しつつ、事業者に過度な負担とならないように十分に配慮するとともに、悪質な事業者への対策については一般の事業者に過度な負担とならないよう実態調査を行った上で、有効な措置を講ずること。

5　個人情報の保護と利活用が業界ごとに適切に図られるよう、認定個人情報保護団体となるための事務手続などを適切に支援すること。

6　情報通信技術の進展や事業者の事業規模や財政状況等に応じた影響等を考慮した必要な措置を講ずることが重要であるとの視点に立ち、個人情報保護委員

資料5　個人情報の保護に関する法律及び行政手続における特定の個人を識別するための番号の利用等に関する法律の一部を改正する法律案に対する附帯決議

　　　　会は、法や個人情報保護委員会規則の適切かつ柔軟な運用に努めるとともに、事業者や関係団体に対し、必要な支援を提供すること。そのために、個人情報保護委員会の委員、専門委員及び事務局について、民間における個人情報の利活用の実務について十分な知見を持つ者、消費者保護に精通する者などをバランスよく登用すること。

　7　各地方公共団体において、地方公共団体が策定し、又は実施する個人情報の保護に関する施策の見直しに向けた検討が今後行われることが想定されることから、その円滑な検討に資するよう、相談窓口を設け、必要な情報提供を行うなど国が地方公共団体に対して協力を行うための体制整備に努めること。

　8　我が国の個人情報の保護水準が国際的に十分なものであることを諸外国に積極的に周知し、相互理解を深めるよう努めること。

　9　情報セキュリティ対策が個人情報の保護の実効性の確保にとって重要であることから、個人情報取扱事業者等が講ずべき情報セキュリティ対策の在り方について検討し、必要な支援に努めること。

　10　情報通信技術の進展により、漏えいした個人情報の拡散が容易になるなどの環境変化の中で、個人の権利利益侵害を未然に防ぐことが一層重要になっていることから、民間におけるプライバシー影響評価等によるプライバシー・バイ・デザインの取組を支援し、さらなる個人情報の適正な取扱いの確保を図ること。

第2　参議院内閣委員会における附帯決議の内容
　　　政府は、本法の施行に当たり、次の諸点について適切な措置を講ずべきである。

　1　個人情報の定義等を政令等で定めるに当たっては、国民に分かりやすいものとなるよう、消費者や事業者等多様な主体から広く丁寧に意見を聴取し、保護対象を可能な限り明確化する等の措置を講ずること。

　2　匿名加工情報の規定の趣旨が個人情報の利活用を促進するものであることに鑑み、個人情報取扱事業者が匿名加工情報を作成する際に必要となる基準を個人情報保護委員会規則で定めるに当たっては、その趣旨について十分に配慮すること。

資料5　個人情報の保護に関する法律及び行政手続における特定の個人を識別するための番号の利用等に関する法律の一部を改正する法律案に対する附帯決議

3　国境を越えた個人情報の移転は、合理的で安全なサービスの提供を可能にし、社会に役立つものであることを踏まえ、海外における個人情報の保護を図りつつ、個人情報の移転を不当に阻害しないよう必要な措置を講ずること。

4　第三者提供に係る記録の作成等の義務については、その目的と実効性を確保しつつ、事業者に過度な負担とならないよう十分に配慮すること。

5　情報通信技術の進展、事業者の事業規模、財政状況等に応じた影響等を考慮した必要な措置を講ずることが重要であることから、個人情報保護委員会の委員、専門委員及び事務局については、民間における個人情報の利活用の実務について十分な知見と経験を持つ者、消費者保護に精通する者等をバランスよく登用するとともに、情報システム、情報セキュリティ等に関する高い識見を有する人材についても確保すること。また、同委員会が十全にその権限を行使し、その機能を発揮することができる体制を確保するため、事務局職員の定員の確保、高度な専門性を有する人材に対する処遇の充実、職場環境の整備等に特に努めること。

6　我が国の個人情報の保護水準が国際的に十分なものであることを諸外国に積極的に周知し、相互理解を深めるよう努めること。

7　情報通信技術の進展により、漏えいした個人情報の拡散が容易になるなどの環境変化の中で、個人の権利利益侵害を未然に防ぐことが一層重要になっていることから、民間におけるプライバシーを扱うあらゆる側面で情報が適切に取り扱われる環境をあらかじめ作り込むという考え方（プライバシー・バイ・デザイン）に基づく取組を支援し、さらなる個人情報の適正な取扱いの確保を図ること。

8　情報セキュリティ対策が個人情報の保護の実効性の確保にとって重要であることから、個人情報取扱事業者等が講ずべき情報セキュリティ対策の在り方について検討し、必要な支援に努めること。

9　個人情報の漏えい等の防止その他の個人情報の安全管理が徹底されるよう、公的機関における個人情報の取扱いに係るセキュリティ環境の高度な監視を行う等システムの安全性を確保するとともに、情報セキュリティ対策を着実に実施するために必要かつ十分な人員・予算の継続的な確保その他必要な措置を講

資料5　個人情報の保護に関する法律及び行政手続における特定の個人を識別するための番号の利用等に関する法律の一部を改正する法律案に対する附帯決議

ずること。

10　平成27年5月に発生した日本年金機構の個人の年金情報流出事案により国民の不安が拡大したことに鑑み、日本年金機構のみならず国及び地方の行政機関、独立行政法人その他の個人情報を取り扱う公的機関において、個人情報を取り扱う業務に従事する者のＩＣＴの知識とモラルの向上、法令・情報セキュリティポリシーの遵守の徹底を図るため、研修の実施など継続的な人材育成に必要な措置を講ずることにより、個人情報の保護に万全の内部統制を構築すること。また、特定個人情報を取り扱う公務に従事する者又は従事していた者について、守秘義務違反に対する厳罰化等の措置を検討すること。

11　マイナンバー制度に係る地方公共団体のシステム整備及び情報セキュリティ対策の実施について、地方公共団体の財政負担並びに当該システム整備及び情報セキュリティ対策に従事する職員の業務負担を軽減するため、地方公共団体からの意見を十分に考慮し、必要な措置を検討すること。

12　個人番号カードの公的個人認証機能の利用時における本人認証方法について生体認証の導入を含め、より安全かつ簡易な方法を検討すること。

13　高度サイバー攻撃が大きな脅威となっていること、サイバー攻撃の技術が日進月歩進化していることに鑑み、特に政府機関においてはサイバー攻撃の標的とされる蓋然性が高い業務領域を選定し、当該業務領域に係るリスク評価に基づく情報セキュリティ対策を徹底的に実施すること。併せて政府機関が統一的で効率的な運用を行えるよう体制を整備すること。

14　ビッグデータ時代の科学技術研究及び産業界のイノベーションを先導する役割を果たすデータ分析官の育成を促進するため、専門教育組織の設置など、必要な基盤の整備に努めること。

15　本法の施行後も継続的に教育、広報その他の活動を通じて、個人情報及び匿名加工情報の適正な取扱いの下での利活用の推進に関する国民の理解と信頼を深めるよう努めること。また、番号利用法の施行までに、マイナンバー制度の趣旨及び内容について国民に周知徹底を図り、その理解と協力が得られるよう、所要の措置を講ずるとともに、番号利用法の施行後も必要に応じ広報啓発に努めること。

資料6 パーソナルデータの利活用に関する制度改正大綱

パーソナルデータの利活用に関する制度改正大綱

平成 26 年 6 月 24 日
高度情報通信ネットワーク社会推進戦略本部

目次

第1 はじめに　　4

第2 基本的な考え方　　5

 Ⅰ　制度改正の趣旨……………………………………………………………5
  1　背景
  2　課題

 Ⅱ　制度改正内容の基本的な枠組み………………………………………7
  1　本人の同意がなくてもデータの利活用を可能とする枠組みの導入等
  2　基本的な制度の枠組みとこれを補完する民間の自主的な取組の活用
  3　第三者機関の体制整備等による実効性ある制度執行の確保

 Ⅲ　今後のスケジュール……………………………………………………9

第3 制度設計　　10

 Ⅰ　目的・基本理念…………………………………………………………10

 Ⅱ　パーソナルデータの利活用を促進するための枠組みの導入等………10
  1　個人が特定される可能性を低減したデータの取扱い
  2　行政機関及び独立行政法人等が保有するパーソナルデータの取扱い

 Ⅲ　基本的な制度の枠組みとこれを補完する民間の自主的な取組の活用　10
  1　基本的な制度の枠組みに関する規律
  2　民間主導による自主規制ルール策定・遵守の枠組みの創設
  3　民間主導による国境を越えたパーソナルデータ移転の枠組み

 Ⅳ　第三者機関の体制整備等による実効性ある制度執行の確保…………13
  1　第三者機関の体制整備
  2　行政機関、独立行政法人等、地方公共団体及び事業者間のルールの整合性
  3　開示等の在り方

 Ⅴ　グローバル化への対応…………………………………………………15
  1　域外適用
  2　執行協力
  3　他国との情報移転

 Ⅵ　その他の制度改正事項…………………………………………………16
  1　取り扱う個人情報の規模が小さい事業者等の取扱い
  2　学術研究目的の個人情報等の取扱い

Ⅶ 継続的な検討課題 …………………………………………………… **16**
    1 新たな紛争処理体制の在り方
    2 いわゆるプロファイリング
    3 プライバシー影響評価（PIA）
    4 いわゆる名簿屋

第1 はじめに

　この大綱は、平成25年12月20日に高度情報通信ネットワーク社会推進戦略本部で決定された「パーソナルデータの利活用に関する制度見直し方針」を踏まえた検討に基づき、具体的に個人情報保護関係法令の改正等により措置する内容について、政府として方向性を示すものである。
　今後、大綱をいわゆるパブリックコメントに付し、国民の皆様のご意見を伺い、そのご意見等も踏まえ、内閣官房が中心となって各府省と調整しつつ必要な点について方向修正を行った上で、制度設計の細部等について法案化を進めることとする。

第2 基本的な考え方
I 制度改正の趣旨
1 背景

今年で個人情報保護法[1]（以下「現行法」という。）の制定から10余年が経過したが、この間の情報通信技術の飛躍的な進展は、多種多様かつ膨大なデータ、いわゆるビッグデータの収集・分析を可能にし、このことが、新産業・新サービスの創出や我が国を取り巻く諸課題の解決に大きく貢献するなど、これからの我が国発のイノベーション創出に寄与するものと期待されている。特に、個人の行動・状態等に関する情報に代表される、パーソナルデータについては、現行法制定当時には実現が困難であった高度な情報通信技術を用いた方法により、本人の利益のみならず公益のために利活用することが可能となってきており、その利用価値は高いとされている。しかし同時に、自由な利活用が許容されるのかが不明確な「グレーゾーン」が発生・拡大し、パーソナルデータの利活用に当たって、保護すべき情報の範囲や事業者が遵守すべきルールが曖昧になりつつある。

一方、現行法の制定から現在までの間、個人情報及びプライバシーという概念が世の中に広く認識されるとともに、高度な情報通信技術の活用により自分のパーソナルデータが悪用されるのではないか、これまで以上に十分な注意を払ってパーソナルデータを取り扱って欲しいなどの消費者の意識が拡大しつつあり、保護されるべきパーソナルデータが適正に取り扱われることを明らかにし、消費者の安心感を生む制度の構築が望まれている。

このような状況において、現在、パーソナルデータの利活用に当たって特に個人の権利利益の侵害に係る問題を発生させていない事業者も、前述のグレーゾーンの発生・拡大のために、プライバシーに係る社会的な批判を懸念して、パーソナルデータの利活用に躊躇するという「利活用の壁」が出現しており、パーソナルデータの利活用が必ずしも十分に行われてきているとは言えない状況にある。

このような現状に鑑み、政府の成長戦略においては、データ利活用による産業再興を掲げており、特に利用価値が高いとされるパーソナルデータについて、事業者の「利活用の壁」を取り払い、これまでと同様に個人の権利利益の侵害を未然に防止し個人情報及びプライバシーの保護を図りつつ、新産業・新サービスの創出と国民の安全・安心の向上等のための利活用を実現する環境整備を行うことが求められている。

また、企業活動がグローバル化する中、情報通信技術の進展により、クラウドサービス等国境を越えた情報の流通が極めて容易になってきており、このような変化に対応するため、世界各国において、我が国も加盟国であるOECD（経済協力開発機構）が平成25年7月にプライバシ

---

[1] 個人情報の保護に関する法律（平成15年法律第57号）。

ーガイドライン [2] を改正したほか、米国において平成 24 年 2 月に消費者プライバシー権利章典 [3] が公表され、EUにおいても平成 26 年 3 月に個人データ保護規則案 [4] が欧州議会本会議にて可決され、さらに継続検討が行われるなど、個人情報及びプライバシーの保護に関する議論や法整備が世界的にも進んできている。このような状況を踏まえ、我が国に世界中のデータが集積し得る事業環境に対応するためにも、諸外国における情報の利用・流通とプライバシー保護の双方を確保するための取組に配慮し、制度の国際的な調和を図る必要がある。

2 課題

このような背景から生じる様々な課題は、以下のように分類・整理することができる。

(1)「利活用の壁」を取り払うために

① グレーゾーンへの対応

パーソナルデータの「利活用の壁」を生じさせている「グレーゾーン」の要素は、情報の多種多様化及び情報通信技術の進展等を背景とした、

- ・「個人情報」の範囲についての法解釈の曖昧さ
- ・特定の個人が識別された状態にないパーソナルデータであっても、特定の個人の識別に結びつく蓋然性が高いなど、その取扱いによっては個人の権利利益が侵害されるおそれがあるものに関して、保護される対象及びその取扱いについて事業者が遵守すべきルールの曖昧さ

である。事業者におけるデータ保有の現状や利活用の際の問題を踏まえつつ、これらの曖昧さを解消していく必要がある。

また、「利活用の壁」を取り払う起爆剤として、事業者が保有するパーソナルデータを有効に利活用することを可能とする制度も必須である。

② 個人の権利利益の侵害を未然に防止するために

パーソナルデータの利活用を促進させるためには、本人が意図しない目的でパーソナルデータが利用されるなどの不安を解消し、適切な取扱いによって消費者が安心してデータを提供できる環境を整備することが重要である。このため、個人の権利利益の侵害に結びつくような事業者の行為を未然に防止していくことが必要である。

---

[2] OECD, The Recommendation of the OECD Council concerning Guidelines governing the Protection of Privacy and Transborder Flows of Personal Data (2013)
[3] White House, Consumer Data Privacy in a Networked World: A Framework for Protecting Privacy and Promoting Innovation in the Global Digital Economy (2012)
[4] European Parliament, European Parliament legislative resolution of 12 March 2014 on the proposal for a regulation of the European Parliament and of the Council on the protection of individuals with regard to the processing of personal data and on the free movement of such data (General Data Protection Regulation)(2014)

(2) 機動的な対応を可能とするために

情報の種類や利活用の方法、個人のプライバシーに対する意識が時代とともに変化していく中で、それらによって生じるグレーゾーンや個人の権利利益の侵害のおそれの解消を、制定・改正等に厳格な手続を要する法律の規定のみで行っていくことには限界がある。そこで、このような変化に適時・適切に対応するために、法律で定めるべき範囲と政省令や規則、ガイドライン等で対応すべき範囲とを適切に分けるとともに、機動的な対応を可能とする上で有益な民間の自主的な取組を補助し促進できるような制度が必要である。

(3) 確実な制度執行を行うために

事業者によるルールの遵守を確保し、かつ消費者の信頼を得るためには、適切な制度の執行が必要であり、執行を行う主体が独立し、公平な立場にあることが求められる。また、前述の民間の自主的な取組を実効性あるものとするためにも、その認定等に関わる公的な機関が必要である。さらに、このような公的な機関の体制整備により、苦情相談窓口との有機的な連携を図るとともに、ガイドラインにおける法解釈の提示等による普及啓発を行うことが期待される。

(4) 制度の国際的な調和のために

企業活動がグローバル化し、我が国の企業が他国の企業との間でパーソナルデータを共有し、又は相互に移転させる必要性も生じている。このような共有や移転を可能とするためには、諸外国における個人情報及びプライバシーの保護に関する議論や法整備の進展状況も踏まえ、国際的に調和のとれた信頼性のある制度を整備することが必要である。

Ⅱ 制度改正内容の基本的な枠組み

今般の制度改正は、パーソナルデータの利活用促進に向けて、前述の課題の解決のために法的措置を行うものであるが、その基本的な枠組みは以下のとおりである。

1 本人の同意がなくてもデータの利活用を可能とする枠組みの導入等

パーソナルデータの利活用により、多種多様かつ膨大なデータを、分野横断的に活用することによって生まれるイノベーションや、それによる新ビジネスの創出等が期待される。この際、目的外利用や第三者提供に当たって、本人の同意を必要とする現行法の仕組みは、事業者にとって負担が大きく、「利活用の壁」の一つとなっている。そこで、個人の権利利益の侵害を未然に防止するために本人の同意が必要とされている趣旨を踏まえつつ、パーソナルデータの利活用を促進するために、現行法の規律に加え、新たに一定の規律の下で原則として本人の同意が求められる第三者提供等を本人の同意がなくても行うことを可能とする枠組みを導入する。具体的には、個人データ等から「個人の特定性を低減し

たデータ」への加工と、本人の同意の代わりとしての取扱いに関する規律を定める。

また、医療情報等のように適切な取扱いが求められつつ、本人の利益・公益に資するために一層の利活用が期待されている情報も多いことから、萎縮効果が発生しないよう、適切な保護と利活用を推進する。

2 基本的な制度の枠組みとこれを補完する民間の自主的な取組の活用

グレーゾーンの内容や個人の権利利益の侵害の可能性・度合いは、情報通信技術の進展状況や個人の主観等複数の要素により時代とともに変動するものであることから、これらに機動的に対応することを可能とするため、社会通念等も踏まえつつ、法律では大枠を定め、具体的な内容は政省令、規則及びガイドラインにより対応する。また、これと併せ民間の自主規制ルールの活用を図ることとする。

主に以下の事項を制度改正事項とする。
- 事業者がパーソナルデータの利活用に躊躇しないよう、「個人情報」の範囲を明確化し、個人の権利利益の侵害が生じることのないよう取扱いに関する規律を定める。
- 技術の進展に迅速に対応することができる制度の枠組みとする。
- パーソナルデータの利活用の促進と個人情報及びプライバシーの保護を両立させるため、消費者等も参画するマルチステークホルダープロセス[5]の考え方を活かして、民間団体が業界の特性に応じた具体的な運用ルール（例：個人の特定性を低減したデータへの加工方法）や、法定されていない事項に関する業界独自のルール（例：情報分析によって生じる可能性のある被害への対応策）を策定した場合は、その認定等において、第三者機関が関与して実効性を確保する枠組みを創設する。

3 第三者機関の体制整備等による実効性ある制度執行の確保

パーソナルデータの利活用の促進に向けて、法令や民間の自主規制ルールを実効性あるものとして運用するために、独立した第三者機関の体制を整備する。

主に以下の事項を制度改正事項とする。
- 法定事項や民間の自主規制ルールについて実効性ある執行ができるよう、国際的な整合性も確保しつつ、第三者機関の体制を整備する。
- 第三者機関については、番号法[6]に規定されている特定個人情報保護委員会を改組し、パーソナルデータの保護及び利活用をバランスよく推進することを目的とする委員会を設置する。

---

[5] 国、事業者、消費者、有識者等の関係者が参画するオープンなプロセスでルール策定等を行う方法のこと。
[6] 行政手続における特定の個人を識別するための番号の利用等に関する法律（平成25年法律第27号）。

- 第三者機関は、現在個人情報取扱事業者に対して主務大臣が有している機能・権限に加え、立入検査等の機能・権限を有し、また、民間の自主規制ルールの認定等や、パーソナルデータの国境を越えた移転に関して相手当事国が認めるプライバシー保護水準との適合性を認証する民間団体の認定・監督等を実施する。
- 現行法の本人からの個人情報の開示等の求めについて、請求権に関する規律を定める。

なお、制度改正に当たっては、国境を越えた情報流通を阻害することがないよう、諸外国の制度や国際社会の現状を踏まえた国際的に調和のとれた我が国として最適な制度とすることを目指すとともに、他国への情報移転の際の保護対策や、国境を越えた情報流通の実態を踏まえた外国事業者に対する国内法の適用等を行う。

Ⅲ 今後のスケジュール

改正法の施行時期等については、制度設計や法案の成立時期により今後変わり得るが、以下を目途とする。
(1) 平成 27 年（2015 年）1 月以降、可能な限り早期に関係法案を国会に提出する。
(2) 改正法の成立後、周知及び準備が必要な部分を除き早期に施行するとともに、可能な限り早期に第三者機関を設置し、業務を開始する。
(3) その後、可及的速やかに残りの部分についても施行する。

なお、改正法の施行に当たっては、第三者機関の体制整備や新たな制度の周知等に努め、既存の制度における民間の取組等を活かしながら円滑に移行できるよう取り組むことが必要である。

第3 制度設計
I 目的・基本理念
　本人の利益のみならず社会全体の利益の増進のためにパーソナルデータの利活用を益々促進することが望まれる一方、プライバシー保護の観点からは、これまでと同様、適切な取扱いが求められている。そこで、情報通信技術が進展した現代に即した保護と利活用のバランスがとれたパーソナルデータの適正な取扱いを定めることを目的とし、制度を見直すこととする。

II パーソナルデータの利活用を促進するための枠組みの導入等
1 個人が特定される可能性を低減したデータの取扱い
　現行法は、個人データの第三者提供や目的外利用をする場合、一定の例外事由を除き本人の同意を要することとしている。この個人データの第三者提供や目的外利用に関して、本人の同意に基づく場合に加え、新たに「個人データ」を特定の個人が識別される可能性を低減したデータに加工したものについて、特定の個人が識別される可能性とその取扱いにより個人の権利利益が侵害されるおそれに留意し、特定の個人を識別することを禁止するなど適正な取扱いを定めることによって、本人の同意を得ずに行うことを可能とするなど、情報を円滑に利活用するために必要な措置を講じることとする。

　また、個人が特定される可能性を低減したデータへの加工方法については、データの有用性や多様性に配慮し一律には定めず、事業等の特性に応じた適切な処理を行うことができることとする。さらに、当該加工方法等について、民間団体が自主規制ルールを策定し、第三者機関（後掲IV参照）は当該ルール又は民間団体の認定等を行うことができることとする。加えて、適切な加工方法については、ベストプラクティスの共有等を図ることとする。

2 行政機関及び独立行政法人等が保有するパーソナルデータの取扱い
　行政機関及び独立行政法人等が保有するパーソナルデータについては、その特質を踏まえ、当該データの所管府省等との協議や関係方面からの意見聴取を幅広く行うなど、利活用可能となり得るデータの範囲、類型化及び取扱いの在り方に関し調査・検討を行う。
　今回の制度改正に合わせ、国から地方公共団体に対し、必要な情報提供を行うことを検討する。

III 基本的な制度の枠組みとこれを補完する民間の自主的な取組の活用
1 基本的な制度の枠組みに関する規律
（1）保護対象の明確化及びその取扱い
　パーソナルデータの中には、現状では個人情報として保護の対象に含まれるか否かが事業者にとって明らかでないために「利活用の壁」となっているものがあるとの指摘がある。

このため、個人の権利利益の保護と事業活動の実態に配慮しつつ、指紋認識データ、顔認識データなど個人の身体的特性に関するもの等のうち、保護の対象となるものを明確化し、必要に応じて規律を定めることとする。

また、保護対象の見直しについては、事業者の組織、活動の実態及び情報通信技術の進展など社会の実態に即した柔軟な判断をなし得るものとなるよう留意するとともに、技術の進展や新たなパーソナルデータの利活用のニーズに即して、機動的に行うことができるよう措置することとする。なお、保護の対象となる「個人情報」等の定義への該当性については、第三者機関が解釈の明確化を図るとともに、個別の事案に関する事前相談等により迅速な対応に努めることとする。

(2) 機微情報

社会的差別の原因となるおそれがある人種、信条、社会的身分及び前科・前歴等に関する情報を機微情報として定め、個人情報にこれらの情報が含まれる場合には原則として取扱いを禁止するなどの慎重な取扱いとすることについて検討することとする。

ただし、機微情報を含む個人情報の利用実態及び現行法の趣旨に鑑み、本人の同意により取得し、取り扱うことを可能とするとともに、法令に基づく場合や人の生命・身体又は財産の保護のために必要がある場合の例外規定を設けるなど、取扱いに関する規律を定めることとする。

(3) 個人情報の取扱いに関する見直し

① 情報が集積、突合及び分析等されることにより、本人が認知できないところで特定の個人が識別される場合における、個人情報取扱事業者がとるべき手続等について、必要な措置を講じることとする。

② パーソナルデータの持つ多角的な価値を、適時かつ柔軟に活用できる環境を整備するため、本人の意に反する目的でデータが利用されることのないよう配慮しつつ、利用目的の変更時の手続を見直すこととする。

例えば、利用目的を変更する際、本人が十分に認知できる手続を工夫しつつ、新たな利用目的による利活用を望まない場合に本人が申し出ることができる仕組みを設けて本人に知らせることで、利用目的の変更を拒まない者のパーソナルデータに限って変更後の利用目的を適用すること等が考えられるが、具体的な措置については、情報の性質等に留意しつつ、引き続き検討することとする。なお、検討に当たっては、本人が十分に認知できない方法で、個人情報を取得する際に特定した利用目的から大きく異なる利用目的に変更されることとならないよう、実効的な規律を導入することとする。

③ 個人データの第三者提供におけるオプトアウト [7]規定については、運用上の問題が指摘されているところ、現行法の趣旨を踏まえた運用の徹底を図ることとする。
　　また、個人データにより識別される本人が、前述のオプトアウト規定を用いて個人データの提供を行っている事業者を容易に確認できる環境を整えるため、個人情報取扱事業者がオプトアウト規定を用いて第三者提供を行う場合には、現行法の要件に加え、第三者機関に対し、法に定める本人通知事項 [8]等を届け出ることとするほか、第三者機関は届け出られた事項を公表するなど、必要な措置を講じることとする。この際、現に適切な取扱いを行っている事業者等への影響に留意しつつ、適用対象及び必要かつ最低限の手続等を定めることとする。
④ 共同利用 [9]については、個人情報取扱事業者において現行法の解釈に混乱が見られるとの指摘があるところであり、個人データを共同して利用する者の全体が一つの取扱事業者と同じであると本人が捉えることができる場合のみ共同利用が認められるものであるという現行法の趣旨を踏まえた運用の徹底を図ることとする。
⑤ 多様な情報が様々な形で活用されている実態を踏まえ、本人にとって分かり易い同意の取得方法等について、消費者等も参画するマルチステークホルダープロセスの考え方を活かした自主規制ルール等を活用することにより改善を図ることとする。
⑥ 保存期間については、一律に定めることとしない一方で、個人情報取扱事業者における保有個人データの取扱いの透明性を図る観点から、当該データの保存期間等の公表の在り方について検討することとする。

2 民間主導による自主規制ルール策定・遵守の枠組みの創設

　　パーソナルデータの利活用の促進と個人情報及びプライバシーの保護を両立させるため、マルチステークホルダープロセスの考え方を活かした民間主導による自主規制ルールの枠組みを創設することとする。
　　自主規制ルールを策定する民間団体は、法令等の規定のほか、法令等に規定されていない事項についても、情報通信技術の進展等に応じて、個人情報及びプライバシーの保護のために機動的な対処を要する課題に関して、情報の性質や市場構造等の業界・分野ごとの特性及び利害関係者の意見を踏まえてルールを策定し、当該ルールの対象事業者に対し必

---

[7] 本人の求めに応じて当該本人が識別される個人データの第三者への提供を停止すること（現行法第23条第2項参照）。
[8] 現行法第23条第2項に掲げられた事項。
[9] 個人データを特定の者との間で共同して利用する場合であって、共同して利用される個人データの項目や共同して利用する者の範囲等についてあらかじめ本人に通知し、又は本人が容易に知り得る状態に置いているときは、共同利用者内部での情報の共有は第三者提供の規律の例外とされる（現行法第23条第4項第3号参照）。

要な措置を行うことができることとする。また、第三者機関は当該ルール又は民間団体の認定等を行うことができることとする。

なお、各府省大臣の関与については、第三者機関と各府省大臣との関係の整理を踏まえ検討する。

3 民間主導による国境を越えたパーソナルデータ移転の枠組み

国境を越えたパーソナルデータの円滑な移転を実現させるために、第三者機関の認定を受けた民間団体が、国境を越えて情報流通を行おうとする事業者に対して、相手当事国が認めるプライバシー保護水準との適合性を審査して認証する業務を行う枠組みを創設することとする。

認証業務を行う民間団体は、第三者機関の監督に服することとする。

なお、各府省大臣の関与については、第三者機関と各府省大臣との関係の整理を踏まえ検討する。

Ⅳ 第三者機関の体制整備等による実効性ある制度執行の確保
1 第三者機関の体制整備
(1) 設置等

専門的知見の集中化、分野横断的かつ迅速・適切な法執行の確保により、パーソナルデータの保護と利活用をバランスよく推進するため、独立した第三者機関を設置し、その体制整備を図ることとする。

番号法に規定されている特定個人情報保護委員会の所掌事務にパーソナルデータの取扱いに関する事務を追加することとし、内閣総理大臣の下に、パーソナルデータの保護及び利活用をバランスよく推進することを目的とする委員会を置くこととする。

この第三者機関は、番号法に規定されている業務に加えて、パーソナルデータの取扱いに関する監視・監督、事前相談・苦情処理、基本方針[10]の策定・推進、認定個人情報保護団体等の監視・監督、国際協力等の業務を行うこととする。

委員を増員し、パーソナルデータの保護に配慮しつつ、その利用・流通が促進されるようバランスのとれた人選が実現できる要件を定めるとともに、専門委員を置くことができることとする。また、事務局について必要な体制の構築を図ることとする。

(2) 権限・機能等

第三者機関は、現行の主務大臣が有している個人情報取扱事業者に対する権限・機能（助言、報告徴収、勧告、命令）に加えて、指導、立入検査、公表等を行うことができることとするとともに、現行の主務大臣が有している認定個人情報保護団体に対する権限・機能（認定、認定取消、報告徴収、命令）を有することとする。

また、第三者機関は、民間主導による個人情報及びプライバシーの保護の枠組みの創設に当たり、自主規制ルールの認定等を行う。さら

---

[10] 現行法第7条に規定されている個人情報の保護に関する基本方針。

に、国境を越えた情報流通を行うことを可能とする枠組みの創設に当たり、認証業務を行う民間団体の認定、監督等を行うこととする。

なお、行政機関及び独立行政法人等が保有するパーソナルデータに関する調査・検討等を踏まえ、総務大臣の権限・機能等[11]と第三者機関の関係について検討する。

(3) 各府省大臣との関係

第三者機関の設置に伴い、前述の権限等を第三者機関に付与するに当たっては、第三者機関を中心とする実効性ある執行・監督等が可能となるよう各府省大臣との関係を整理する。整理に当たっては、独立した第三者機関を設置する趣旨に鑑み、第三者機関と各府省大臣との役割の明確化を図るとともに、重畳的な執行を回避し効率的な運用を行うために、緊密な連携のもと業務を行うこととする。

その際、当面の措置として、第三者機関の執行体制(人員、予算等)や知見の集積の状況等を考慮し、実効的な執行及び効率的な運用が確保されるよう、現行の主務大臣が所管事業に関し行政を行う観点から果たしてきたことで蓄積された高度に専門的な知見の活用等が特に期待される分野を中心に各府省大臣との連携について、役割・権限を明確化し、特別な措置を講じる旨の意見[12]があったことを踏まえ検討する。

第三者機関が適切に機能・役割を果たせるように、各府省大臣、地方支分部局から執行の協力が得られるよう整理する。

(4) その他

第三者機関は、このほか、以下の業務等を行うこととする。
- 個人情報取扱事業者からオプトアウト規定を用いた第三者提供に関する届出を受けて必要な事項を公表すること等を行う。
- 国際的な対外窓口の機能を果たすとともに、外国事業者による個人データ等の適切な取扱いを担保するために、外国執行当局に対し、職務の遂行に資すると認める情報を提供する。
- パーソナルデータの利活用の促進及び保護等のための方策に関する重要事項について、内閣総理大臣に対して意見を述べる。
- 国会に対し所掌事務の処理状況を報告するとともに、概要を公表する。
- 関係行政機関の長に対し、施行状況の報告を求め、当該報告を取りまとめ、概要を公表する。
- 所掌事務に関し、委員会規則を制定する。

---

[11] 行政機関の保有する個人情報の保護に関する法律(平成15年法律第58号)及び独立行政法人等の保有する個人情報の保護に関する法律(平成15年法律第59号)において総務大臣の権限等が規定されている。

[12] 高度情報通信ネットワーク社会推進戦略本部の下に設置された「パーソナルデータに関する検討会」における意見。

- パーソナルデータの利活用の促進と保護に関する広報及び啓発を行う。

(5) 罰則等

罰則については、第三者機関の権限行使の実効性を担保し、新たに設けられる義務等の履行を遵守させるため必要かつ適切なものとなるよう、義務の内容や性質に応じて規律を定めることとする。

課徴金制度の導入については、その必要性や制度趣旨等について引き続き検討する。

2 行政機関、独立行政法人等、地方公共団体及び事業者間のルールの整合性

行政機関及び独立行政法人等が保有するパーソナルデータについては、その特質を踏まえ、当該データの所管府省等との協議や関係方面からの意見聴取を幅広く行うなど、保護対象の明確化及び取扱いの在り方に関し調査・検討を行う。

また、今回の制度改正に合わせ、国から地方公共団体に対し、必要な情報提供を行うことを検討する。

3 開示等の在り方

現行法の開示、訂正等及び利用停止等（以下「開示等」という。）の本人からの求めについて、裁判上の行使が可能であることを明らかにするよう開示等の請求権に関する規律を定めることとする。その際、開示等の請求が認められるための要件については、本人の権利利益の保護と事業者の負担とのバランスに配慮し、現行法の規律を基にしつつ、濫訴防止の要請も踏まえ、規律を整理する。

V グローバル化への対応

1 域外適用

国外の拠点で個人情報データベース等を事業の用に供している事業者（以下「外国事業者」という。）に対して現行法が適用可能か明確でないため、個人情報取扱事業者の該当要件を改めることとする。

2 執行協力

外国事業者による個人データ等の適切な取扱いを担保するために、第三者機関が、外国において個人情報保護関係法令に相当する法令を執行する外国執行当局に対し、その職務の遂行に資すると認める情報を提供することを可能とする。

また、国際的な執行協力に関する枠組みへ参画し、有効に活用することとする。

3 他国との情報移転

個人情報取扱事業者は、外国事業者に個人データ等（外国事業者から提供された個人データ等を含む。）を提供等しようとする場合、提供等

を受ける外国事業者において個人データ等の安全管理のために技術進歩に対応した必要かつ適切な措置が講じられるよう契約の締結等の措置を講じなければならないこととする。なお、情報移転の類型に応じた措置の内容及び実効性を確保するための枠組みについて検討する。

また、第三者機関の認定を受けた民間団体が、国境を越えて情報流通を行おうとする事業者に対して、相手当事国が認めるプライバシー保護水準との適合性を審査して認証する業務を行う枠組みを創設することとする。（前述Ⅲ3再掲）。

Ⅵ その他の制度改正事項
1 取り扱う個人情報の規模が小さい事業者等の取扱い
(1) 取り扱う情報の性質及び取扱いの態様による適用除外

CD-ROM、電話帳やカーナビゲーションシステム等他人の作成に係るデータベースを利用する場合や、自治会や同窓会等の構成員内部で連絡網を作成し共有する場合など、個人情報の性質及び取扱いの態様を踏まえ、個人情報取扱事業者の適用除外とするなど必要な措置を講じることとする。

(2) 取り扱う情報の規模及び内容並びに取扱いの態様による配慮

現行法における、取り扱う個人情報によって識別される特定の個人の数が 5,000 以下である場合の個人情報取扱事業者としての適用除外の規定を廃止し、個人の権利利益を侵害するおそれが少ないと認められる一定の要件を満たす者については、義務違反行為が故意又は重過失によるものであるなどの事由がない場合には、勧告及び命令の対象としないことができるよう、必要な措置を講じることとする。

2 学術研究目的の個人情報等の取扱い

学術研究の目的において、提供元事業者が第三者提供により、本人又は第三者の権利利益を侵害するおそれがあると考え、提供することに躊躇するという状況が見られないよう、学問の自由に配慮しつつ、講じるべき措置を検討する。

Ⅶ 継続的な検討課題
1 新たな紛争処理体制の在り方

個人情報等の保護に関連した事案に特化した紛争処理体制の整備については、苦情・相談件数の推移、勧告・命令権限の発動件数等の現状に照らし、今後発生する紛争の実態に応じて継続して検討すべき課題とする。

2 いわゆるプロファイリング

多種多量な情報を、分野横断的に活用することによって生まれるイノベーションや、それによる新ビジネスの創出等が期待される中、プロファイリングの対象範囲、個人の権利利益の侵害を抑止するために必要な

対応策等については、現状の被害実態、民間主導による自主的な取組の有効性及び諸外国の動向を勘案しつつ、継続して検討すべき課題とする。

3 プライバシー影響評価(PIA)

番号法における特定個人情報保護評価の実施状況を踏まえ、事業者に過度な負担とならずに個人情報の適正な取扱いを確保するための実効性あるプライバシー影響評価の実施方法等については、継続して検討すべき課題とする。

4 いわゆる名簿屋

個人情報を販売することを業としている事業者（いわゆる名簿屋）等により販売された個人情報が、詐欺等の犯罪行為に利用されていること、不適切な勧誘等による消費者被害を助長するなどしていること及びプライバシー侵害につながり得ることが、社会問題として指摘されている。

このような犯罪行為や消費者被害の発生と被害の拡大を防止するためにとり得る措置等については、継続して検討すべき課題とする。

以上

資料7　認定個人情報保護団体の一覧表（平成27年8月1日現在）

対象事業等分野	所管省庁	名　称	ガイドラインの名称
警備業	国家公安委員会	（一社）全国警備業協会	警備業における個人情報の保護に関するガイドライン
指定自動車教習所業	国家公安委員会	（一社）全日本指定自動車教習所協会連合会	指定自動車教習所業における個人情報保護に関する指針
証券業	金融庁	日本証券業協会	個人情報の保護に関する指針
保険業	金融庁	（一社）生命保険協会	生命保険業における個人情報の保護のための取扱指針 生命保険業における個人情報の保護のための安全管理措置等についての実務指針
	金融庁	（一社）日本損害保険協会	損害保険会社に係る個人情報保護指針 損害保険会社における個人情報保護に関する安全管理措置等についての実務指針
	金融庁	（一社）外国損害保険協会	損害保険会社に係る個人情報保護指針 損害保険会社における個人情報保護に関する安全管理措置等についての実務指針
銀行業	金融庁	全国銀行個人情報保護協議会	個人情報保護指針
信託業	金融庁	（一社）信託協会	個人情報の保護と利用に関する指針
投資信託委託業	金融庁	（一社）投資信託協会	個人情報の保護に関する指針
証券投資顧問業	金融庁	（一社）日本投資顧問業協会	個人情報の保護に関する取扱指針
貸金業	金融庁	日本貸金業協会	個人情報保護指針
金融先物取引業	金融庁	（一社）金融先物取引業協会	個人情報の保護に関する指針
放送	総務省	（一財）放送セキュリティセンター	受信者情報取扱事業における個人情報保護指針
電気通信事業	総務省 経済産業省	（一財）日本データ通信協会	電気通信事業における個人情報保護指針
プライバシーマーク付与認定事業者が行う事業	総務省 経済産業省	（一財）日本情報経済社会推進協会	個人情報保護マネジメントシステム−要求事項（JISQ15001：2006）
製薬業	厚生労働省	日本製薬団体連合会	製薬企業における個人情報の適正な取扱いのためのガイドライン
医療	厚生労働省	（公社）全日本病院協会	全日本病院協会における個人情報保護指針
	厚生労働省	（一社）日本病院会	病院における個人情報保護法への対応の手引き（日本病院会編）
医療・介護	厚生労働省	（NPO）医療ネットワーク支援センター	個人情報の適正な取扱い確保のための指針
医療・介護・福祉	厚生労働省	（NPO）患者の権利オンブズマン	個人情報保護指針
医療・介護・福祉	厚生労働省	（NPO）検定協議会	医療・福祉・介護サービス事業者に係る個人情報保護指針
介護・福祉	厚生労働省	（社福）沖縄県社会福祉協議会	福祉・介護サービス事業者に係る個人情報保護指針
介護・福祉	厚生労働省	（社福）岐阜県社会福祉協議会	福祉・介護サービス事業者に係る個人情報保護指針
手技療法（柔道整復・はり・きゅう・あんまマッサージ指圧・整体・カイロプラティッ	厚生労働省 経済産業省	（NPO）日本手技療法協会	個人情報の保護に関する法律についての柔道整復・はり・きゅう・あんまマッサージ指圧・整体・カイロプラティックス・リラクゼーション事業者等を対象とするガイドライン

クス・リラクゼーション等）			
医療・介護事業、ソフトウェア事業及び冠婚葬祭事業を営む個人及び団体の事業者	厚生労働省 経済産業省	（一社）日本個人情報管理協会	個人情報保護指針
ギフト用品に関する事業	経済産業省	（一社）全日本ギフト用品協会	個人情報の保護に関する法律についてのギフト分野を対象とするガイドライン
クレジット事業	経済産業省	（一社）日本クレジット協会	個人情報保護指針
印刷・グラフィックサービス工業	経済産業省	（公社）東京グラフィックサービス工業会	印刷・グラフィックサービス工業個人情報保護ガイドライン
小売業	経済産業省	（一社）日本専門店協会	専門店における個人情報保護法ガイドライン
経済産業分野	経済産業省	（NPO）日本個人・医療情報管理協会	個人情報保護指針
経済産業分野 結婚情報サービス業	経済産業省	（公社）日本消費生活アドバイザー・コンサルタント協会・相談員協会	公益社団法人日本消費生活アドバイザー・コンサルタント協会における個人情報保護ガイドライン
	経済産業省	長野県個人情報保護協会	長野県個人情報保護協会における個人情報の保護に関する法律についてのガイドライン
	経済産業省	（一社）結婚相談業サポート協会	結婚相談業サポート協会における個人情報保護指針
結婚情報サービス業 新聞販売業	経済産業省	結婚相手紹介サービス協会	結婚相手紹介サービス協会における個人情報保護指針
	経済産業省	（株）ＩＢＪ（日本結婚相談所連盟）	個人情報保護指針
	経済産業省	ナノライセンス結婚専科システム協議会	個人情報保護指針
	経済産業省	大阪毎日新聞販売店事業協同組合	個人情報保護指針
葬祭業	経済産業省	ＪＥＣＩＡ個人情報保護協会	個人情報の保護に関する法律についての葬祭事業者を対象とする指針
葬祭業 自動車販売業	経済産業省	全国こころの会葬祭事業協同組合	全国こころの会における個人情報の保護に関する法律についてのガイドライン
	経済産業省 国土交通省	（一社）日本自動車販売協会連合会	自動車販売業個人情報保護指針
自動車登録番号標交付代行業	国土交通省	（一社）全国自動車標板協議会	交付代行者等個人情報保護指針
賃貸住宅管理業	国土交通省	（公財）日本賃貸住宅管理協会	賃貸住宅管理業における個人情報保護に関するガイドライン

合計：認定個人情報保護団体　４２団体、個人情報保護指針　４４本

●事項索引

◆ 欧文

APEC 越境プライバシールール制度 … 54, 55
CBPR 制度 ……………………………… 55
EU データ保護規則案 ……………… 3, 18, 55
EU データ保護指令…16, 17, 18, 54, 55, 57, 62

◆ あ行

安全管理措置 …… 28, 30, 35, 36, 44, 48, 53, 69
域外適用 ………………………… 142, 144, 146
委託 ………… 28, 30, 35, 69, 71, 81, 82, 85, 89, 90
委任 …………………………………… 114, 125, 126
オプトアウト手続 … 23, 24, 30, 32, 71, 73, 74,
75, 78, 79, 80, 81, 82, 86, 155, 158, 159

◆ か行

外国執行当局 …………………… 119, 148, 149
外国にある第三者 … 35, 81, 82, 83, 84, 86, 89,
90
外国の個人情報取扱事業者 … 146, 148, 149
開示 …… 30, 35, 36, 45, 72, 89, 98, 99, 100, 101,
102, 103, 104, 105, 107, 113
閣議決定 ……………………………… 5, 7, 58
確認 …… 30, 35, 76, 87, 89, 90, 93, 95, 96, 146,
155, 156
過剰反応 ……………………………………… 31
過料 …………………………………… 93, 96, 162
勧告 ……… 2, 24, 35, 43, 53, 65, 80, 96, 113, 117,
119, 120, 126, 134, 139, 146, 155, 157, 161
関連性を有すると合理的に認められる
範囲 ………………………………… 59, 61, 65
規則で定める基準 ……………… 42, 43, 44, 48
共同利用 ……………… 71, 72, 81, 85, 89, 90
記録 …… 30, 35, 76, 87, 88, 89, 90, 91, 93, 95, 96,
100, 146, 147, 155, 156
緊急命令 …………………………………… 96
苦情 …… 46, 48, 49, 53, 65, 72, 80, 113, 119, 120,
121
グレーゾーン ……………………………… 1, 2
経過措置 ……………… 78, 158, 159, 160, 161

権限 …… 114, 117, 119, 124, 125, 126, 127, 134
高度情報通信ネットワーク社会推進戦
略本部 ………………………………… 5, 11
公表 …… 19, 23, 30, 35, 36, 44, 45, 46, 48, 49, 50,
53, 64, 65, 75, 79, 139, 155
個人識別符号 …………………… 10, 14, 15, 41, 51
個人情報の保護に関する基本方針 … 58, 119
個人情報の漏えい ……………………… 1, 124
個人情報保護委員会 … 1, 6, 24, 32, 35, 38, 40,
43, 49, 52, 53, 55, 58, 64, 65, 73, 75, 79, 80,
82, 87, 91, 93, 95, 96, 100, 113, 114, 115, 116,
117, 118, 119, 120, 122, 123, 124, 125, 126,
127, 129, 130, 131, 132, 133, 134, 136, 138,
139, 140, 141, 146, 148, 149, 152, 154, 155,
157, 158, 159, 161, 162, 163
個人情報保護指針 …… 42, 43, 64, 134, 138, 140,
141
個人データの消去 ………………………… 30, 67
国会同意人事 ……………………… 130, 133

◆ さ行

三条委員会 …………………………… 116, 129
識別行為の禁止 ……………… 45, 49, 52, 53
事業規模の小さな事業者 ………………… 38
事業承継 …………………………………… 85
事業所管大臣 ……………… 114, 125, 126, 127, 128
施行日 …………………………………… 158, 163
事前の請求 ………………………… 101, 102
自治会 …………………………… 31, 32, 37
市販の名簿 ………………………………… 28
事務局 ……………………………… 5, 132
十分性認定 ……………………… 20, 54, 55, 57
取得の経緯 ……………… 87, 93, 95, 96, 156
主務大臣 … 3, 114, 115, 117, 119, 124, 125, 128,
134, 136, 161, 162
消費者委員会 ……………………………… 4, 58
消費者の意見を代表する者等 ……… 140, 141
所掌事務 ……………… 118, 120, 131, 133
請求権 ……………………… 98, 99, 101
政治的中立性 …………………………… 116

セーフハーバー協定 ……………………… 55, 57
専門委員 ……………………………………… 131

◆ た行

第三者機関 ……………………………………… 57
立入検査 …… 35, 53, 65, 80, 87, 91, 92, 96, 113, 114, 119, 124, 125, 126, 146, 157
通知 …… 19, 23, 29, 31, 35, 36, 49, 52, 64, 65, 72, 73, 75, 77, 78, 79, 86, 101, 104, 106, 109, 111, 155, 159, 160
訂正等 ……………………… 35, 72, 101, 106, 107, 113
特定個人情報保護委員会 ……………… 6, 114, 130
特定の個人を識別することができる …… 10, 12, 14, 15, 41
匿名加工情報 … 1, 23, 39, 40, 41, 42, 43, 44, 45, 46, 47, 48, 49, 50, 51, 52, 53, 114, 119, 120, 122, 124, 131, 134, 136, 137, 138, 139, 140, 143, 163
匿名加工情報取扱事業者 …… 49, 51, 53, 114, 122, 124, 125, 126, 127, 128, 133, 135, 158
独立性 …………………………………… 116, 129
届出 …… 73, 75, 77, 78, 111, 139, 155, 158, 159, 161, 162
取り扱う個人情報が5千人分以下の事業者 ……………………… 28, 31, 35, 37, 38
トレーサビリティ ……………… 76, 87, 91, 155

◆ な行

内閣総理大臣 ……………………………… 4, 5, 130
認定個人情報保護団体 … 42, 43, 64, 113, 119, 120, 134, 135, 136, 137, 138, 139, 140, 141, 161, 162

◆ は行

パーソナルデータ ………………… 1, 3, 5, 10, 11, 39

パーソナルデータに関する検討会 …………… 5
パーソナルデータの利活用に関する制度改正大綱 ………………………… 5, 6, 11
パーソナルデータの利活用に関する制度改正に係る法律案の骨子（案）……… 5
パーソナルデータの利活用に関する制度見直し方針 ………………………… 5
罰則 …… 1, 24, 92, 150, 152, 153, 154, 156, 161, 162
パブリックコメント ……………………… 5, 6
不正提供罪 ………………………………… 150, 154
附帯決議 ……………………………………… 7
報告徴収 …… 35, 43, 53, 65, 80, 87, 91, 92, 96, 114, 119, 124, 125, 126, 146, 157
報道機関 ……………………… 26, 122, 152, 153

◆ ま行

明示 ………………………… 49, 50, 53, 146
名簿業者 …… 1, 2, 75, 76, 90, 150, 155, 156, 157
命令 … 2, 24, 35, 43, 53, 65, 80, 82, 96, 113, 117, 119, 126, 146, 148, 154, 155, 157, 161, 162

◆ や行

容易照合性 ……………………… 13, 15, 47
容易に知り得る状態 … 72, 73, 75, 77, 79, 155, 159, 160
要配慮個人情報 … 19, 20, 21, 22, 23, 24, 25, 26, 27, 43, 73, 74, 108, 157

◆ ら行

利用停止等 …… 35, 101, 108, 109, 110, 111, 113
利用目的の特定 ……………………… 29, 35, 139

一問一答　平成27年改正個人情報保護法

2015年12月30日　初版第1刷発行

編著者　瓜　生　和　久

発行者　塚　原　秀　夫

発行所　株式会社　商事法務
〒103-0025　東京都中央区日本橋茅場町 3-9-10
TEL 03-5614-5643・FAX 03-3664-8844〔営業部〕
TEL 03-5614-5649〔書籍出版部〕
http://www.shojihomu.co.jp/

落丁・乱丁本はお取り替えいたします。
© 2015 Kazuhisa Uryu
Shojihomu Co., Ltd.
ISBN978-4-7857-2370-5
＊定価はカバーに表示してあります。

印刷／広研印刷㈱
Printed in Japan